Alwin Meyer
Die Kinder von Auschwitz

W0070617

Kinder in Auschwitz. Das war der dunkelste Punkt im Meer der Leiden, der Verbrechen, des Todes. Nur wenige Dokumente über ihren Leidensweg sind erhalten geblieben.

Bekannt sind die pseudomedizinischen Versuche des SS-Lagerarztes Mengele mit ungefähr 350 Zwillingspaaren. Die meisten von ihnen waren zwischen ein und sechzehn Jahren alt.

»Mengele war sehr besorgt um uns, da wir doch seine Karriere garantierten«, erzählt heute Jiři Steiner. Er und sein Zwillingsbruder Zdenek zählen wie die Zwillingsschwestern Vera und Olga Kriegel zu den wenigen, die Auschwitz überlebt haben.

Sie waren bei ihrer Befreiung vollkommen entkräftet. Sie litten an Untergewicht. Es dauerte Monate, zum Teil Jahre, bis sie wieder zu Kräften gefunden hatten.

Manche kannten nicht ihren Namen, ihr Alter, ihre Herkunft. Fast alle waren Waisen. Sie trugen und tragen immer noch die Spuren des Erlittenen auf dem Leibe und in ihrer Seele.

Nur ein paar haben nach vielen, vielen Jahren ihre Eltern wiedergefunden – anhand der Häftlingsnummer, die die Nazis ihnen am Unterarm, am Schenkel oder Gesäß eintätowiert hatten. Ihre Eltern waren tot oder die Familie nicht auffindbar.

Keines der Kinder von Auschwitz kann das Durchlittene vergessen. Alle quält die Frage, warum und wieso gerade sie überlebt haben, nicht die Eltern, Geschwister, Verwandten, Freunde … Daß sie nicht im Lager den Tod fanden, empfinden sie als Schuld.

In schlaflosen Nächten wird Auschwitz wieder zur Gegenwart. Die Zeit im Lager wirkt vielfältig nach. Ob sie es wollen oder nicht.

Die Kinder von Auschwitz leben mitten unter uns: in Berlin, Bad Dürrheim, Hamburg, Frankfurt am Main, Konstanz, München, Oświecim, Kraków, Lubin, Katowice, Gliwice, Warschau, Jerusalem, Lahavot Haviva, Yad Hanna, Dimona, Ashqelon, Herzliya, Prag, Budapest, St. Petersburg, Sydney, London, Scharwoude, Athen, Wien …

Dreizehn von ihnen berichten in diesem Buch von der Geschichte ihres Überlebens und des Lebens danach.

Alwin Meyer, geboren 1950, ist Mitarbeiter der Aktion Sühnezeichen/Friedensdienste und Publizist. Er ist unter anderem Herausgeber der Taschenkalender »Frieden« und »Literatur« und Autor zahlreicher Bücher, unter anderem »Lebenszeichen – Gesehen in Auschwitz« und »Unsere Stunde, die wird kommen – Rechtsextremismus unter Jugendlichen«, 1982 ausgezeichnet mit dem Preis »Das politische Buch des Jahres«.

Alwin Meyer

Die Kinder von Auschwitz

Lamuv

Bitte fordern Sie unser kostenloses Gesamtverzeichnis an:
Lamuv Verlag, Postfach 26 05, D-37016 Göttingen

1. Auflage, Januar 1995
© Copyright Lamuv Verlag GmbH, Nikolaikirchhof 7, D-37073 Göttingen 1990, 1995

Alle Rechte, insbesondere das Recht der Übersetzung, Vervielfältigung und Verbreitung, vorbehalten.
Kein Teil des Werkes darf in irgendeiner Form (durch Fotokopie, Mikrofilm oder ein anderes
Verfahren) ohne schriftliche Genehmigung des Verlages reproduziert oder unter Verwendung
elektronischer Systeme verarbeitet, vervielfältigt oder verbreitet werden.

Umschlaggestaltung: Gerhard Steidl unter Verwendung eines Fotos von Alwin Meyer
Gesamtherstellung: Steidl, Göttingen
ISBN 3-88977-399-0

Inhaltsverzeichnis

Was in deutschen Konzentrationslagern in der Nazi-Zeit geschah, ist für die, die es nicht selbst erlebt haben, kaum nachvollziehbar. Gar unbegreiflich erscheinen die Ereignisse im Vernichtungslager Auschwitz, in dem Millionen von Menschen, vor allem Juden, ermordet wurden.

Über Auschwitz ist vieles berichtet worden, allerdings relativ wenig über die Säuglinge und Kinder im Lager. Und derer gab es viele. Sie wurden mit ihren Familien hierhin verschleppt oder kamen hier zur Welt, unter unvorstellbaren Bedingungen.

Nur wenige haben überlebt. Sie tragen die Spuren des Erlittenen auf dem Leibe und in ihrer Seele. Sie müssen mit einer Vergangenheit weiter leben, die für sie zur Realität wurde in einer Zeit, in der sie oft noch zu jung waren, um überhaupt ihren Gefühlen mit Worten Ausdruck verleihen zu können.

Was für diese Kinder Auschwitz war, läßt sich im Grunde nicht beschreiben. Ebensowenig, was es für die, die der Hölle entronnen sind, bedeutet, nach dieser Kindheit eine neue Identität zu finden.

Kinder in Auschwitz: Das ist der dunkelste Punkt im Meer der Leiden, der Verbrechen, des Todes – mit seinen hundert Gesichtern: Verfolgung, Hetze, Rassenwahn, Erniedrigung, Verachtung, Transporte, Selektionen, Trennung von den Eltern, Läuse, Ratten, Krankheiten, Seuchen, Experimente, Mengele, Hunger, Prügel, Gas, rauchende Kamine ... Kinder in Auschwitz – oder der Versuch, das Unbeschreibliche festzuhalten.

Die Kinder von Auschwitz
Eine Einführung

Puppen, Schuhe, Koffer...

Es gibt keine Statistiken, keine genauen Zahlen und nur wenige Dokumente über die Kinder von Auschwitz.

Bei der Befreiung des Lagers im Januar 1945 blieben Stapel von Puppen, Kleidern, Jacken, Strümpfen, Schuhen, Brillen, Haaren zurück. Sie sind in der heutigen Gedenkstätte zu sehen, wie Taschen und Koffer, auf denen zu lesen ist:

»Peter Gottlieb, geb. 1937, Waisenkind«;

»Janina Bäuhl, Kleinkind, geb. 1937«;

»Gertrude Neubauer, Waisenkind, geb. 22.11.1935«;

»Johanna Weissbrod, Kind«;

»Hanna Minska, Waisenkind, geb. 3.5.1932«.

Die Kinder kamen in Viehwaggons gepfercht nach oft tagelanger qualvoller Fahrt auf der Rampe von Auschwitz an. Es gibt Fotos, gemacht von der SS, die sie beim Aussteigen aus den Zügen zeigen, bei der Selektion, wo sich entschied, wer sofort vergast werden sollte...

Kinder mußten durch das Eingangstor des »Stammlagers« mit der Aufschrift »Arbeit macht frei« marschieren, vorbei an elektrisch geladenen Stacheldrahtzäunen.

In Birkenau wurden sie bis zu tausend in Holzbaracken gestopft, konzipiert für 52 Pferde[1].

Erhalten gebliebene Dokumente

Die Täter haben es nicht vermocht, alle Beweise für ihre Verbrechen zu beseitigen, so sehr sie danach strebten. Spurensuche:

Aus dem Telegramm Nr. 16862 des Reichssicherheitshauptamtes in Berlin vom 13. August 1942:

»Abschub der Judenkinder ... Die in den Lagern Pithiviers und Beaune-La Rolande untergebrachten jüdischen Kinder können nach und nach auf die vorgesehenen Transporte nach Auschwitz aufgeteilt werden.«

Die Buchhalter des Todes über den neunjährigen Thaddäus Rycyk, der aus der polnischen Stadt Sitaniec nach Auschwitz verschleppt worden war:

»R. wurde am 13.12.1942 in das K.L. Auschwitz eingeliefert. Am 10.1.43 wurde R. wegen Lungenentzündung in dem H.-Krankenbau aufgenommen ... R. wurde benommen und verstarb nach längerer Bewußtlosigkeit. Eintritt des Todes am 21. Januar 1943 um 9.00 Uhr.« (Vermerk des »Lagerarztes des K.L. Auschwitz« vom selben Tag)

Fernschreiben des SS-Obersturmführers Schwarz, sogenannter Arbeitseinsatzleiter in Auschwitz, an das Amt D II des Wirtschafts-Verwaltungshauptamtes in Oranienburg bei Berlin vom 20. Februar 1943:

Aus Theresienstadt seien am 21., 24. und 27. Januar 1943 insgesamt 5022 Menschen »eingeliefert« worden. Davon hätte man 2670 »gesondert untergebracht«, weil der »größte Teil« Frauen und Kinder gewesen seien.

»Sonderbehandlung«: im SS-Jargon Synonym für die Ermordung von Menschen.

Vermerk des Chefs der Sicherheitspolizei und des Sicherheitsdienstes, Umwanderungszentralstelle Danzig, Dienststelle Lebrechtsdorf vom 24. Februar 1944:

SS-Sturmbannführer Schoenmann bestätigt die »Überstellung« von »542 Banditenkindern« aus Auschwitz in das »Ostjugendbewahrlager« Lebrechtsdorf bei Bromberg (Bydgøszcz). Bei der vorgenommenen »Überprüfung« habe sich ergeben, daß die Kleidung der »Russenkinder« »gänzlich aufgebraucht« sei. (Vom Zustand der Kinder ist keine Rede.)

»Statistische Meldung« vom 31. Januar 1944 über die Anzahl der in Auschwitz inhaftierten Menschen:

Unter der Rubrik »Nicht arbeits- und nicht einsatzfähige Häftlinge« listet die SS 2249 »Jugendliche unter 14 Jahren« auf.

Häftlings-Personalbogen von Hans-»Israel« Noack, vermutlich ausgestellt am 6. Juni 1944:

Geboren am 4. Dezember 1934 in Eindhoven/Niederlande.

Name der Eltern: Abraham und Esther Noack, geborene Cohen.

9

»Wohnort: K.L. Auschwitz.«

Verhaftet am 20. August 1943 in Eindhoven, am 6. Juni 1944 in Auschwitz »eingeliefert«.

Eintätowierte Häftlingsnummer: 188831.

»Rasse«: »jüdisch«.

Häftlings-Personalbogen von Janusz Kowalski, vermutlich ausgestellt am 12. August 1944:

Geboren am 20. August 1930 in Warschau.

Name der Eltern: Marian und Helena Kowalski, geborene Rudnicka; Wohnort: »beide K.L. Auschwitz«.

»Einlieferung«: 12. August 1944.

Häftlingsnummer: 121171.

»Rasse«: »arisch«.

Versandformular der »Hyg.-bakt. Unters.-Stelle der Waffen-SS, Südost«, Auschwitz vom 29. Juni 1944:

»Anliegend wird übersandt: 46544/ VIII/150. Material: Kopf einer Leiche (zwölfjähriges Kind). Zu untersuchen auf histologische Schnitte ... Anschrift der einsendenden Dienststelle: H.-Krankenbau Zigeunerlager Auschwitz II, BII e.«

Unterschrieben von SS-Hauptsturmführer Mengele, »1. Lagerarzt« von Birkenau, auch Auschwitz II genannt.

Die Geschichte des Lagers

Am dritten Tag des Überfalls Nazi-Deutschlands auf Polen, am 3. September 1939, war Oświęcim von der Wehrmacht besetzt worden. Gut einen Monat später, am 8. Oktober, wurde die Stadt in das »Dritte Reich« »eingegliedert« und erhielt den Namen Auschwitz.[2]

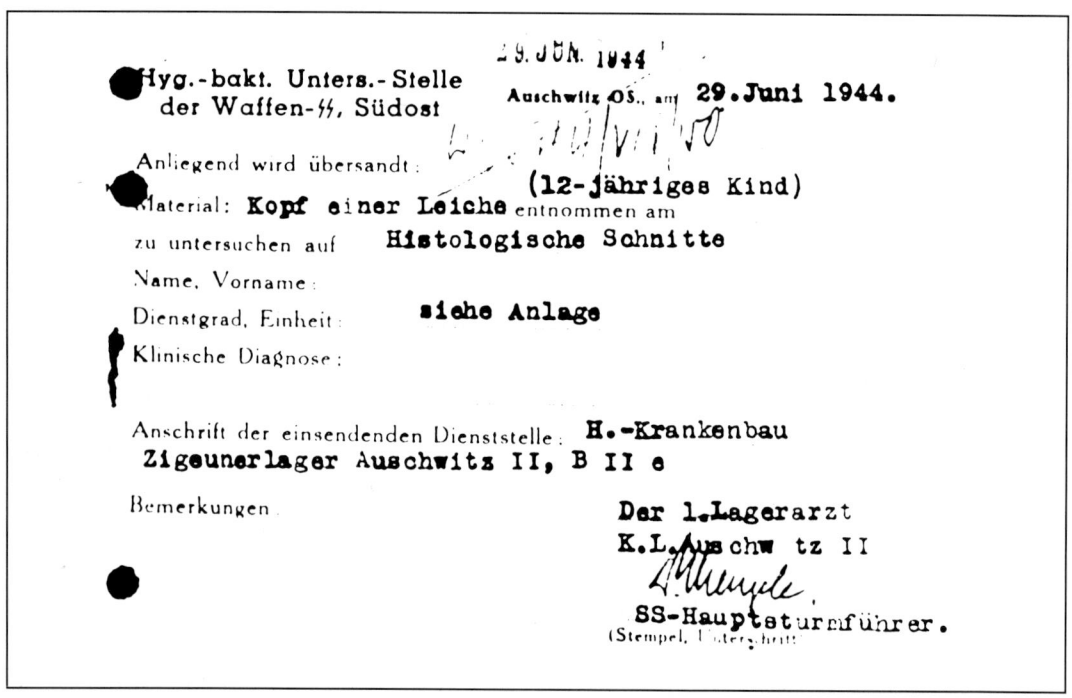

Im April 1940 fiel die Entscheidung der NS-Behörden, in den ehemals österreichischen Kasernen der Stadt ein Konzentrationslager zu installieren. Für den Umbau der Kasernen setzten die Nazis 300 Juden aus der Stadt und weitere 39 von einem deutschen Kapo »geführte« polnische Häftlinge aus dem Konzentrationslager Dachau ein. Auschwitz I, das »Stammlager«, entstand.

Im März 1941 wurde beschlossen, rund drei Kilometer vom »Stammlager« entfernt in der Nähe des Dorfes Brzezinka, jetzt Birkenau genannt, ein Lager für 100 000 Menschen zu errichten.[3]

Am 14. Juni 1940 traf der erste große Transport in Auschwitz ein. 728 Polen, politische Häftlinge aus dem Gefängnis Tarnów, wurden »eingeliefert«, darunter viele junge Männer.[4]

Auschwitz war insbesondere der Ort, an dem die Vernichtung der Juden stattfand: Ab Frühjahr 1942 wurden sie bei ihrer Ankunft nicht mehr registriert, sondern sofort mit Giftgas umgebracht.[5]

Die Züge, mit denen die Menschen nach Auschwitz kamen, wurden an eine spezielle Rampe geleitet. SS-Ärzte nahmen dort die Selektion vor: Die nach ihrer Meinung zur »Arbeit Tauglichen« wurden von den Alten und Invaliden, von Schwangeren und Kindern getrennt. Nach willkürlichem Ermessen wurden etwa 80 Prozent der Menschen, aber auch ganze Transporte als »arbeitsunfähig« eingestuft. Sie wurden in als Duschräume getarnte Gaskammern geführt. Dort mußten die Eingeschlossenen durch das eingeworfene Giftgas Zyklon-B einen 15 bis 20 Minuten dauernden qualvollen Erstickungstod erleiden. Ihre Leichen wurden in den benachbarten Krematorien oder auf Scheiterhaufen verbrannt. Die Asche wurde auf den umliegenden Feldern verstreut.[6]

In Baracken, von den Häftlingen »Kanada« genannt, ließen die Nazis das von den Ermordeten geraubte Hab und Gut aufbewahren. Die SS bezeichnete diese Magazine als »Effektenkammern« oder »Effektenlager«.[7]

Der Besitz der Ermordeten wurde an verschiedene Dienststellen der SS, der Wehrmacht wie auch an die deutsche Bevölkerung verteilt. Wertgegenstände, dazu zählten auch Goldzähne, wurden an die Deutsche Reichsbank weitergeleitet. Die abgeschnittenen Haare der Vergasten verkaufte die SS zum Preis von 50 Pfennig pro Kilo an deutsche Textilfirmen; aus ihnen wurden unter anderem Decken hergestellt.[8]

Auschwitz war auch eine Verwertungsfabrik. Die SS verdiente nicht nur an den von ihnen Ermordeten, sondern auch an den für »arbeitsfähig« erklärten Häftlingen, die an große Betriebe wie IG-Farben, Siemens, Krupp oder Hermann-Göring-Werke verliehen wurden. Für die IG-Farben wurde eigens ein besonderes KZ-Nebenlager eingerichtet, denn der Konzern baute in Auschwitz-Monowitz eine Fabrik für synthetischen Gummi und Benzin auf.[9] Als täglichen Lohn kassierte die SS pro Facharbeiter vier Reichsmark, pro Hilfsarbeiter drei Reichsmark. Die

Häftlinge erhielten einen halben Liter »Kaffee«, mittags einen Liter fleischlose Suppe (Kohl, Rüben), 300 bis 500 Gramm Brot und 30 Gramm Margarine. Die Tagesration hatte einen Wert von 1300 bis 1700 Kalorien, obwohl ein Schwerarbeiter – die Häftlinge mußten im Schnitt zwölf Stunden am Tag arbeiten – 4800 Kalorien benötigt. Allein in den Arbeitslagern der IG-Farben starben innerhalb von drei Jahren etwa 30 000 Häftlinge.[10]

Transporte mit Kindern

Fest steht, daß ab 1942 aus allen von Nazi-Deutschland besetzten Ländern Kinder nach Auschwitz deportiert wurden. Das geht aus Originaldokumenten der NS-Lagerbehörden hervor, illegal angefertigten Abschriften von Meldungen, Vermerken und anderen Schreiben sowie Aussagen ehemaliger Häftlinge.[11]

Zwei Beispiele: Am 16. August 1942 trafen mit dem zweiten Transport aus Sosnowiec (Polen) ungefähr 2000 jüdische Männer, Frauen und Kinder in Auschwitz-Birkenau ein. Alle wurden in den Gaskammern getötet. Am gleichen Tag erreichte der 19. Transport des Reichssicherheitshauptamtes aus Drancy das Konzentrationslager mit 991 französischen Juden. Nach der Selektion wurden 115 Männer in das Lager »eingeliefert«. 876 Menschen, vor allem Frauen und Kinder, wurden vergast.[12]

Ende November 1942 begann die deutsche Besatzungsmacht mit der »Umsiedlung« der polnischen Bevölkerung im Raum Zamość. Etwa 110 000 Menschen, darunter rund 30 000 Kinder, mußten »deutschen Kolonialisten« weichen.[13] Mit zwei Transporten am 13. und 16. Dezember 1942 trafen 718 Frauen, Männer und Kinder aus Zamość in Auschwitz ein.[14] Dazu sagte der ehemalige Häftling Stanisław Głowna im Jahre 1946 aus:

»Im Winter 1942/43 brachte Rapportführer Palitzsch zwei Jungen aus dem Lager Birkenau, die aus dem Transport aus dem Raum Zamość stammten. Er brachte sie zuerst im Block Nr. 11 unter und führte sie am nächsten Tag in den Block Nr. 20, wo beide von Panczyk abgespritzt wurden (mit Phenolspritzen wurden beide am 21. Januar 1943 getötet[15]; d. Verf.). Es waren die Jungen Mieczysław Rycaj und Tadeusz Rycyk. Die Eltern dieser beiden Jungen wurden zusammen mit allen jüngeren Geschwistern vergast. Aus dem ganzen Transport wurden über 90 Jungen im Alter von acht bis vierzehn Jahren ausgesucht. Rycyk und Rycaj stammten aus ebendieser Gruppe. Den Rest, das heißt etwa 90 Jungen, führte Palitzsch in den Block Nr. 20, und dort wurden sie vom Sanitäter, Unteroffizier Scherpe, durch Spritzen getötet.«[16]

Mütter

Rudolf Höß, Kommandant von Auschwitz, sagte aus, kleine Kinder seien in der Regel sofort getötet worden. Sie seien zu klein zum Arbeiten gewesen.

An der Rampe von Birkenau

In Höß' autobiographischen Aufzeichnungen findet sich die Stelle: »Ich habe auch beobachtet, daß Frauen, die ahnten, was ihnen bevorstand, mit der Todesangst in den Augen die Kraft noch aufbrachten, mit ihren Kindern zu scherzen, ihnen gut zuzureden. Eine Frau trat einmal im Vorbeigehen ganz nahe an mich heran und flüsterte mir zu, indem sie auf ihre vier Kinder zeigte, die sich brav angefaßt hatten, um die Kleinsten über die Unebenheiten des Geländes zu führen: ›Wie bringt ihr das bloß fertig, diese schönen Kinder umzubringen? Habt ihr denn kein Herz im Leibe?‹«[17]

Nina Gusiewa, die selber in Auschwitz inhaftiert war, schreibt in ihren Aufzeichnungen: »Ich kann mich an eine junge Frau mit einem dreijährigen Kind auf dem Arm erinnern, ein bildhübsches Mädchen mit blondem Kraushaar und einer blauen Schleife. Das Kind hielt eine Puppe mit abstehenden Zöpfen in der Hand. Die Frau wurde ins Lager geführt. Die SS-Leute versuchten, ihr das Mädchen zu entreißen. Die Mutter verteidigte mit weit aufgerissenen, vor Verzweiflung irren Augen ihre Tochter. Zwei Schüsse aus nächster Nähe, und beide fielen auf der Stelle nieder. Dem Täter, SS-Mann Traube, zitterte nicht einmal die Hand.«[18]

Hielt eine Mutter während der Selektion ihr Kind im Arm, wurden beide vergast. Die Mutter mochte noch so jung, gesund und »arbeitsfähig« sein, das spielte keine Rolle. Trug jedoch zufällig die Großmutter das Kind, wurde sie mit ihm ermordet, die Mutter – falls sie für »arbeitsfähig« befunden wurde – in das Lager »eingeliefert«.

Geburten

Besonders schrecklich erging es schwangeren Frauen. In der ersten Zeit kamen sie »automatisch« in die Gaskammern.[19] Doch es gab im Lager auch geheime Entbindungen. Meist wurden sie auf dem gemauerten Rauchabzug, der vom Ofen durch die Barackenmitte lief, vorgenommen. Doch vielfach starben die Frauen an den Folgen von Blutvergiftungen. Wenn eine Geburt erfolgreich verlief, hatten die Säuglinge kaum eine Überlebenschance. SS-Ärzte und ihre Helfershelfer nahmen der Mutter das Kind weg und töteten es.[20]

Ungefähr ab Anfang 1943 durften die registrierten und im Lager inhaftierten schwangeren Frauen ihre Kin-

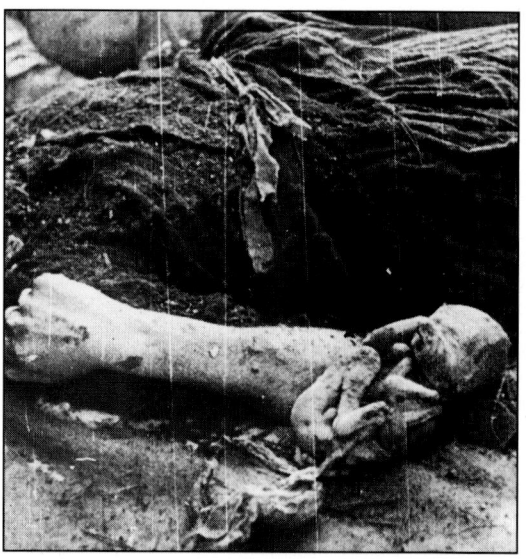

Mutter und Kind, ermordet

14

der gebären.[21] Die Neugeborenen wurden jedoch von Helferinnen der SS in einem Kübel mit Wasser ertränkt. »Diese Prozedur führten Schwester Klara und Schwester Pfani aus. Die Erstgenannte war Hebamme von Beruf und geriet für Kindermord ins Lager … Nach jeder Geburt vernahmen die Wöchnerinnen aus dem Zimmer dieser Frauen ein Glucksen und ein manchmal lang anhaltendes Wasserplätschern. Bald danach konnte die Mutter die vor dem Block ins Freie herausgeschmissene und von den Ratten zerfressene Leiche ihres Kindes erblicken«, schreibt Stanisława Leszczyńska, von Beruf Geburtshelferin, die zwei Jahre im »Frauenlager« in Birkenau inhaftiert war und vielen Frauen bei der Geburt zur Seite gestanden hatte.[22]

Im weiteren Verlauf des Jahres 1943 wurden Neugeborene »arischer Abstammung« mit stillschweigendem Einverständnis der SS nicht mehr getötet. Sie wurden in die Lagerkartei aufgenommen und bekamen wie die erwachsenen Häftlinge eine Nummer eintätowiert. Da ihr linker Unterarm noch zu klein war, wurde die Zahl auf dem Schenkel oder dem Gesäß angebracht.[23] Trotz größter Anstrengungen und Fürsorge der erwachsenen Häftlinge hatten die Säuglinge aufgrund der Bedingungen im Lager kaum Aussicht zu überleben.

Manche Kinder, die blond und blauäugig waren, wurden den Müttern von der SS weggenommen. Sie sollten »germanisiert« werden[24], während jüdische Kinder nach wie vor mit unglaub-licher Grausamkeit behandelt wurden. Stanisława Leszczyńska: »Es gab keine Möglichkeit, ein jüdisches Kind zu verbergen oder unter nichtjüdische Kinder zu mischen. Die Schwestern Klara und Pfani beobachteten abwechselnd mit großer Aufmerksamkeit die Jüdinnen während der Geburt und verhinderten somit die Verheimlichung der Geburt eines jüdischen Kindes, das sofort … in einem Faß ertränkt und vor dem Block hinausgeworfen wurde.«[25]

In den Baracken herrschten unvorstellbare Bedingungen. Selbst im Winter wurden sie fast nie geheizt. Die Kälte durchdrang alles. An der Decke hingen Eiszapfen.

Infektionskrankheiten, Gestank und alle Arten von Ungeziefer waren an der Tagesordnung. Stanisława Leszczyńska: »Die an den Leichen gemästeten Ratten waren von der Größe einer Katze. Sie hatten keine Angst vor den Menschen, und mit Stöcken vertrieben, versteckten sie oft nur ihre Köpfe, krallten sich an den Pritschen fest und gingen dann zu einem neuen Angriff über.«[26] Die durch Hunger, Kälte und Krankheiten ausgemergelten Mütter konnten manchmal nicht verhindern, daß ihre Kinder von Ratten gebissen, an- oder aufgefressen wurden.

Weder für die Mütter noch für die Neugeborenen gab es Medikamente. Nicht einmal Windeln waren vorhanden. Stanisława Leszczyńska: »Eine ihre Entbindung erwartende Mutter hatte eine längere Zeit hindurch die ihr zugeteilte Brotration gespart, um ein Bettlaken organisieren zu können.

Das Laken riß sie in Fetzen und fertigte daraus Windeln und Hemdchen für das Kind.«[27]

Nur den Frauen, die im »Effektenlager« das Hab und Gut der Eingesperrten und Ermordeten sortierten, war es zu verdanken, daß die Säuglinge mit dem Allernötigsten versorgt wurden. Diese Frauen beschafften unter Lebensgefahr Stoffe für Windeln und Sachen zum Anziehen.[28]

Das Waschen der Windeln war mit großen Schwierigkeiten verbunden, weil es immer an Wasser mangelte. Da es verboten war, Wäsche sichtbar aufzuhängen, trockneten die Mütter die Windeln auf ihrem Rücken und ihren Schenkeln.

Für die Säuglinge gab es keine Zusatzernährung. Sie bekamen keinen Tropfen Milch, nur die im Lager üblichen Rationen zugeteilt: »Kaffee«, Suppe, Brot und Margarine.

Stanisława Leszczyńska: »Die vom Hunger ausgedörrten Brüste der Mütter reizten nur die Lippen der Neugeborenen, lösten eine Reflexbewegung aus und steigerten noch den Hunger.«[29]

448 Neugeborene in Birkenau registriert

Aufgrund der in der Gedenkstätte Auschwitz vorhandenen Dokumente hat Zofia Pohorecka eine Zusammenstellung über die Geburten im Lager Birkenau erarbeitet[30]: Ihr zufolge sind insgesamt 448 Neugeborene registriert worden. Die tatsächliche Zahl der Geburten dürfte sehr viel größer

sein. Aber darüber läßt sich keine genaue Angabe machen.

Von den registrierten Neugeborenen waren 359 Sinti und Roma, die ab Februar 1943 in einem besonderen Abschnitt, dem »Zigeunerlager«, familienweise eingesperrt wurden. Sie bekamen eine Nummer mit einem Z – für »Zigeuner« – eintätowiert.

In den »Hauptbüchern«, in denen Häftlinge im »Zigeuner«-Familienlager erfaßt wurden, sind Frauen und Männer getrennt aufgeführt. Polnische Häftlinge hatten im Sommer 1944 diese Bücher in einem mit einem Holzdeckel abgedichteten Eimer vergraben. Diesem Umstand ist es zu verdanken, daß sie erhalten geblieben sind: Man fand sie 1949. Nur wenige Seiten waren infolge von Durchfeuchtung unleserlich geworden.[31]

Die ersten Kinder, deren Geburt vermerkt wurde, hießen Anna Malik und Peter Wachler. Sie erhielten am 11. März 1943 die Nummern Z-1936 und Z-2086. Als letzte Neugeborene im »Zigeunerlager« wurden Renata Ernst mit der Nummer Z-10813, am 13. Juni 1944 zur Welt gekommen, und Oskar Weindlich, Z-10077, geboren am 20. Juni 1944, genannt.[32]

Die meisten Neugeborenen lebten nur wenige Tage. Sie starben an Krankheiten und Unterernährung.

Gelang es, ein Kind sechs bis acht Wochen am Leben zu halten, mußte es die Mutter »abgeben«. Weigerte sie sich, wurde sie mit ihrem Säugling in die Gaskammer gesteckt.[33]

Der ehemalige Auschwitz-Häftling Hermann Langbein hat das »Zigeuner«-Familienlager beschrieben: »Ein Barackenmeer. Dach an Dach, Reihe an Reihe, so weit man sehen kann. Bodenloser Dreck. Wie die Zigeuner ausschauen! Sie haben ihre Zivilkleider behalten dürfen, aber sie haben keine Gelegenheit, sie zu reinigen. Es gibt so gut wie kein Wasser. Schmutzig sind sie, die Kinder haben eine Dreckkruste, die bis zu den Knien heraufreicht.

Wir gehen in den Krankenbau. Vor der Tür der Ambulanz steht eine lange Schlange. Viele Frauen mit ihren Kindern, jammernd, weinend, schreiend. Was soll aber der Arzt – selbst Häftling – machen?...

In der Nachbarbaracke liegen die Frauen und Kinder. Hier gebären sie auch. Da liegen auf dem Strohsack sechs Babys, sie können erst ein paar Tage alt sein. Wie schauen sie aus! Dürre Glieder und einen aufgetriebenen Bauch. Auf den Pritschen nebenan liegen die Mütter, ausgezehrt, brennende Augen...

An der Rückwand (der Baracke; d.Verf.) ist ein Holzverschlag angebaut, es ist die Leichenkammer. Ich habe schon viele Leichen im KZ gesehen. Hier schrecke ich zurück. Ein Berg von Leichen, gut zwei Meter hoch. Fast lauter Kinder, Babys, Halbwüchsige, darüber huschen Ratten.«[34]

Berichte von Ärzten

Im »Zigeunerlager« war es verboten, Wasser zu trinken – es war verseucht. Um ihren Durst zu stillen, blieben einigen hundert Menschen täglich ein paar Eimer einer undefinierbaren Flüssigkeit, Kaffee oder Tee genannt. Die Kinder waren nicht vom Trinken des verseuchten Wassers abzuhalten.[35] Geschwächt, wie sie waren, waren sie allen möglichen Krankheiten schutzlos ausgeliefert.

Als Ende Mai 1943 im »Zigeunerlager« Flecktyphus ausbrach, starben viele Kinder.

Einige Häftlinge hatten Tuberkulose. Aus Angst vor Selektionen blieben sie in den Baracken und versuchten, ihre Krankheit zu verheimlichen. Die Folge: Kinder wurden angesteckt; viele starben innerhalb kürzester Zeit.[36]

Die erkrankten Erwachsenen waren in einer ausweglosen Situation, wie der 25. Mai 1943 zeigt: An diesem Tag ordnete die SS für das »Zigeunerlager« eine »Lagersperre« an, in deren Verlauf 507 Männer und 528 Frauen in die Gaskammern getrieben und ermordet wurden. Darunter waren einige an Flecktyphus Erkrankte und Hunderte »Flecktyphus-Verdächtige«.[37]

Der inhaftierte Arzt František Janouch aus der Tschechoslowakei mußte auf Befehl der SS im »Krankenbau« des »Zigeunerlagers« arbeiten, den Hermann Langbein beschrieben hat. Über seine Beobachtungen im Frühjahr 1943 hat Janouch folgendes berichtet:

»Das schrecklichste und am meisten erschütternde Erlebnis war für mich, als ich gemeinsam mit einem polnischen Arzt den Posten eines Kinderarztes im Zigeunerlager zugewiesen bekam. Fast hundert oder sogar mehr

Im Lager Birkenau

Kinder, im Säuglings- bis zum Knaben-alter, lagen auf den Pritschen ohne Bettwäsche. Die Armen haben ihre Notdurft auf ihnen verrichtet…

Nichts stand uns zur Verfügung … Auf der Seite, wo die Kinder in den Krankenblock aufgenommen wurden, kamen die Mütter mit den Kindern, um sie weinend abzugeben. Sie wuß-ten, daß sie ihre Kinder niemals mehr sehen würden. Auf der entgegenge-setzten Blockseite suchten sie später ihre toten Kinder … Täglich starben ungefähr zehn bis fünfzehn Kinder.

Es gab keine sanitären Einrichtun-gen und auch keine Eimer. Die Kinder haben oft ihre Notdurft in den Schüs-seln verrichtet, aus denen sie später aßen. Es stank dort erbärmlich … und solche Krankheiten wie Scharlach, Ty-phus, Diphterie, Masern und andere sind aufgetreten. Die an diesen Krank-heiten leidenden Kinder lagen alle zu-sammen, einer neben dem anderen.«[38]

Ein anderer nach Auschwitz-Birke-nau deportierter tschechischer Arzt, Dr. Vicek, betreute ab Juni 1943 für mehr als ein Jahr Kinder im »Zigeuner-lager«. Er schrieb:

»Man konnte infolge der gänzlichen Zerstörung der Körper durch Hunger nicht feststellen, ob die Kinder an

18

Bauchtyphus, Ruhr oder welcher Art von Durchfall litten…

Der Anblick der blutspeienden, verängstigten, sich im Fieber wälzenden und nach Atem ringenden Kinder war schrecklich.

Die Gehirnhaut- und Gehirnentzündungen hatten einen ruhigen Verlauf, solange die Kinder keine Krampfanfälle bekamen. Sie lagen apathisch im Bett, bis ihr Leben erlosch.«[39]

Die aus Deutschland nach Birkenau verschleppte Ärztin Lucie Adelsberger berichtete über die Zustände im »Zigeunerlager«:

»Die Kinder waren wie die Erwachsenen nur noch Haut und Knochen, ohne Muskeln und Fett, und die dünne pergamentartige Haut scheuerte sich über den harten Kanten des Skeletts überall durch…

Krätze bedeckte den unterernährten Körper von oben bis unten und entzog ihm die letzte Kraft. Der Mund war von Goma-Geschwüren durchfressen, die sich in die Tiefe bohrend die Kiefer aushöhlten und krebsartig die Wangen durchlöcherten…

Durchfall, durch Wochen hindurch, löste ihren widerstandslosen Körper auf, bis bei dem stetigen Wegfließen von Substanz nichts mehr von ihm übrig blieb.«[40]

Das Ende des »Zigeunerlagers«

Die Nazis verschleppten insgesamt 20 946 Sinti und Roma in das Vernichtungslager Auschwitz-Birkenau.[41] So viele Namen enthalten die von den Häftlingen versteckten und nach dem Krieg wiedergefundenen »Hauptbücher«.

Eineinhalb Jahre nach den ersten »Einlieferungen« von Sinti und Roma waren nur noch rund 4 300 Frauen, Männer und Kinder am Leben. Davon wurden am 2. August 1944 genau 1 408 Menschen in das Konzentrationslager Buchenwald »überstellt«, darunter 105 Jungen im Alter von neun bis vierzehn Jahren.[42]

Wenige Stunden nach ihrem Abtransport war eine »Lagersperre« verhängt worden, das »Zigeunerlager« von bewaffneten SS-Männern umstellt. Lastwagen fuhren vor. Lucie Adelsberger erlebte die Räumung mit: »Wir hören die kurzen Befehle der SS, das Kreischen der Kinder. Ich erkenne die einzelnen Stimmen. Die Älteren wehren sich hörbar, rufen um Hilfe, brüllen Verrat, Schufte, Mörder! Ein paar Minuten nur und die Autos surren davon, das Geschrei hallt in der Nacht.«[43]

Am nächsten Morgen, dem 3. August 1944, war das »Zigeunerlager« leer. 2 897 Sinti und Roma waren am Vortag vergast worden.[44]

Von den nach Buchenwald »Überstellten« wurden am 25./26. September 1944 200 Sinti und Roma wieder nach Auschwitz transportiert – direkt in die Gaskammern von Birkenau. Unter ihnen befanden sich viele Kinder.[45]

Nur wenige der als »Zigeuner« verfolgten Menschen haben Auschwitz überlebt. Einen von ihnen traf ich im August 1976 am Mahnmal für Sinti und Roma in der Gedenkstätte Birkenau. Er erzählte: »Wir sind nach Auschwitz gekommen, weil mein Vater, meine Mutter, mein Großvater, meine Großmutter hier waren und ich im Nebenlager geboren bin. Mein Großvater und meine Großmutter sind hier vergast und verbrannt worden. Mein Vater hat so schwer gelitten, daß er später an den Folgen gestorben ist, und meine Mutter auch.«[46]

Transporte aus Theresienstadt

Sehr viele jüdische Kinder wurden aus dem »Getto Theresienstadt« nach Auschwitz-Birkenau verschleppt.

Mit dem ersten Transport kamen von dort am 28. Oktober 1942 1866 Männer, Frauen und Kinder. 1619 von ihnen wurden sofort vergast.[47]

Im September 1943 wurde in Birkenau das »Familienlager Theresienstadt« installiert. Mehrmals bis zum Mai 1944 trafen hier Transporte aus Theresienstadt ein. Geschlossen kamen die Häftlinge, ohne daß sie bei ihrer Ankunft einer Selektion unterzogen worden waren, in das »Familienlager«, darunter Hunderte von Kindern.[48]

Die Menschen im »Familienlager Theresienstadt« wurden einer »Sonderbehandlung« unterzogen. Sie wurden beispielsweise aufgefordert, an Angehörige und Bekannte vorbereitete Postkarten zu schicken. Dadurch sollten Zurückgebliebene und die Weltöffentlichkeit über den wahren Charakter von Auschwitz-Birkenau getäuscht werden. Die Nazis wollten ihren Völkermord an den Juden vertuschen.[49]

Die »Sonderbehandlung« währte sechs Monate. In zwei »Aktionen« wurden die jüdischen Frauen, Männer und Kinder aus dem »Familienlager« am 8./9. März sowie am 10./11. Juli 1944 in den Gaskammern von Birkenau ermordet.[50] Nach der Liquidierung des »Familienlagers« wurden die Transporte von Theresienstadt nach Auschwitz-Birkenau unvermindert fortgesetzt. Der letzte Zug kam von dort am 30. Oktober 1944 an – und mit ihm 949 Männer und Jungen sowie 1089 Frauen und Mädchen. Nach der Selektion wurden 1689 Erwachsene und Kinder in den Gaskammern getötet.[51]

Transporte aus der Sowjetunion, Griechenland, der Slowakei …

Die in der Sowjetunion wütenden »Einsatzgruppen« der SS waren spezielle Tötungseinheiten. Sie ermordeten Hunderttausende von Menschen, vor allem Juden, an Ort und Stelle.

Die von den »Einsatzgruppen« gebildeten kleineren Einheiten hießen »Einsatzkommandos«.[52] Sie »leiteten« auch ganze Familien in die Konzentrationslager, einige direkt nach Auschwitz, andere über die Zwischenstation Majdanek dorthin.[53]

1943 gab es mehrere Transporte aus Belorußland nach Auschwitz, so zum Beispiel am 9. September, als ein Zug mit 1212 Menschen aus Witebsk eintraf, und am 22. Oktober ein weiterer mit 739 Menschen. In diesen Transporten befanden sich mindestens 500 Kinder.[54]

Jerzy Adam Brandhuber: Rampe in Birkenau (Zeichnung)

Vom 20. März 1943 bis zum 16. August 1944 rollten die Transporte mit griechischen Juden nach Auschwitz – mit mindestens 54 533 Männern, Frauen und Kindern.[55] Von denen, die nicht sofort in die Gaskammern kamen, waren am 21. August 1944 nur noch 1 838 Menschen am Leben.[56]

Ende März 1942 erreichte der erste »registrierte« Deportationszug mit Juden aus der Slowakei das Vernichtungslager. In den folgenden zweieinhalb Jahren folgte Transport auf Transport: Allein am 11. und 18. Oktober 1944 wurden 4 868 slowakische Männer, Frauen und Kinder in den Gaskammern ermordet.[57]

Nach dem Ausbruch des Warschauer Aufstandes am 1. August 1944, der von SS und Wehrmacht blutig niedergeschlagen wurde und mehr als 150 000 Menschen das Leben kostete[58], nahmen die deutschen Besatzer zahlreiche Verhaftungen unter der Zivilbevölkerung vor. Die Menschen wurden über das »Durchgangslager« Pruszków zur Zwangsarbeit nach Deutschland oder in Konzentrationslager verschleppt, mehr als 13 000 Warschauer nach Auschwitz, darunter Hunderte von Mädchen und Jungen unter 14 Jahren.[59] Eine, die das überlebt hat, ist Jadwiga Matysiak, geborene Sztanka.

Als Zweijährige ins Konzentrationslager

Jadwiga Matysiak gibt Auskunft:
»Geboren bin ich am 20. Januar 1942 in Warschau. Im September 1944 wurde ich zusammen mit den Eltern, zwei Brüdern und einer Schwester in das Konzentrationslager Auschwitz-Birkenau gebracht. Dort bekam ich die Lagernummer 84876. Die Mutter,

meine Schwester und ich wurden in das Frauenlager gebracht, der Vater und meine Brüder wurden von uns getrennt und in das Männerlager gebracht. Nach einiger Zeit bekamen wir Nachricht, daß die Jungs und der Vater in das Konzentrationslager Schönberg transportiert worden waren.

Während des Aufenthalts in Birkenau wurde ich oftmals von der Mutter getrennt und zu einem sogenannten Revier (Häftlingskrankenbau; d.Verf.) geschickt. Ich hatte dort viele Krankheiten, unter anderem Keuchhusten, Masern, Scharlach und Ruhr. Auf dem Körper habe ich Spuren, die auf Phlegmone (Zellgewebsentzündungen; d. Verf.) hindeuten.

In Birkenau waren wir bis Ende Januar 1945, bis man uns nach Leipzig und später nach Berlin transportierte. Während des Aufenthalts im Lager war meine Mutter schwanger. Mein jüngster Bruder Ryszard wurde in Berlin am 26. März 1945 geboren.

Befreit wurden wir Ende April 1945. Nach der Befreiung kehrten wir nach Warschau zurück. Mein Vater und meine Brüder waren noch nicht da. Wir hatten keine Informationen über sie. Die Mutter war krank; sie hatte eine offene Wunde am Bein und ein Geschwür auf der Brust. Sie lag sehr lange im Fieber. Die Nachbarn haben uns drei Kinder, so gut es ging, betreut.

Im Mai 1945 kamen die Brüder zurück, leider ohne Vater. Es stellte sich heraus, daß er am 24. Dezember 1944 in Schönberg ermordet worden war. Meine Mutter blieb mit fünf Kindern allein zurück.

Meine minderjährigen Brüder, der 17jährige Henryk und der 15jährige Jerzy, mußten eine Beschäftigung suchen, um die Mutter und die jüngeren Geschwister zu ernähren … Meine Schwester, die damals 13jährige Irena, betreute uns, die zwei Jüngsten. Die Brüder und die Schwester gingen gleichzeitig zur Abendschule …

Die Mutter starb 1965 …

Wegen meines Gesundheitszustandes war ich 1965 gezwungen, meine Arbeit (als Lehrerin; d.Verf.) zu wechseln. Eine Neurose und häufige Entzündungen der oberen Luftwege machten mir zu schaffen. Ich nahm eine Arbeit beim Betriebsverband der beruflichen Weiterbildung an. Es ist eine Behörde der Volksbildung. Ich bin allerdings in der Verwaltung tätig. Dort bin ich bis heute beschäftigt …

1979 starb mein Mann an einem Herzinfarkt. Seit dieser Zeit erziehe ich den Sohn allein. Meine beiden Brüder und meine Schwester sind Kriegsinvaliden. Sie bekommen eine Rente. Mein jüngster Bruder arbeitet noch und hat eine 19jährige Tochter.«[60]

Experimente mit Zwillingen

Eine halbe Million ungarische Juden deportierten die Nazis innerhalb von fünf Monaten ab Mitte Mai 1944 nach Auschwitz.[61] Etwa 400 000 wurden in den Gaskammern von Birkenau ermordet.[62]

Zu Beginn der Verschleppungen wurden fast nur Zwillinge »registriert« und ins Lager »eingewiesen«: am

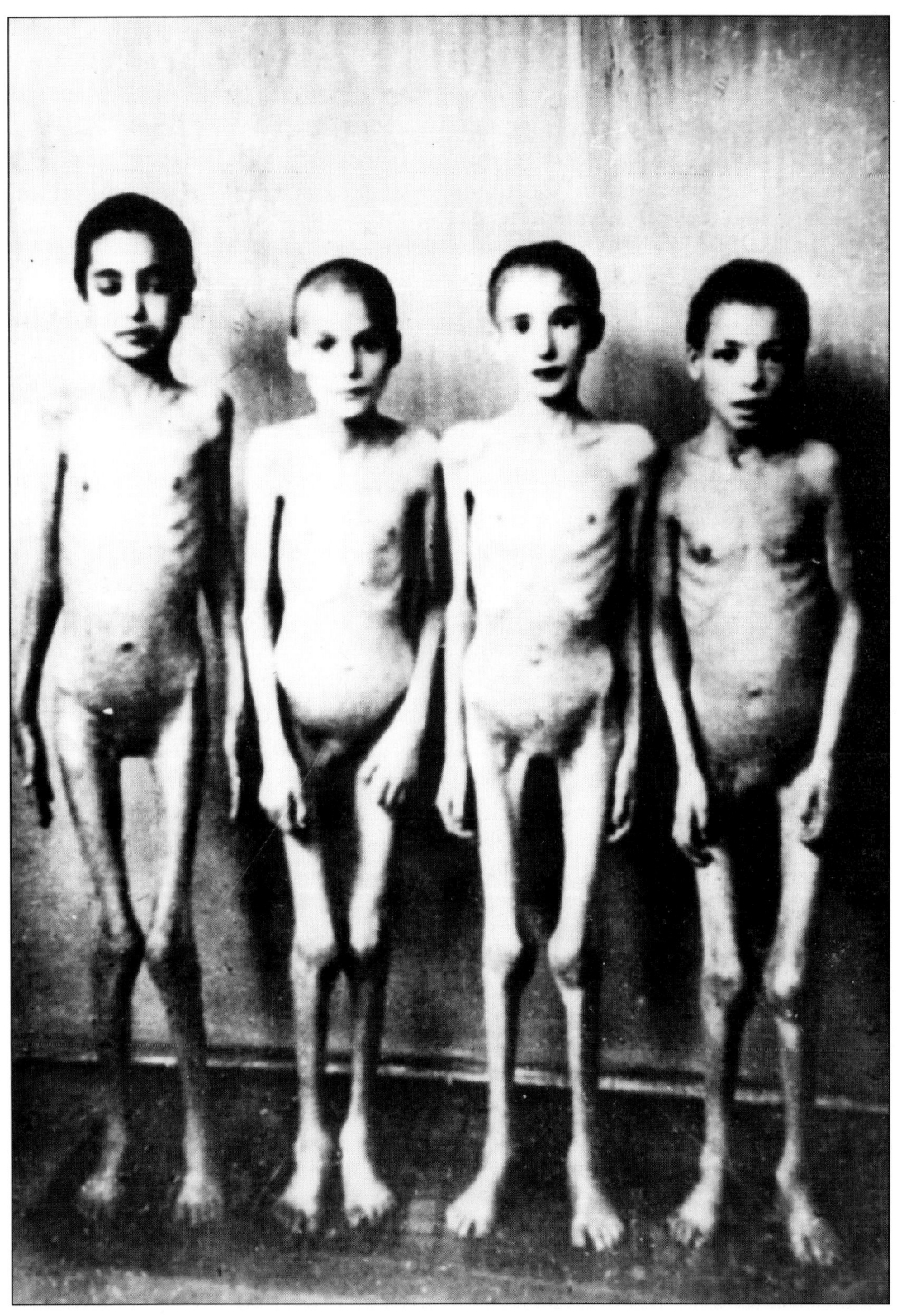

Diese Zwillinge mißbrauchte Mengele

17. Mai 1944 19 Zwillingsbrüder und einzelne Zwillinge, am 18. Mai 20 Zwillingsschwestern, am 19. Mai sieben Zwillingsbrüder und einzelne Zwillinge, am 21. Mai sechs Zwillingsschwestern, fünf Zwillingsbrüder und einzelne Zwillinge ...[63] Dabei handelte es sich sowohl um Erwachsene als auch um Kinder.

SS-Lagerarzt Mengele »reklamierte« neben Zwillingen zwergwüchsige Menschen an der Rampe von Birkenau für sich.[64] Er mißbrauchte sie für pseudomedizinische Versuche.[65]

Die Krankenschwester Elżbieta Piekut-Warszawska – sie war in Kielce verhaftet und Ende Mai 1943 nach Auschwitz-Birkenau deportiert worden – kam im Juli 1944 in den »Zwillingsblock«. In ihren Erinnerungen schreibt sie:

»Nach den Selektionen auf der Rampe wurden in diesem Block ungefähr 350 Zwillingspaare im Alter von ein bis sechzehn Jahren untergebracht, die zum Teil das gleiche Geschlecht hatten, zum Teil gemischt waren. Die Eltern dieser Kinder waren ins Gas gegangen.

Die Zwillinge waren jüdische Kinder aus Frankreich, Holland, Belgien, Ungarn und Deutschland. Sie sahen noch gesund und hübsch aus, waren allerdings verängstigt und verweint...

Schon nach wenigen Wochen traten bei den Kindern die ersten Symptome von Avitamonose (Skorbut), Hals- und Augenentzündungen, Ödeme an den Extremitäten und Lungenentzündungen auf. Die ärgste Gefahr bereiteten die Ratten, die so groß

wie Katzen wurden und Tag und Nacht ihr Unwesen trieben. Es kam vor, daß die Ratten nachts schlafende Kinder töteten...

Nach drei Wochen ließ man uns wissen, daß eine Kommission in unseren Block kommen werde. Tatsächlich tauchte Mitte August um die Mittagszeit Dr. Mengele in Begleitung von zwei deutschen Unterführern und der Lagerältesten Stena in unserem Block auf. Nach der Besichtigung kam die Anweisung, die Kinder nach dem Nummernverzeichnis (alle Kinder waren auf dem Arm tätowiert) und nach dem Alter in Gruppen zu dem Ambulatorium im Männerlager zu bringen. Es zeigte sich, daß sie dort untersucht werden sollten. Später stellte sich heraus, daß dort anthropometrische, röntgenelogische und morphologische Untersuchungen durchgeführt wurden. Wie mich eine polnische Ärztin informierte, sollten damit spätere Versuchsoperationen vorbereitet werden.

Die anthropometrischen Untersuchungen wurden so durchgeführt, daß die Kinder nackt ausgezogen wurden und an ihnen stundenlang (zwei bis fünf Stunden) mit Präzisionsgeräten (Winkelmesser, Zirkel, Rechenschieber) Messungen vorgenommen wurden. Während der Untersuchung wurde bei den Zwillingspaaren kontrolliert, ob die Körpermaße identisch waren. Dabei wurde viel aufgeschrieben.

Für die Kinder war das ein schlimmes Erlebnis...

Besonders dramatisch liefen die abschließenden morphologischen Untersuchungen. Den Kindern wurde zuerst aus dem Finger, dann aus der Vene Blut entnommen, manchmal zwei- bis dreimal. Die Kinder schrien, wehrten sich und ließen sich nicht anrühren. Sie hatten große Angst vor dem Einstich. Das Personal wandte schließlich Gewalt an …

Von Juli bis Oktober sank die Zahl der lebenden Kinder auf etwa 300.

Den Kindern wurden auch Flüssigkeiten in die Augen geträufelt. Den eigentlichen Eingriff konnte ich nicht beobachten, weil die Kinder in einen Nebenraum geholt wurden. Eines der beiden Kinder bekam beide Augen eingeträufelt, das andere nur ein Auge. Ich wurde angewiesen, nur die Reaktionen zu beobachten und bei Veränderungen, Rötungen oder Schwellungen keineswegs einzugreifen. Die Prozedur hatte für die Opfer sehr schmerzhafte Folgen. Es traten sehr starke Lidschwellungen, Brennen und gesteigerter Tränenfluß ein.

Als unser Block Ende Oktober in das Zigeunerlager verlegt wurde, ging ich mit den Kindern.

Hier waren die Verhältnisse noch schlimmer, weil wir in einen Block für Erwachsene gerieten, in dem mehrstöckige Pritschen standen, und es keine Öfen gab.

Die Kinder wurden weiter untersucht. Krankheiten griffen die ausgemergelten Organismen immer stärker an. Schwellungen in der Mundhöhle, Skorbut, starke Augenerweiterungen und Durchfall traten auf. Kinder starben. Wieder wurden die Opfer nach der Untersuchung da behalten; ich habe nie erfahren, was mit ihnen geschehen ist.«[66]

»Jeder Tag war wie ein Jahr«

SS-Hauptsturmführer Josef Mengele hatte sich 1943 freiwillig zum Dienst in den Konzentrationslagern gemeldet. Ende Mai war er in Auschwitz eingetroffen.

Der Doktor der Philosophie und Medizin interessierte sich nicht nur für jüdische, sondern auch für »Zigeuner«-Zwillinge. Sie wurden vermessen, geröntgt, ihre Augen verätzt, mit Viren infiziert, selektiert und schließlich getötet. Mengele wollte wahrscheinlich eine Möglichkeit herausfinden, wie »arische« Frauen möglichst viele Zwillinge zur Welt bringen könnten.[67]

Der ungarische Anatom und Pathologe Dr. Myklós Nyiszli – am 29. Mai 1944 nach Birkenau deportiert – mußte auf Anordnung von Mengele bald darauf im »Laboratorium« und im »Sektionsraum« arbeiten.[68] Nach dem Krieg berichtete er von den Leichenöffnungen:

»Es folgt die nächste Etappe der Untersuchungen, die Analyse anhand der Sektion: der Vergleich der normalen und der pathologischen beziehungsweise kranken Organe. Hierzu benötigt man Leichen. Da die Sektion und Analyse der einzelnen Organe gleichzeitig erfolgen muß, müssen die Zwillinge gleichzeitig sterben. Also sterben sie gleichzeitig im Versuchsblock des KL Auschwitz … Dr. Mengele tötet sie.«[69]

Der Massenmörder schickte nach Tötung seines »wissenschaftlichen Materials« Blutproben, Augen, Köpfe und andere Körperteile konserviert an das Kaiser-Wilhelm-Institut für Anthropologie in Berlin-Dahlem.

Mengele warf Säuglinge lebendig ins Feuer. Er riß Müttern die Kinder weg und schmetterte sie auf den Boden. Er führte tödliche Phenol-Injektionen und Erschießungen durch. Er selektierte Menschen, entschied mit der Bewegung seines Daumens, wer in die Gaskammer mußte.

Mitte Januar 1945 löste er seine »Versuchsstation« auf und brachte seine noch in Auschwitz-Birkenau befindlichen Unterlagen in Sicherheit.[70]

Mengele wurde 1947 in Wien von US-Amerikanern verhaftet, aber bald danach wieder freigelassen. Anschließend hielt er sich eine Zeitlang in Günzburg (Bayern), seinem Geburtsort, auf, wo er sich ungehindert mit dem Wiederaufbau der Landmaschinenfabrik Carl Mengele und Söhne widmete. Später entwich er nach Südamerika, erhielt 1954 die argentinische, 1959 die paraguayische Staatsbürgerschaft. Er wurde seit 1959 mit einem Haftbefehl der Frankfurter Staatsanwaltschaft gesucht, konnte sich aber allen Auslieferungsbegehren entziehen. 1979 soll er bei einem Badeunfall in Brasilien gestorben sein.[71]

Beim ersten Frankfurter Auschwitz-Prozeß (20. Dezember 1963 bis 20. August 1965) erinnerte sich die ehemalige Auschwitz-Inhaftierte Dr. Ella Lingens aus Wien als Zeugin gut an den SS-Arzt: »Der war der erste, der das ganze Frauenlager läusefrei gemacht hat. Er hat nämlich einen Block geschlossen ins Gas geschickt. Dann hat er diesen Block desinfiziert, eine Badewanne aufgestellt und darin die Insassen des nächsten Blocks waschen lassen. Inzwischen wurde dieser Block gereinigt. Und so ging das fort. Nach dieser Aktion war das A-Lager frei von Läusen. Es hat aber damit angefangen, daß zirka 750 Frauen des ersten Blocks vergast wurden.«[72]

40 Jahre nach der Befreiung von Auschwitz wurde Anfang Februar 1985 ein Mengele-Tribunal in der Gedenkstätte Yad Vashem in Jerusalem veranstaltet. Unter der Losung »Ich klage an« sagten 29 Männer und Frauen zum erstenmal über den Auschwitz-Arzt aus. Viele von ihnen waren im Kindesalter im Konzentrationslager gewesen und oft die einzigen aus ihren Familien, die überlebt hatten. Mengeles Opfer gaben zu Protokoll:

»Er band mir die Brüste ab, damit ich mein Baby nicht stillen konnte. Er wollte beobachten, wie lange es ohne Nahrung am Leben bleibt.«

»Er setzte meinen Unterleib Röntgenstrahlen aus und entfernte mir später einen Hoden.«

»An der Wand seines Untersuchungszimmers waren lauter Menschenaugen angebracht, wie Schmetterlinge.«

»Er injizierte mir eine Flüssigkeit in die Kehle, damit ich Gewächse bekam.«

»Er bestrahlte uns so lange mit Röntgenstrahlen, bis unser Unterleib schwarz war von der Verbrennung.«

»Jeder Tag war wie ein Jahr«, erinnerte sich einer.[73]

»Die 600 Knaben«

In der Nähe der Ruinen des Krematoriums III in Auschwitz-Birkenau wurde am 17. Oktober 1962 ein Einmachglas gefunden, darin ein in Wachstuch eingewickeltes Notizbuch und lose Blätter. Gut die Hälfte des fast vollkommen in Jiddisch verfaßten Textes konnte noch entziffert werden; der Rest war im Laufe der Jahre feucht und damit unleserlich geworden.

Autor der Schrift ist der Jude Salem Lewental, am 10. Dezember 1942 in das Vernichtungslager eingeliefert[74], sofort nach seiner Ankunft in das »Sonderkommando« für die Gaskammern und die Verbrennungsgruben »eingeteilt«. Gut erhalten ist seine Passage über die 600 Knaben, »Die 600 inglech«:

»Am hellen Tage wurden 600 jüdische Knaben im Alter von zwölf bis achtzehn Jahren gebracht. Sie waren in lange, sehr dünne Zebraanzüge gekleidet; an den Füßen hatten sie zerrissene Schuhe oder Holzpantinen. Die Knaben sahen schön aus und so gut gebaut, daß nicht einmal die Fetzen sie entstellten. Es war dies in der zweiten Hälfte Oktober (sehr wahrscheinlich ist die Ermordung von 1000 Jungen am 20. Oktober 1944 im Krematorium III in Auschwitz-Birkenau gemeint[75]; d. Verf.). Es führten sie 25 schwer (mit Granaten) beladene SS-Männer. Als sie sich auf dem Platz befanden, befahl der Kommandoführer, daß sie sich auf dem Platze aus(zögen). Die Knaben bemerkten den Rauch, der aus dem Schornstein quoll, und dachten sich gleich, daß sie sie in den Tod führten. Sie begannen in wildem Entsetzen auf dem Platz herumzulaufen und sich die Haare aus dem Kopf zu reißen, (ohne zu wis)sen, wie sie sich retten sollten ...

Mit einem Lächeln der Zufriedenheit, ohne die kleinste Regung von Mitleid, mit den stolzen Mienen der Sieger standen die SS-Leute da und trieben sie, schrecklich schlagend, in den Bunker. Auf den Stufen stand ein Unterscharführer mit dem Gummiknüppel, und wenn einer zu langsam dem Tode entgegenlief, erhielt er einen mörderischen Schlag mit dem Gummiknüppel. Einige Knaben liefen trotzdem noch durcheinander auf dem Platz hin und her und suchten nach Rettung. Die SS-Männer liefen ihnen nach, schlugen und hieben, bis sie die Situation beherrschten. Ihre Freude war unbeschreiblich. (Hatten sie) denn niemals Kinder gehabt?«[76]

Die Befreiung

Im Juli 1944 wurde das Konzentrationslager Majdanek im Osten Polens von sowjetischen Truppen befreit. SS-Leute waren festgenommen, Massenvernichtungsanlagen gesichert worden.[77]

Als die Rote Armee weiter nach Westen vorrückte, versuchten die Nazis in Auschwitz, die auffälligsten Spuren der Verbrechen zu beseitigen, was ihnen nur teilweise gelang.

Kinder in Auschwitz kurz nach der Befreiung

Ab Ende Juli 1944 vernichtete die SS den größten Teil der belastenden Unterlagen, unter anderem Listen mit Angaben über die nach Auschwitz deportierten Menschen.

In der zweiten Oktoberhälfte wurde das Krematorium IV abgebrochen, das beim Aufstand der jüdischen Häftlinge des »Sonderkommandos« am 7. Oktober erheblich beschädigt worden war. Ende 1944 wurden Teile der Krematorien II und III abtransportiert.[78] Die Gruben, in denen massenweise Leichen verbrannt worden waren, wurden eingeebnet und bepflanzt.[79]

Zwischen August 1944 und Mitte Januar 1945 wurden ungefähr 65 000 Häftlinge aus Auschwitz in westlicher gelegene Konzentrationslager »evakuiert«. Wer sich danach noch in Auschwitz befand, wurde zwischen dem 17. und 23. Januar 1945 zu Fuß in Marsch gesetzt und nach einigen Tagen in zum Teil offenen Waggons Richtung Westen abtransportiert. Viele kamen dabei ums Leben.[80]

Kurz vor der Befreiung sprengte die SS die Krematorien von Auschwitz-Birkenau und steckte die verbliebenen 35 Magazine mit den Habseligkeiten der Ermordeten in Brand, nachdem zuvor die wichtigsten Sachen aus den Baracken geräumt und weggeschafft worden waren.[81] Doch nicht alles ging in Flammen auf, wie sich zeigen sollte.

In Auschwitz blieben einige tausend kranke und transportunfähige Häftlinge mit einer stark verringerten Anzahl von SS-Leuten als Wachmannschaft zurück.[82] Das erfuhr auch die Zivilbevölkerung. Und da es keine permanente Bewachung mehr gab, drangen einige in das Lagergelände ein. Die Nachricht, daß dort Kinder ohne Fürsorge und Nahrung zurückgeblieben waren, verbreitete sich. Es kam sogar vor, daß einzelne unter Lebensgefahr Kinder aus dem Lager holten.

Der SS lagen Befehle vor, die zurückgelassenen Häftlinge zu töten, um sie als Zeugen der Verbrechen zu beseitigen. Noch kurz vor der Befreiung wurde eine Anzahl von jüdischen Häftlingen ermordet. Zu weiteren »Liquidierungsaktionen« kam es nicht mehr. Am 27. Januar 1945 erreichte die Rote Armee das Lager.[83]

Am Tag der Befreiung befanden sich im Lager über 7 000 Menschen aus allen Teilen Europas, darunter etwa 180 Kinder, auch Neugeborene. Viele von ihnen wußten und wissen bis heute weder ihren Namen, ihr genaues Alter noch etwas über ihre Herkunft.[84]

Obwohl die SS versucht hatte, die wichtigsten Beweise für ihr grausames Handeln zu beseitigen, konnten unmittelbar nach der Befreiung viele Spuren gesichert werden. In der Nähe des Krematoriums in Birkenau wurden große Mengen von Asche und angekohlten Knochen, auch von Kindern, entdeckt. 115 063 Kleidungsstücke für Säuglinge und Kinder bis zu zehn Jahren wurden vorgefunden.[85]

Eine sowjetisch-polnische Kommission begann sofort mit der Untersuchung der Nazi-Verbrechen. In ihrem Bericht heißt es: »Unter den in Auschwitz Befreiten und von Ärzten Unter-

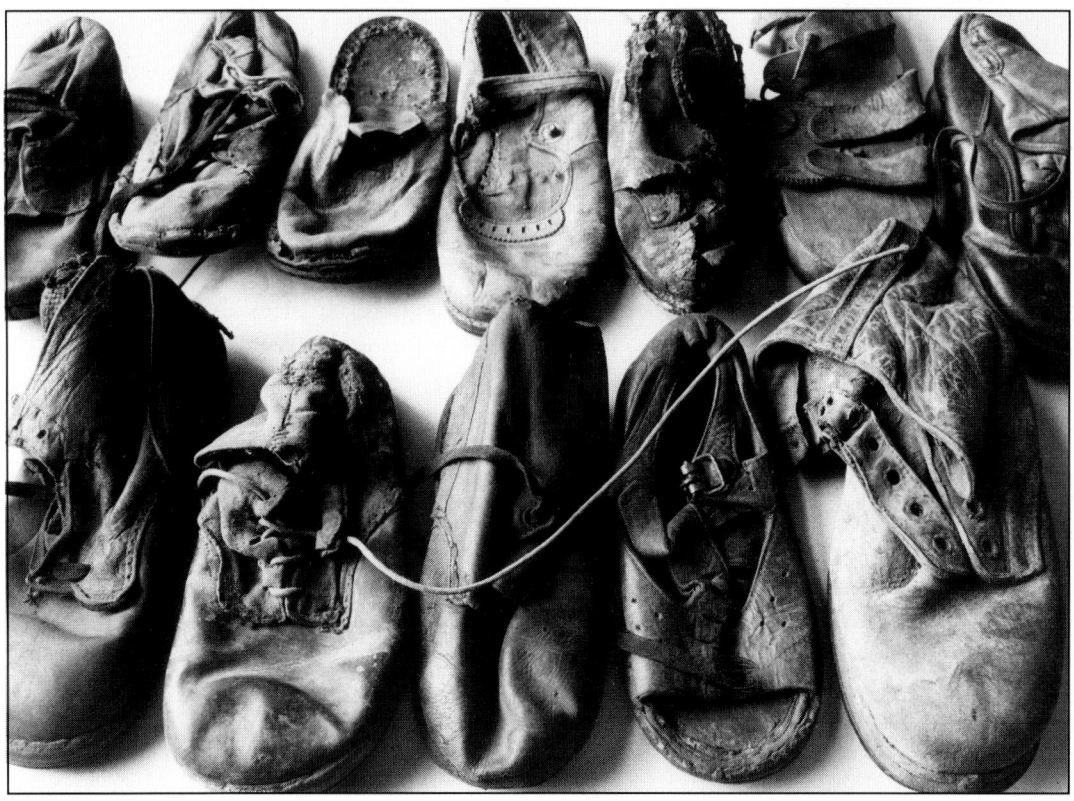

suchten waren 180 Kinder, davon 52 unter acht Jahren und 128 zwischen dem achten und dem fünfzehnten Lebensjahr. Alle Kinder waren in der zweiten Hälfte des Jahres 1944 ins Lager gekommen ... Die ärztliche Untersuchung ergab, daß 72 Kinder Lungen- und Drüsentuberkulose hatten, 49 an den Folgen der Unterernährung und völliger Erschöpfung des Organismus und 31 an Erfrierungen litten.«[86]

Sehr viele Kinder mußten zunächst in Krankenhäusern versorgt werden. Trotz größter Anstrengungen der Ärzte starben einige Kinder. Die wieder zu Kräften gekommenen, die ihre Familien kannten, wurden nach Hause gebracht. Manche, deren Herkunft unbekannt war, kamen in Kinderheime.[87] Die in Polen blieben, wurden fast alle adoptiert.

Ben Shemen

Die Jugend-Alijah war 1933 gegründet worden, um jüdische Kinder vor dem NS-Regime in Sicherheit zu bringen. 1934 kamen etwa 400 Kinder nach Palästina; 1939 waren es 5000.

Nachdem Deutschland den Krieg begonnen hatte, wurden in vielen Ländern Auffangplätze für jüdische Kinder eingerichtet. Es kam zu einem fieberhaften Wettlauf mit den immer weiter vorrückenden deutschen Truppen.

Zwischen 1940 und 1945 wurden rund 11 500 Kinder aus den von Deutschland besetzten Ländern geholt und auf oft abenteuerlichen Wegen nach Palästina gebracht. Drei Jahre brauchten 900 Kinder und Jugendliche zum Beispiel, bevor sie aus Polen kommend 1943 in Haifa eintrafen. Über die Sowjetunion, Persien und die Türkei hatten sie die rettende neue Heimat erreicht.[88]

Gleich nach dem Krieg machten sich Vertreter der Jugend-Alijah in Europa auf die Suche nach den noch lebenden jüdischen Kindern. Sie sollten vor allem in vorbereitete Heime und Kinderdörfer gebracht werden, unter anderem nach Ben Shemen, einem Kinderdorf, zwischen Tel Aviv und Jerusalem gelegen. Es war von Dr. Siegfried Lehmann, einem aus Berlin stammenden Kinderarzt, 1927 gegründet worden. In Ben Shemen fanden Waisenkinder aus ganz Europa, aber auch Kinder aus »schwierigen Familien« aus dem Land Aufnahme.[89]

1946 kamen die ersten aus Auschwitz und anderen Lagern geretteten Kinder nach Ben Shemen. Fast alle hatten ihre Eltern verloren.[90] Aryeh Simon, der viele Jahrzehnte im Kinderdorf gearbeitet hat, erinnert sich:

»Die Kinder, die in unsere Obhut kamen, trugen die Spuren des Erlittenen auf dem Leibe und in der Seele. Wir taten, was in unseren schwachen Kräften stand, um ihnen zu helfen, sich ihren Weg in ein glücklicheres, normales Leben zu bahnen. Dabei stellten wir zu unserer Erschütterung fest, daß ein Teil von ihnen sich innerlich mit der Nazi-Ideologie identifizierte. Es waren keine pervertierten Kinder. Was ihr kurzes Leben gelehrt hatte, ließ sich, so schien es ihnen, in einem Satz zusammenfassen: ›Entweder bist du oben oder unten, entweder du trittst oder du wirst getreten, bist entweder Henker oder Opfer.‹ Die Folgerung, schien ihnen, verstand sich von selbst.«[91]

Richard Levinsohn, der 50 Jahre als Pädagoge und Gärtner in Ben Shemen tätig war, berichtet von seinen Erfahrungen:

»Ich erinnere mich besonders an einen Jungen, dessen Geschichte ich zunächst nicht kannte, da er nicht in meiner Gruppe war. Damals suchte ich Darsteller für eine Aufführung der Geschichte vom ›Kleinen Muck‹, einem Märchen von Hauff. Ich wählte die Schüler aus, wobei ich mich nicht von ihrer Vergangenheit beeinflussen lassen wollte. Aber es stellte sich heraus, daß diejenigen, die sich freiwillig hierfür meldeten, meist Kinder mit einer schweren und traurigen Vergangenheit waren.

Ich erfuhr, daß der Junge, der den König spielen sollte, immer sehr aggressiv und in Auschwitz gewesen war. Mosche Hurwitz, so hieß er, hatte dort an den Verbrennungsöfen gearbeitet und hatte seine Eltern, nachdem sie vergast worden waren, auf der Schubkarre wegschieben müssen. Es war bestimmt wichtig für ihn, eine Hauptrolle zu spielen und sich in das Team der Beteiligten eingliedern zu müssen.

Ein anderer Junge, der Auschwitz überlebt hatte, war Benjamin Hildesheimer. Obgleich er sehr viel durchgemacht hatte, konnte man ihm seine Leiden nicht ansehen. Benjamin spielte die Hauptrolle in dem von uns 1947 produzierten 16-mm-Film ›Adamah‹ (Die Erde). In seiner Rolle haben wir versucht, das auszudrücken, was wir bei all den Kindern aus den Lagern gesehen haben, die sich nicht eingliedern konnten.

So gab es Kinder, die nichts tun wollten; sie sagten, daß sie schon genug für Hitler gearbeitet hätten. Andere glaubten nicht, daß es hier für jeden genug zu essen gab, daß keiner sich etwas stehlen mußte. Dann gab es Kinder, die immer Brot in ihren Säkken versteckten, weil sie von der Gewohnheit, sich einen Vorrat halten zu müssen, nicht loskamen.

Kinder wie Benjamin hatten den Glauben an die Menschen verloren. Sie klammerten sich besonders an Tiere und pflegten Hunde, Pferde …

Wir verteilten die aus den Lagern kommenden Kinder auf schon länger bestehende Gruppen. Wir ließen sie nicht nur unter sich sein. Sie kamen zusammen mit normalen Kindern. Dieses Gemeinschaftsleben trug zum großen Teil zur Eingliederung der Kinder bei.

Ihnen den Glauben an die Menschen wiederzugeben, dauerte seine Zeit. Obgleich die schweren Erinnerungen diesen Kindern blieben, hatten sich fast alle innerhalb von einigen Jahren an ein normales Leben gewöhnt.«[92]

Psychische Wunden

Kinder, die längere Zeit im Konzentrationslager gewesen waren, hatten nach ihrer Befreiung keinerlei Verhältnis zu den Dingen des täglichen Lebens. Sie kannten sie nicht. Tische dienten ihnen als Sitzgelegenheiten, Stühle als Wurfgeschosse, Eßbestecke als Instrumente …

Die Kinder waren auffallend reizbar. Ihre Stimmungen waren stark schwankend. Gegenüber ihrer neuen Umgebung verhielten sie sich lange mißtrauisch, oft sogar feindselig. Sie waren immer in Furcht, daß ihnen etwas entrissen wird: Kleidungsstücke, Essen, Spielsachen. Sie verteidigten es, als ginge es um ihr Leben. Wenn sie jemand verließ, setzten sie das mit »Tod« gleich – eine Erfahrung, die sie im Lager täglich hatten machen müssen.[93]

Wie sehr die Kinder von Auschwitz geprägt waren, zeigen ganz besonders zwei Beispiele, auf die im Buch später ausführlicher eingegangen wird.

Ein Mädchen, bei ihrer Befreiung vier Jahre alt, befahl ihren Spielkameraden, sie sollten sich hinknien und die Hände heben. Falls sie nicht ruhig seien, kämen sie ins »Revier«, gemeint ist der Häftlingskrankenbau, oder »in den Ofen, denn Mengele kommt«.

Ein Junge, drei Jahre alt, als er aus dem Lager kam, konnte nicht glauben, daß Menschen eines natürlichen Todes sterben. Als ein Verwandter seiner Adoptiveltern gestorben war, betrachtete er den Toten, suchte nach Blutspuren, blauen Flecken, Wunden … Er war nicht zu überzeugen.

Nelly Wolffheim hat viele Jahre die Nachwirkungen des KZ-Aufenthaltes auf Kinder und Jugendliche erforscht. Die Fachärztin für Psychoanalyse stellte 1959 fest, es sei unmöglich, ihre

Zukunft vorherzusagen. »Selbst wenn im Augenblick die Folgen dieser Qualen scheinbar nicht vorhanden sind, mögen sie später in der Form ernster Schwierigkeiten in der Anpassung wieder erscheinen. Gewisse psychische Wunden, welche oberflächlich geheilt sind, öffnen sich später, und zu den schlimmsten müssen wir eine krankhafte Bindung an eine Kindheit zählen, die in brutaler Weise durch ein unfreundliches Geschick abgebrochen wurde.«[94]

Ende der fünfziger Jahre begannen Ärzte aus Kraków mit systematischen Untersuchungen über die Auswirkungen von Krieg und KZ-Haft. Über einen längeren Zeitraum widmeten sich die polnischen Psychiater auch 50 »Lager-Kindern«, darunter Mädchen und Jungen, die in Auschwitz gewesen waren. 18 von ihnen waren im Konzentrationslager geboren worden.

Dr. Wanda Półtawska und ihre Mitarbeiter registrierten während ihrer Untersuchungen Nervosität, Kopfschmerzen, Schlafstörungen, Angstzustände und Schwächegefühle bei den inzwischen zu Jugendlichen oder Erwachsenen herangereiften Menschen.[95] Sie berichteten 1966 unter anderem von einer 27jährigen Frau, die wahrscheinlich als Vierjährige Mitte 1943 nach Auschwitz deportiert worden war:

»Ihre mehrfachen Äußerungen kehren immer wieder zum Thema der Familie zurück … Auf die Frage, was sie in ihrem Leben ändern möchte, seufzt sie nur und sagt: ›Daß Vater und Mutter da wären, aber das ist ja schon unmöglich. Ich bin völlig mutlos, mein Schicksal blieb in Auschwitz. Oft geht es mir durch den Kopf, mir das Leben zu nehmen, denn allein kann ich mir kaum Rat geben. Hätte ich nur einen nahestehenden Menschen, irgend jemanden, der mir helfen könnte...‹

Spontan beginnt sie ein Gespräch über die Deutschen, sie habe noch heute Angst vor ihnen und beschuldigt sie: ›Ich verdamme sie und habe große Angst, fortwährend fürchte ich mich vor ihnen. Wären nicht die Deutschen, hätte ich ein anderes Leben...‹

Jede Annäherung eines Menschen erfüllt sie mit Entsetzen. Sie fürchtet die Menschen, obwohl sie ihren herzlichen Beistand sehr nötig hat. Sie ist aber überzeugt, daß sie von den Menschen nur ausgenutzt werden kann, wie sie es aus ihren bisherigen Erfahrungen wahrgenommen hat. Sie hat ein starkes Minderwertigkeitsgefühl, gibt leicht nach und verzichtet schnell auf ihre Pläne aus Angst vor Mißerfolg: Ihr kann ja nichts gelingen.«[96]

Eine zum Zeitpunkt der Untersuchung 23jährige Frau war 1943 in Auschwitz-Birkenau geboren worden. Auch ihre Mutter hat überlebt.

»Ihrer Mutter ist sie sehr zugetan und unternimmt nichts ohne sie. Zur Untersuchung kam sie in ihrer Begleitung. Vor einem Jahr heiratete sie, und nun erwartet sie ein Kind. Sie freut sich darüber, hat aber Angst, das Kind könne nervös sein. Über ihren Mann äußert sie sich mit Begeisterung.

An Auschwitz denkt sie oft ... Sie besitzt eine ziemlich genaue Einsicht in ihr eigenes Seelenleben, was ihr zur Lösung der Konflikte und zur objektiven Einstellung zur Wirklichkeit verhilft. In den Testuntersuchungen kommen Angst und gehemmte Aggressionen zum Vorschein, was der Untersuchten unbewußt ist und sich in einer übertriebenen Angst und Sorge um die Nächsten ausdrückenden Unruhe offenbart.«[97]

Über eine 36jährige Frau, die mit zehn Jahren verschleppt worden war und drei Jahre in verschiedenen Lagern verbringen mußte, berichten die Krakówer Mediziner:

»Sie erzählt über ihre Lagerhaft: ›Ich hatte eine panische Angst, es war ein einziger ungeheurer Schreck, von dem ich aus einen mir unbekannten Grunde nicht gestorben bin.‹ ›Jetzt fürchte ich nichts Konkretes, doch kommen mitten am Tag solche Momente, in denen ich eine plötzlich mich befallende irrationale Angst nicht unterdrücken kann. Der Schweiß rinnt mir dann den ganzen Körper hinunter, und ich sage zu mir: Du bist blöd, es gibt doch längst keinen Krieg mehr. Das hilft aber nichts, das ist unheilbar...‹

Auf die Frage, ob sie Kinder habe, antwortet sie auf sehr charakteristische Weise: ›Ich wünsche es mir von Herzen, habe aber schreckliche Angst, daß das Kind dasselbe durchmachen könnte, was ich durchgemacht habe, und kann mich deshalb nicht dazu entschließen, auch wenn ich weiß, daß das albern ist...‹

Sie fürchtet und haßt die Deutschen. Sie war selbst überrascht, als sie kürzlich bei einer Reise durch deutsches Gebiet feststellen mußte, daß in ihr die deutschen Kinder den größten Haß erweckten. Sie konnte dieses Gefühl nicht beherrschen und verkürzte den Aufenthalt...

Sie ist wenig aktiv, lebt ohne Ziel und Streben und ist völlig lustlos. Bei alldem hat sie ein Gefühl der Leere und eines verpfuschten Lebens. Zu den Lagererlebnissen kehrt sie unwillig zurück, doch erweist es sich im Laufe der Untersuchung, daß dies die einzigen Probleme sind, die sie angehen, als wäre ihr Leben im Moment der Befreiung stehengeblieben.«[98]

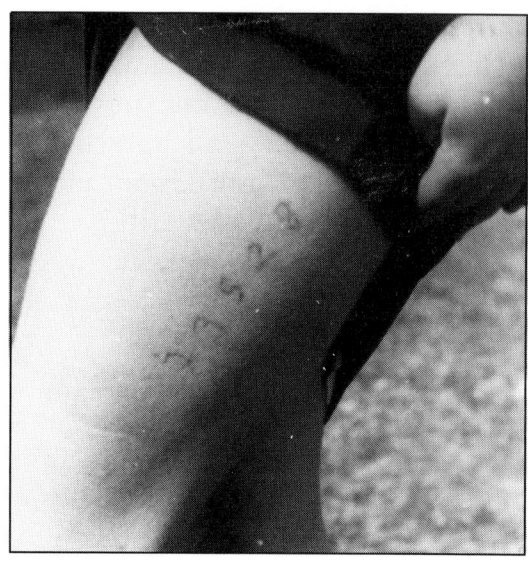

Frau, der als Säugling die Häftlingsnummer auf dem Oberschenkel eintätowiert wurde

Die Suche nach den Eltern

Mit zunehmendem Alter bewegte die adoptierten Kinder von Auschwitz die Frage nach ihrer Herkunft. »Denn jeder Mensch will doch wissen, wer er ist und von wo er kommt«, meinte einer stellvertretend für alle.

Bei der Suche nach ihrer Familie unterstützten sie die Pflegeeltern, aber auch eine Gruppe von Frauen, die als Häftlinge in Auschwitz gewesen waren und seit der Befreiung in der näheren Umgebung des ehemaligen Lagers lebten. Sie nahmen unter anderem Kontakt zu internationalen Organisationen wie dem Roten Kreuz auf, was in Einzelfällen von Erfolg war.[99] Bei der Suche half oft die von den Nazis eintätowierte Häftlingsnummer, die im Lager den Namen ersetzt hatte.

Tadeusz Szymański, ehemaliger Häftling von Auschwitz, Groß-Rosen und Buchenwald, hat sich über Jahrzehnte in ganz besonderer Weise für die Kinder von Auschwitz eingesetzt. Von 1946 bis zu seiner Pensionierung im Jahre 1977 war er, mit einer kurzen Unterbrechung, Mitarbeiter der Gedenkstätte Auschwitz.

Unmittelbar nach der Befreiung des Lagers hatte ein sowjetischer Kameramann Aufnahmen in Auschwitz gemacht. In dem Film ist eine Gruppe von Kindern hinter Stacheldraht zu sehen. Sie halten Puppen in den Händen. Es folgen Nahaufnahmen. Ein Ärmchen mit der Lagernummer wird gezeigt.

Tadeusz Szymański wollte die Antwort auf die Frage: »Wo sind diese Kinder, was ist aus ihnen geworden?« Er stellte Nachforschungen an und fand sie in Australien, Frankreich, Israel, Italien, Polen, der Tschechoslowakei, Ungarn und den USA.

Allein in Polen lebten 25 der befreiten Kinder von Auschwitz. Tadeusz Szymański organisierte mehrere Tref-

fen, half ihnen bei der Lösung ihrer all-
täglichen Probleme und der Suche
nach den Eltern. Er schrieb Hunderte
von Briefen, knüpfte Kontakte in alle
Welt, fuhr mit den inzwischen Jugendlichen beziehungsweise Erwachsenen
in verschiedene Länder, um Personen
zu treffen, die meinten, ihre Kinder
wiederentdeckt zu haben.[100]

Wenn die Eltern ausfindig gemacht
werden konnten, kam es manchmal zu
schweren Enttäuschungen. Einer, der
im Alter von 20 Jahren seine Familie
wiedergefunden hatte, war anschließend noch gereizter als zuvor. Seine
Adoptivmutter meinte damals: »Jetzt
leide ich und er, und seine leibliche
Mutter beklagt sich, daß er nicht ›Mutter‹ zu ihr sagen will.«[101] Und er selbst
sagte über seine leibliche Mutter:

Tadeusz Szymański (links) mit einer Roma, die als
Kind in Auschwitz-Birkenau war, in der heutigen
Gedenkstätte (1969)

»Sie besitzt keine einzige der Eigen-
schaften, die ich in meiner Phantasie
der eigenen Mutter zugeschrieben
habe. Die Adoptivmutter ist deutlich
eifersüchtig auf die andere, leibliche
Mutter. Und diese nimmt es mir wohl
übel, daß ich keine Freude darüber
zeigte, sie wiedergefunden zu haben.«[102]

Hanka Paszko, geboren 1940, nach
der Befreiung adoptiert und in Zabrze
(Polen) aufgewachsen, fand ihre Mutter über 20 Jahre später in Witebsk in
Belorußland wieder. Ende Mai 1962
besuchte sie sie und ihren 18jährigen
Bruder in der Sowjetunion. Anschließend meinte sie, ihre Mutter habe
ihren Blick ständig auf sie gerichtet,
was immer sie auch machte, als ob sie
in ihrer Gestalt, in ihrem Gesicht die
ganze vergangene Zeit, ihr bisheriges
Leben sehen wollte.

Die Verwandten, Freunde und Bekannten waren gekommen, um die
wiedergefundene Tochter zu begrü-
ßen und sie küssen zu dürfen. Jeder
war froh, sie zu sehen.

Hanka Paszko hatte das Gefühl,
ihre Mutter wollte sie etwas Wichtiges
fragen. »Bleibst du hier?« brachte sie
heraus, als sie alleine waren. »Jetzt
kann ich dir diese Frage nicht beantworten. Vielleicht später.«

Hanka Paszko fuhr nach Polen zurück und lebt heute in Katowice.[103]

Für die, die ihre Eltern wiederfan-
den, stellte sich bald die Frage, wen sie
als ihre eigentliche Mutter, ihren
eigentlichen Vater betrachteten. Die
Antwort lautete fast immer: die Adoptiveltern.

Bis heute suchen Kinder von Auschwitz ihre leiblichen Eltern. Im Oktober 1989 erhielt Tadeusz Szymański einen Brief einer Frau aus der Nähe Hamburgs: »Nach 45 Jahren suche ich noch immer meine richtigen Eltern, die ich als etwa dreijähriges Mädchen verloren habe. Seit einigen Jahren habe ich mein Gedächtnis an diese Zeit wiedergefunden, und ich erinnere mich mehr ... Das Rote Kreuz kann mir nicht helfen, nur bei genauer Namensangabe ... Ich war früher blond, kam etwa 1943 oder 1944 ins KZ ... Ich bin durch Zufall von einer Wärterin aus der Gaskammer herausgeholt worden, sah die vollen Verbrennungsöfen ... Ich war auch bei der Befreiung dabei, als russische Panzer kamen. Vielleicht finden Sie mein Bild unter den überlebenden Kindern. Anbei ein Bild, wie ich 1945 aussah. Ich habe Erinnerungen an folgende Sprachen: französisch, italienisch und jiddisch. Ich hatte auf der Brust ein Zeichen, das weggeätzt wurde, sonst keine Tätowierungen ...«[104]

Entschädigung

Einige der überlebenden Kinder von Auschwitz haben über 40 Jahre darauf warten müssen, bis sie von der Bundesrepublik eine sogenannte Entschädigung für den Lageraufenthalt bekommen haben. Manche haben nie etwas erhalten. »Aber, egal, wieviel man gibt:

»Kinder von Auschwitz« bei einem von Tadeusz Szymański organisierten Treffen (Mitte der sechziger Jahre)

DEUTSCHES ✚ ROTES KREUZ

SUCHDIENST HAMBURG

Einschreiben!

Fräulein
Lydia Rydzikowska
Oswiecim 4 /Polen
ul.Smoluchowkiego 9 m -2

HAMBURG-OSDORF, DEN 15.1.1962
BLOMKAMP 51
FERNRUF: 82 79 53-56
DRAHTANSCHRIFT: SUCHDIENST HAMBURG

Az.: I-2c-M-03204/ Kr/Br.

Bei Beantwortung bitte angeben!

Betr: Suche nach Ihren Angehörigen

Liebes Fräulein Rydzikowska!

Wir sind heute in der Lage, Ihnen die erfreuliche Mitteilung
zu machen, daß Ihre Mutter, nicht wie Sie annehmen, im Jahre
1943 ums Leben kam, sondern zur Zeit in der UdSSR lebt.

Ihre Mutter Anna B o t s c h a r o w a, hat bei uns über das
Sowjetische Rote Kreuz einen Suchantrag nach Ihnen gestellt.
Als Ihre Personalien wurden uns angegeben: Ljudmila Botscha-
rowa, geb. 1940, Vorname des Vaters: Alexej, Vorname der Mutter:
Anna, Ihr Geburtsort: Dragobytschskaja Obl.Stadt Nowyj Ssambor.

Ihre Identität wurde durch die Nummer 70072, die Sie für sich
angaben und die das Sowjetische Rote Kreuz für das gesuchte
Mädchen mitteilte, einwandfrei erwiesen. Unter heutigem Datum
haben wir nun dem Sowjetischen Roten Kreuz Ihre Anschrift zur
Kenntnis gegeben und gebeten, Ihrer Mutter diese zu übermit-
teln. Gleichzeitig fügten wir 2 Lichtbilder von Ihnen bei. Die
Postanschrift Ihrer Mutter soll laut Schreiben vom 26.12.61
wie folgt lauten: UkrSSR, Donezkaja Oblastj. Sollten Sie sich
mit Ihrer Mutter in Verbindung setzen wollen, so empfehlen wir
Ihnen, sich unter Angabe des Aktenzeichens: Suchantrag Nr.:
Z - 139 321, vom 28.6.60, an das

Exekutivkomitee der Allianz
der Gesellschaften vom Roten Kreuz
und Roten Halbmond der UdSSR
M o s k a u
Kusnetzkij most, Haus 18/7,

zu wenden. Wir würden uns freuen, wenn Sie recht bald Verbindung mit Ihrer Mutter bekämen.

In der Anlage senden wir Ihnen die uns im Zuge unserer Nachforschungen von Ihnen zur Verfügung gestellten Lichtbilder zurück.

14.Dezember

Mit freundlichen Grüßen
i.A.

(Szperlinski)
Abteilungsleiter

Anlage:
5 Lichtbilder

BANKKONTO: VEREINSBANK HAMBURG, FILIALE HAMBURG-ALTONA, GIROKONTO NR. 118071
POSTSCHECKKONTO: HAMBURG 20427

Das kann sowieso niemand bezahlen«, meint einer von ihnen.

Noch 1985 hatte die Bundesrepublik Entschädigungsansprüche der Mengele-Opfer mit dem Hinweis auf sogenannte Haftkompensationszahlungen, die einige der Opfer erhalten hatten, als unbegründet zurückgewiesen. Zwei Jahre später, im Juni 1987, wurde diese Entscheidung revidiert.[105] Die etwa 80 jüdischen Zwillinge, die Mengeles Experimente überlebt hatten, erhielten eine moralische Anerkennung und eine finanzielle Entschädigung – 42 Jahre nach Ende des Krieges.

Eine Frau, die als Dreizehnjährige nach Auschwitz deportiert worden war, stellte vor einigen Jahren einen »Antrag auf Kostenübernahme« durch die Bundesrepublik, weil sie sich in ärztlicher Behandlung befand und ein »reaktives psychiatrisches Syndrom« diagnostiziert worden war, das – so ihr Arzt – »auf ihre Verfolgungszeit während des Zweiten Weltkrieges zurückzuführen« sei.

In seinem vertraulichen »nervenfachärztlichen Aktengutachten« beurteilte ein bundesdeutscher Mediziner das Leiden der Frau anders als der behandelnde Kollege: »Der psychiatrische Befund zeigt eine unausgereifte, ungemein selbstunsichere Persönlichkeit mit Störung der Konzentrationsfähigkeit, des Gedächtnisses der nahen Vergangenheit, Angst- und Spannungszustände ... Die in den letzten Jahren zum Vorschein kommenden psychiatrischen Auffälligkeiten können den Verfolgungsmaßnahmen nicht zur

Last gelegt werden. Im allgemeinen ist es so, daß mit dem zeitlichen Abstand die Erlebnisse etwas verblassen. Daß hier die Persönlichkeit als solche die Ursache dieser stark empfundenen Erlebnisse ist, wird nicht abzustreiten sein ... Sie ist sicherlich eine von der Natur und vom Charakter her sehr empfindsam entwickelte Frau, die die Verfolgungserlebnisse schwieriger verarbeitete als ein normal reagierender junger Mensch ... Was sich heute bei Frau ... zeigt, ist verfolgungsunabhängig und anlagebedingt.«[106]

Eine Kostenübernahme für die Behandlung der Frau wurde mehrmals abgelehnt.

Seit Jahrzehnten beschäftigt sich das Niederschlesische Zentrum für Medizinische Diagnostik in Wrocław (Polen) mit den physischen und psychischen Folgen der Lagerhaft von Kindern. Bis Ende Februar 1984 wurden 109 Frauen und 170 Männer mit einem Durchschnittsalter von 53 Jahren untersucht. Die Ärzte stellten fest, daß die im Lager verbrachte Kindheit sich noch immer bemerkbar macht. Kennzeichnend dafür seien unter anderem eine mißtrauische Einstellung Mitmenschen gegenüber, eine gestörte Konzentrationsfähigkeit, vorzeitige Sklerosen, hartnäckige Depressionen und Angstzustände. Gegenüber der übrigen Bevölkerung traten bei den untersuchten »Konzentrationslager-Kindern« Krankheiten und Normabweichungen »bedeutend häufiger« auf.[107]

40

»Warum überlebte ich?«

Keines der Kinder von Auschwitz kann das Durchlittene vergessen. Alle quält die Frage, warum und wieso gerade sie überlebt haben, nicht die Eltern, Geschwister, Verwandten, Freunde … Diese innerlich empfundene »Schuld« stellt für sie wohl heute die stärkste Belasung dar.

Besonders in schlaflosen Nächten wird Auschwitz wieder zur Gegenwart. Die Zeit im Lager wirkt vielfältig nach. Ob sie es wollen oder nicht, auch ihre eigenen Kinder spüren das. Und reagieren.

Besonders tragisch ist die Geschichte einer Tochter eines der Kinder von Auschwitz. Ohne ersichtlichen Grund verstummte sie eines Tages. Es dauerte sehr lange, bis das Mädchen wieder zu sprechen begann. Einer ihrer ersten Sätze war: »Wie wurden die Menschen verbrannt?«

Die Kinder von Auschwitz leben mitten unter uns: in Berlin, Bad Dürrheim, Hamburg, Frankfurt am Main, Konstanz, München, Oświęcim, Kraków, Lubin, Katowice, Gliwice, Warschau, Jerusalem, Lahavot Haviva, Yad Hanna, Dimona, Ashqelon, Herzliya, Prag, Budapest, Leningrad, Sydney, New York, Washington, Paris, Oxford, London, Scharwoude, Athen, Wien …

Dreizehn von ihnen berichten in diesem Buch von der Geschichte ihres Überlebens und des Lebens danach.

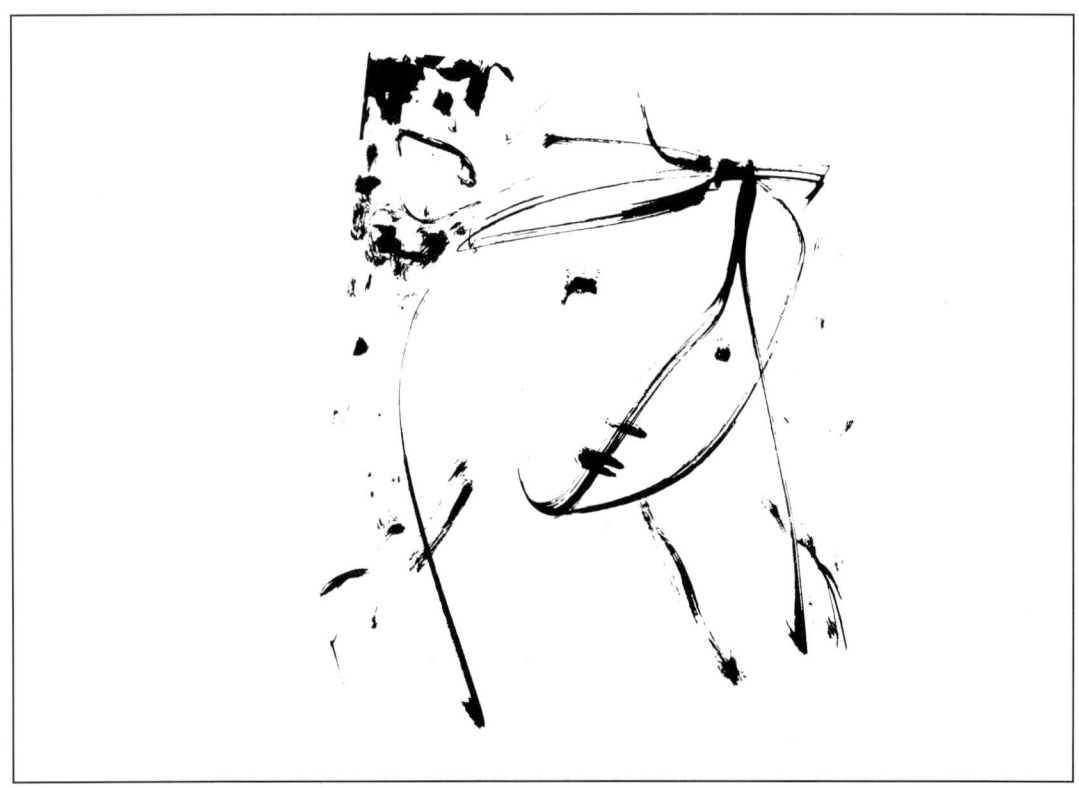

Zeichnung von Yehuda Bacon, eines der »Kinder von Auschwitz«

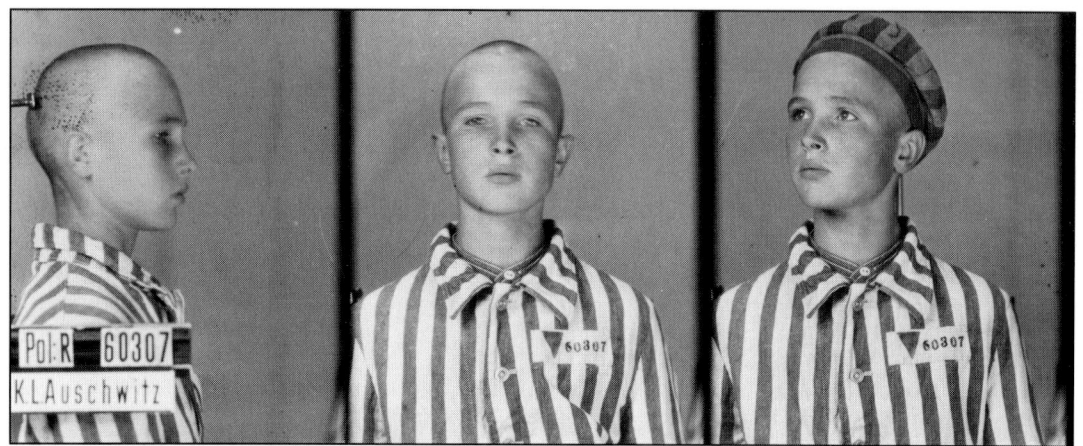

M. Zahaniłło, Häftlingsnummer 60307, eingeliefert in das Konzentrationslager Auschwitz am 20. August 1942 mit einem Transport aus Katowice (Polen)

Name unbekannt, Häftlingsnummer 31600, mit einem Sammeltransport am 27. Januar 1943 nach Auschwitz deportiert

Miroslaus Kubik, Häftlingsnummer 67065, eingeliefert in Auschwitz am 5. Oktober 1942 mit einem Transport aus Prag; am 17. Mai 1943 wurde sein Name im Buch des Häftlingskrankenbaus (Block 21) vermerkt

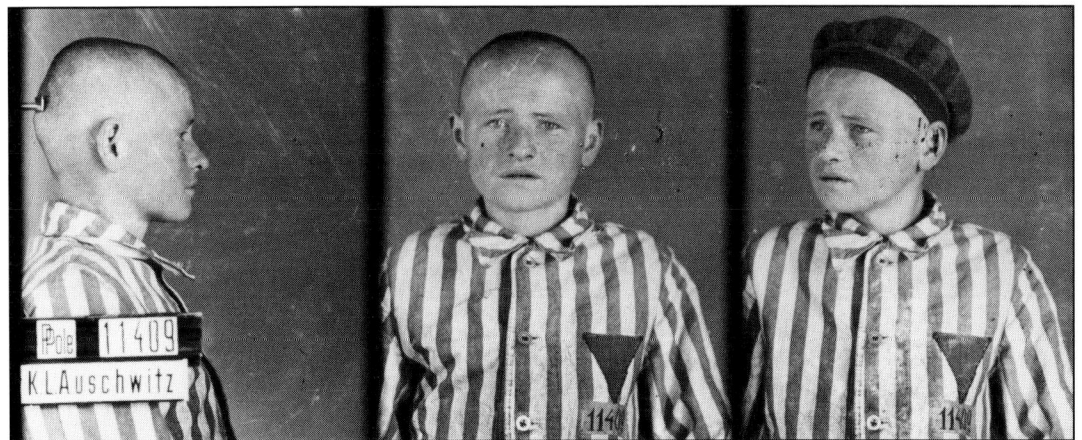

Bolesław Urbiak, geboren 1927, Häftlingsnummer 11409, eingeliefert in das Konzentrationslager Auschwitz mit einem Transport aus Kraków (Polen) am 5. April 1941

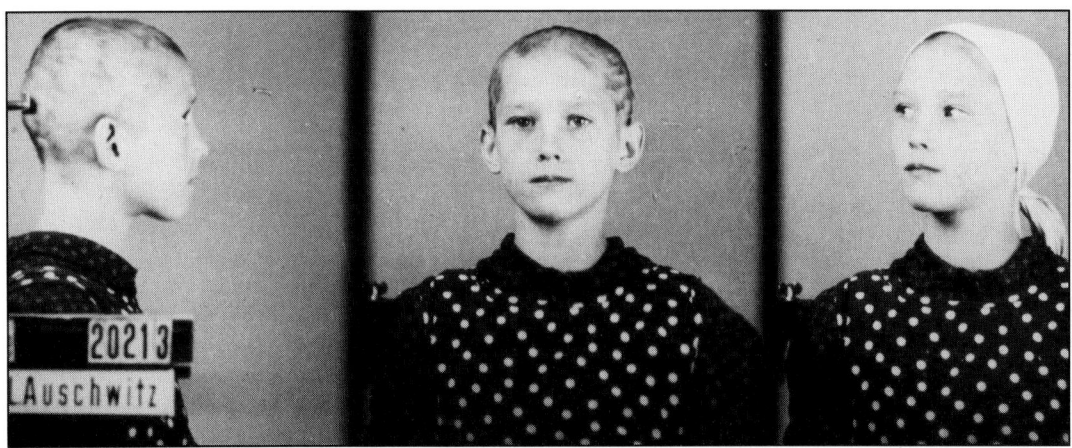

Helena Wachalek, geboren am 7. August 1926, Häftlingsnummer 20213, am 19. September 1942 mit einem Transport aus Kraków nach Auschwitz gekommen, im Juli 1944 nach Ravensbrück »überstellt«

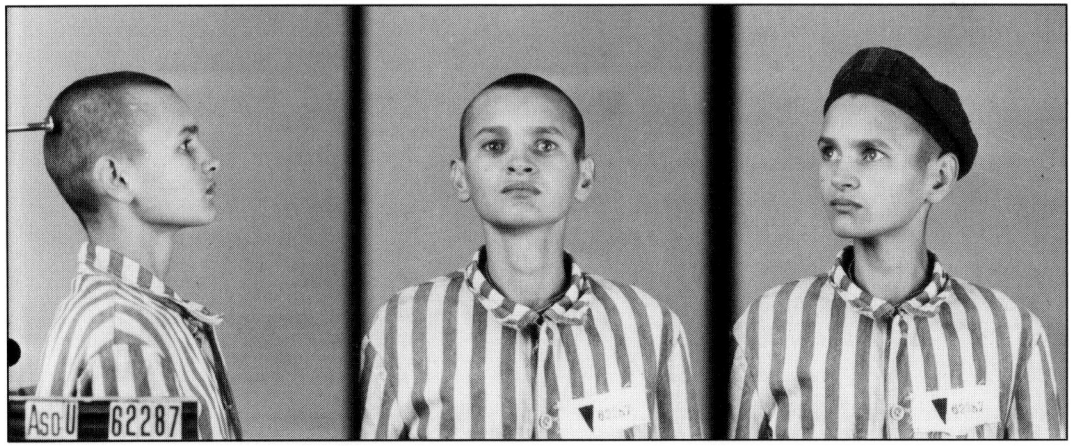

Name unbekannt, Häftlingsnummer 62287, eingeliefert in das Konzentrationslager Auschwitz am 1. September 1942 mit einem Transport aus Katowice

Bogumił Krotochwil, Häftlingsnummer 68301, eingeliefert in das Konzentrationslager Auschwitz mit einem Sammeltransport am 16. Oktober 1942, gestorben am 30. November 1942

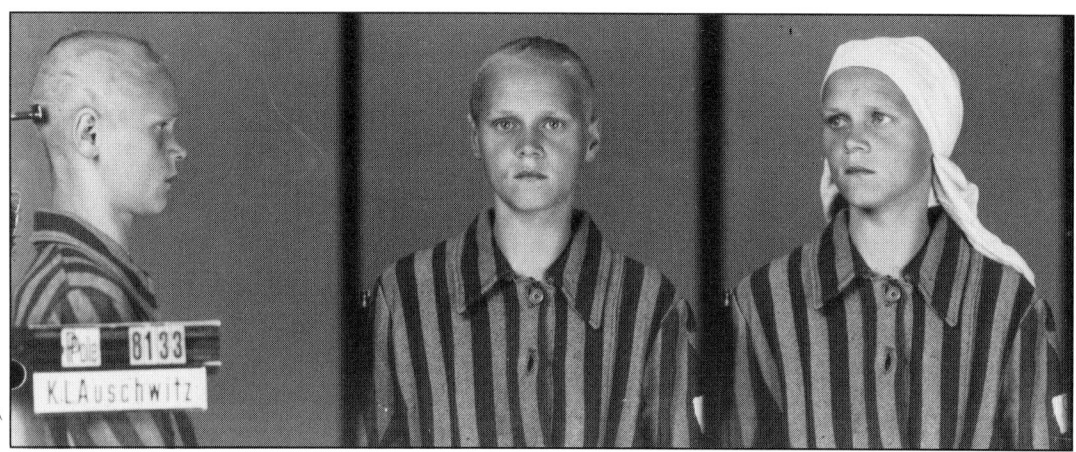

Janina Wachowicz, geboren 1925, Häftlingsnummer 8133, mit einem Transport aus Katowice am 1. Juli 1942 nach Auschwitz gekommen und dort am 14. September 1942 gestorben

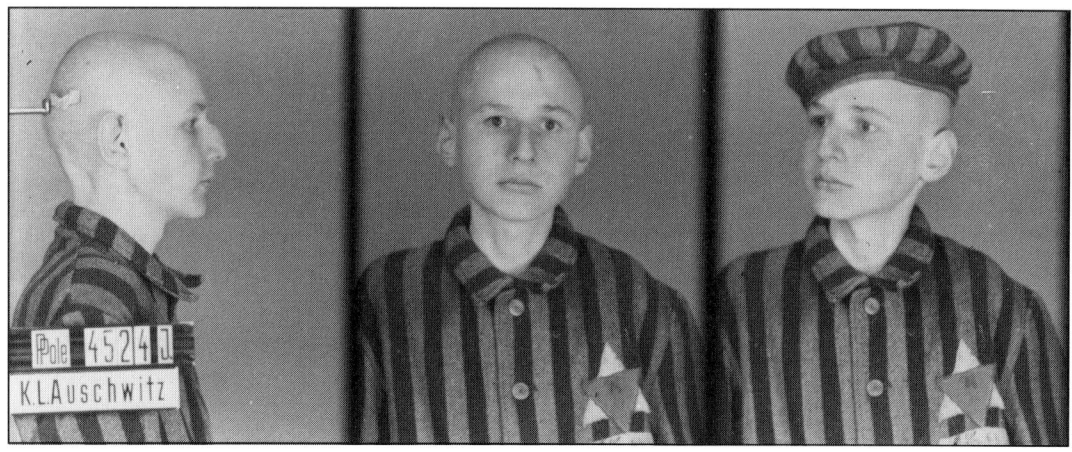

Name unbekannt, Häftlingsnummer 4524, nach Auschwitz deportiert am 22. September 1940 mit einem Transport aus Warschau

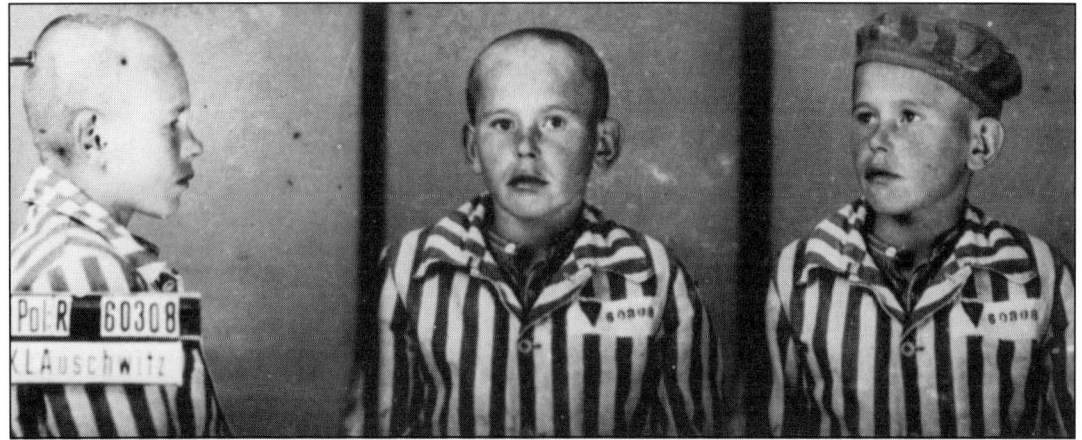

Rebałka Iwan, Häftlingsnummer 60308, eingeliefert am 20. August 1942 mit einem Transport aus Katowice; gestorben am 1. März 1943

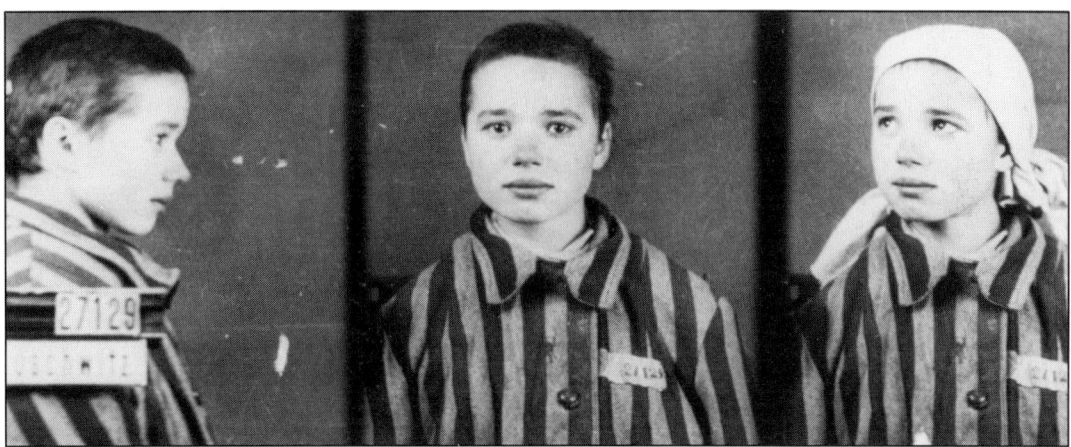

Krystyna Trzesniewska, Häftlingsnummer 27129, eingeliefert in das Konzentrationslager Auschwitz am 13. Dezember 1943 mit einem Transport aus Zamość, gestorben am 18. Mai 1943

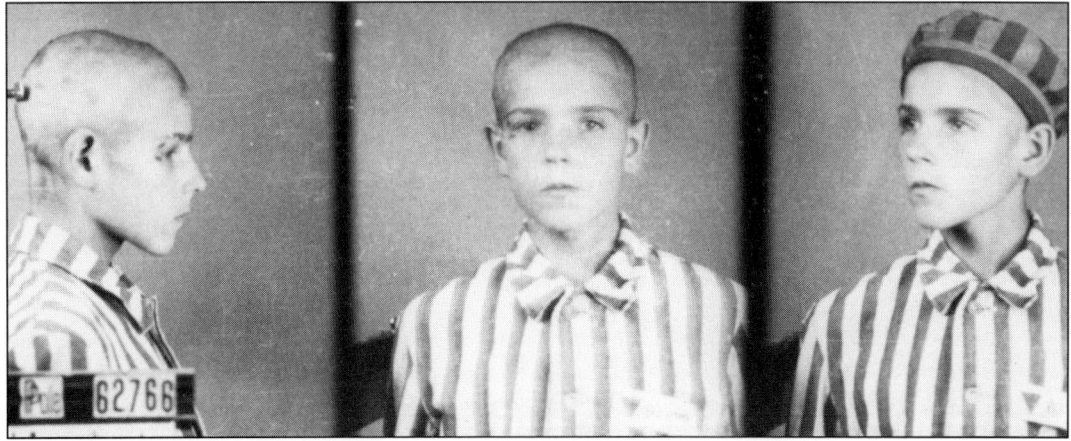

Wenzel Bobrowski, Häftlingsnummer 62766, am 1. September 1942 mit einem Transport aus Radom (Polen) nach Auschwitz gekommen; am 6. Oktober 1942 wurde sein Name im Buch des Häftlingskrankenbaus (Block 28) vermerkt

Nikołaj Wachelist, Häftlingsnummer 58075, nach Auschwitz mit einem Transport aus Katowice am 12. August 1942 deportiert

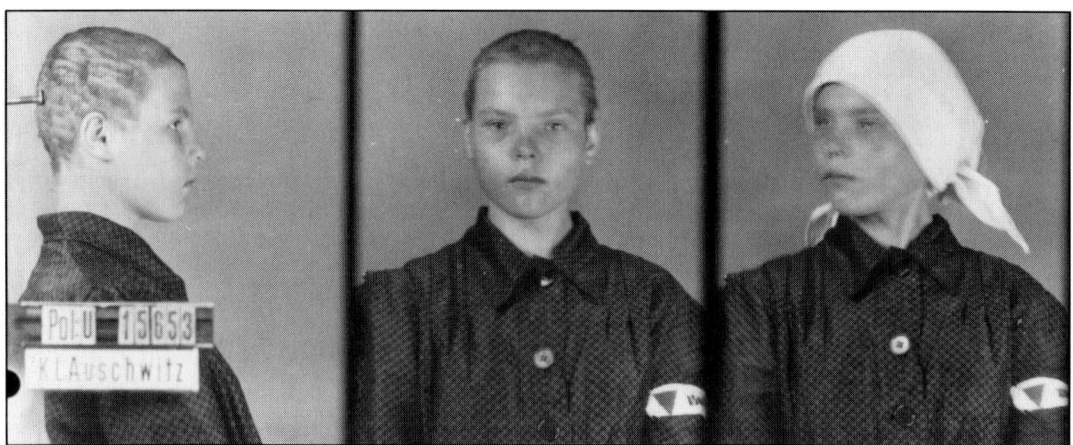

Leona Baronina, geboren 1926, Häftlingsnummer 15653, mit einem Sammeltransport am 7. August 1942 nach Auschwitz gekommen

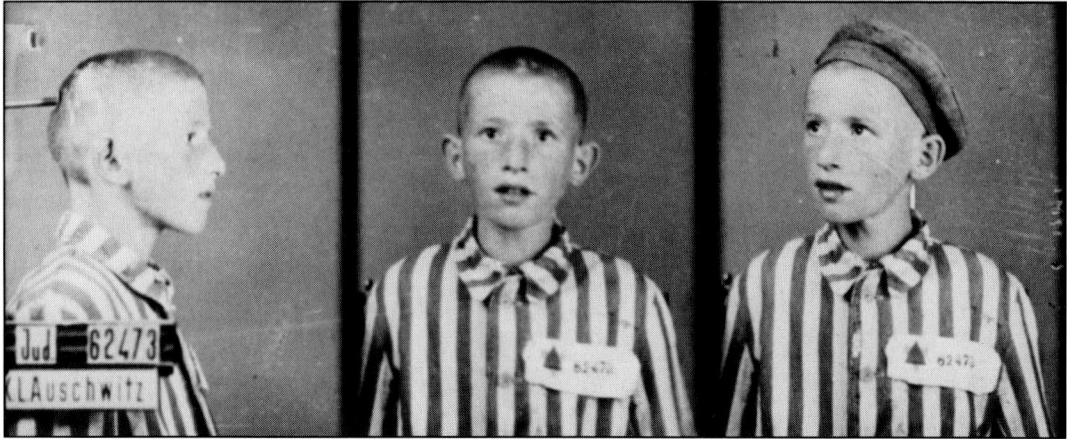

Mamet Merenstein, Häftlingsnummer 62473, am 1. September 1942 aus Radom nach Auschwitz verschleppt, am 16. September 1942 wurde sein Name im Buch des Häftlingskrankenbaus (Block 21) vermerkt

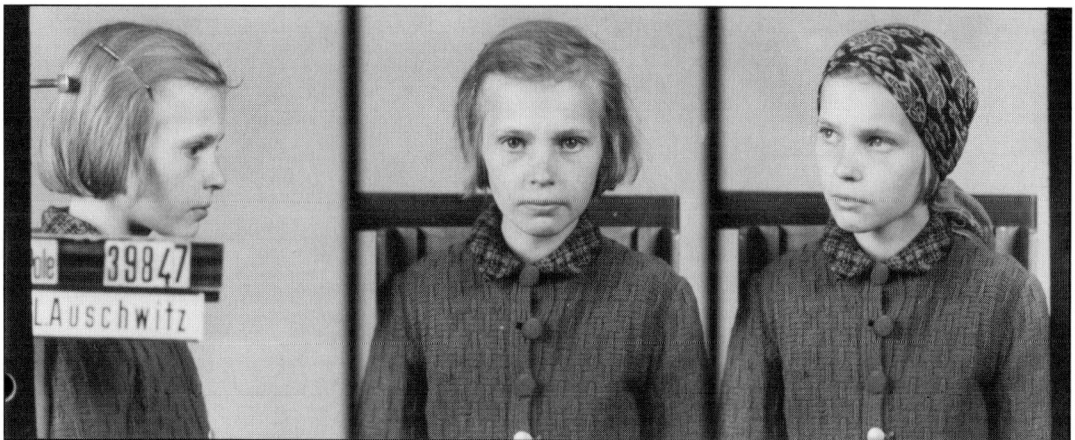

Maria Matlak, geboren 1928, Häftlingsnummer 39847, mit einem Sammeltransport am 2. April 1943 nach Auschwitz verschleppt

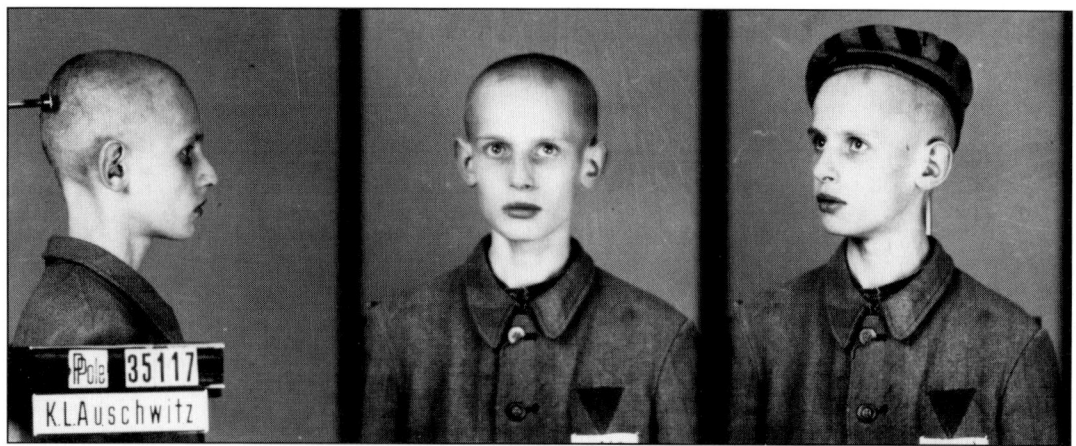

Franciszek Dudzic, Häftlingsnummer 35117, eingeliefert in das Konzentrationslager Auschwitz am 13. Mai 1942 mit einem Transport aus Lublin (Polen)

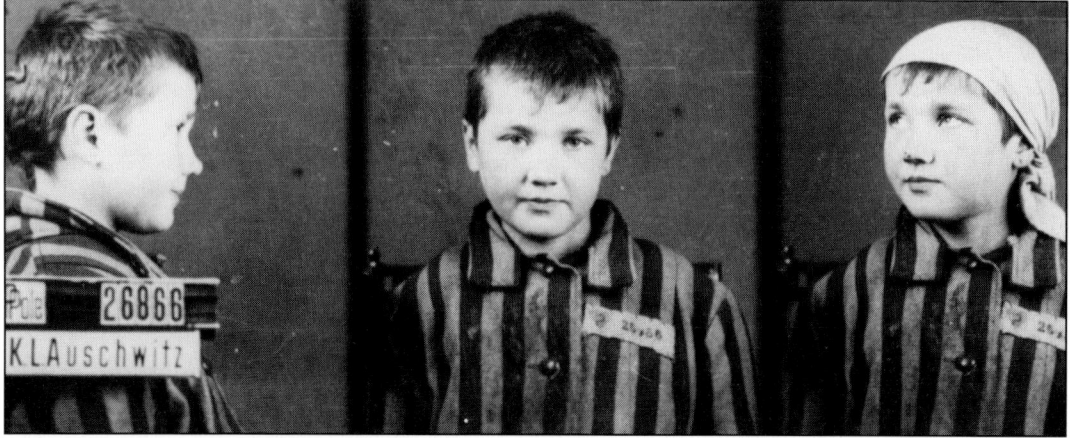

Józefa Głasowska, geboren am 19. März 1930, Häftlingsnummer 26866, mit einem Transport aus Zamość nach Auschwitz gekommen; am 26. November 1943 in den Akten des »SS-Hygiene-Instituts« vermerkt

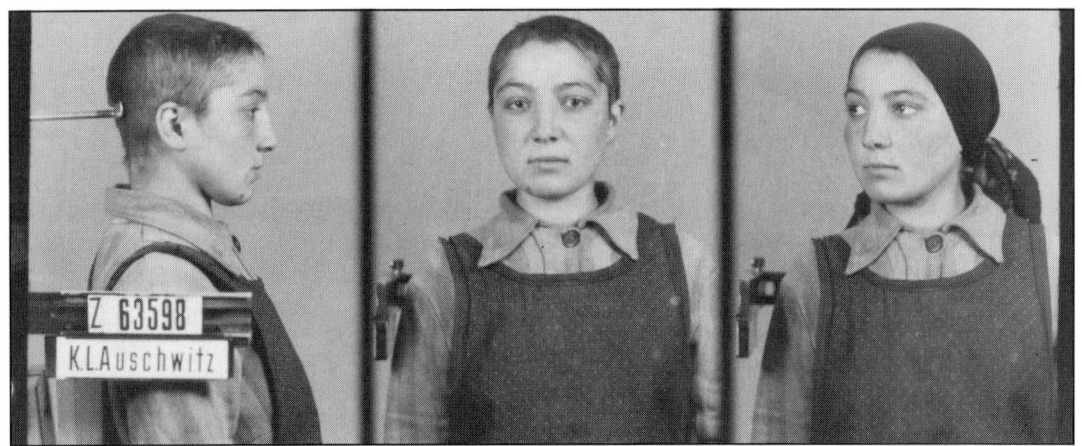

Name unbekannt, Häftlingsnummer 63598, am 1. Oktober 1943 in das Konzentrationslager Auschwitz mit einem Transport aus Kraków eingeliefert

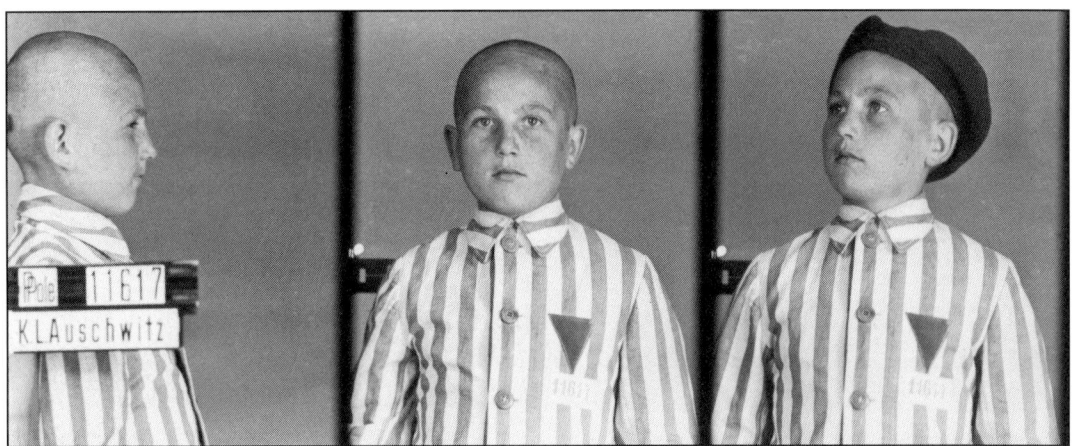

Kazimierz Koper, geboren 1927, Häftlingsnummer 11617, am 5. April 1941 mit einem Transport aus Kraków nach Auschwitz verschleppt

Maria Skotnikova, Häftlingsnummer 25547, am 20. November 1942 mit einem Sammeltransport nach Auschwitz deportiert

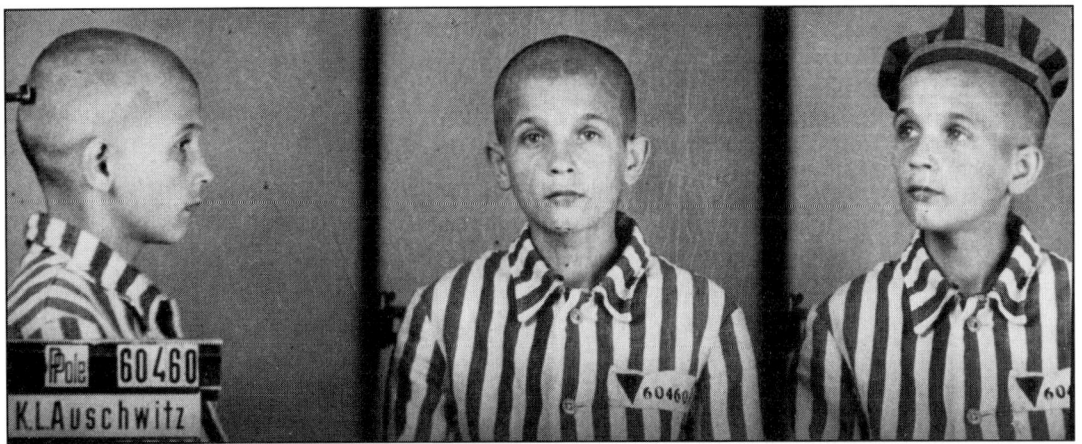

Edmund Fijalkowski, Häftlingsnummer 60460, am 21. August 1942 mit einem Sammeltransport nach Auschwitz gekommen, im Lager am 1. März 1943 gestorben

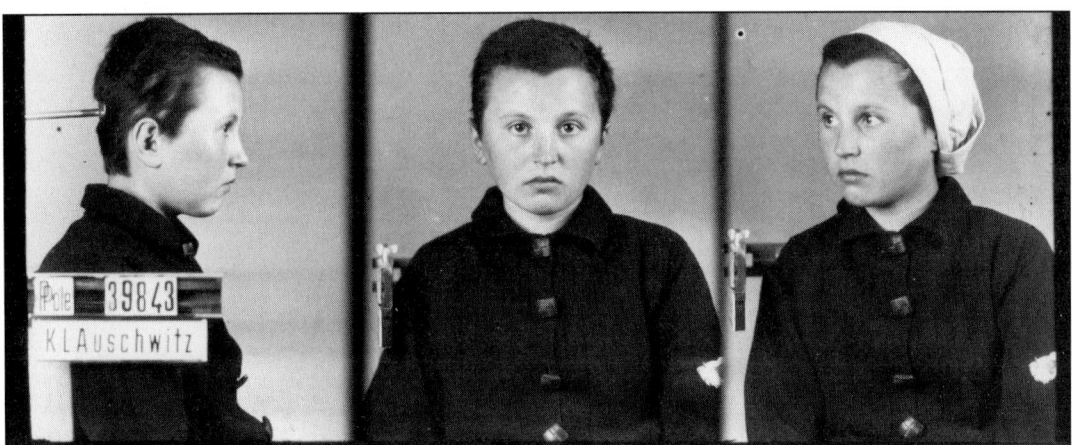

Alfreda Krupa, geboren 1928, Häftlingsnummer 39843, am 2. April 1943 mit einem Sammeltransport in das Konzentrationslager Auschwitz verschleppt

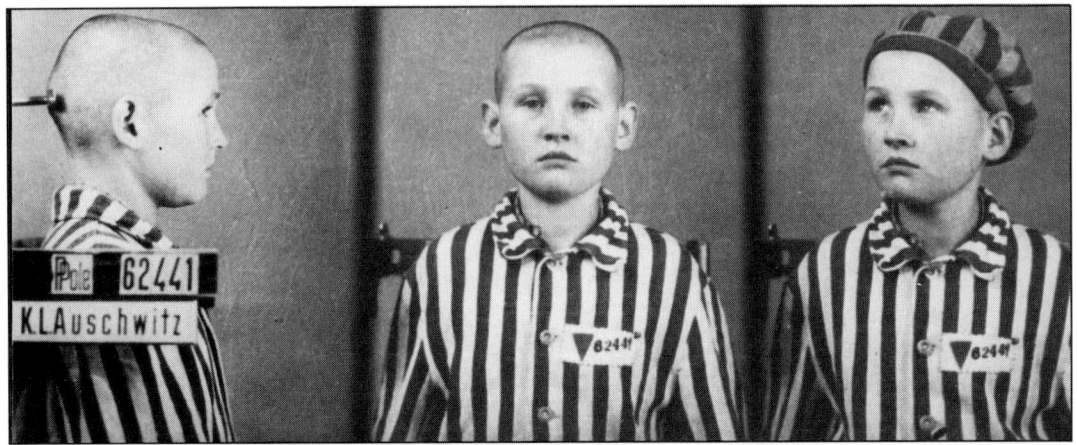

Leonard Grosicki, geboren am 11. Juni 1926, Häftlingsnummer 62441, am 1. September 1942 mit einem Transport aus Radom gekommen; im Röntgenbuch des Häftlingskrankenbaus (Block 28) am 19. November 1943 vermerkt

Kola (Mikołaj) Klimczyk, ursprünglicher Familienname Kozlow

Ein ungewöhnlicher Kinderausweis. Auf dem Paßfoto ist ein kleiner Junge zu sehen. Da, wo der Nachname stehen sollte, ist der Vorname Mikołay notiert. In der Rubrik für den Vornamen: die »Lagernummer« 185852. Anstelle des Geburtsdatums das Alter: fünf. Geburtsort: unbekannt.

Der Ausweis – ausgestellt am 17. Juni 1948 von der »Polnischen Vereinigung der ehemaligen politischen Häftlinge« in Oświęcim, dem einstigen Auschwitz – ist das erste persönliche Dokument von Kola (Mikołaj) Klimczyk, einer der jüngsten Auschwitz-Häftlinge.

»Nimm mich mit!«

Mitte Januar 1945 hatte der letzte Transport von Häftlingen Auschwitz

»Wer bin ich?«

Die Geschichte des Kola Klimczyk

verlassen. Zur Aufsicht der kranken und transportunfähigen Häftlinge blieb eine deutlich verringerte Anzahl von SS-Männern zurück.

Davon erfuhr die Zivilbevölkerung. Einige fanden den Mut, in das Lagergelände einzudringen. Durch sie verbreitete sich die Nachricht, daß im Lager Kinder ohne Fürsorge und Nahrung zurückgeblieben waren.

Sie drang auch zu Emilia und Adam Klimczyk, die zehn Kilometer vom Lager entfernt in Jawiszowice lebten. Da sie selbst kinderlos waren, beschlossen

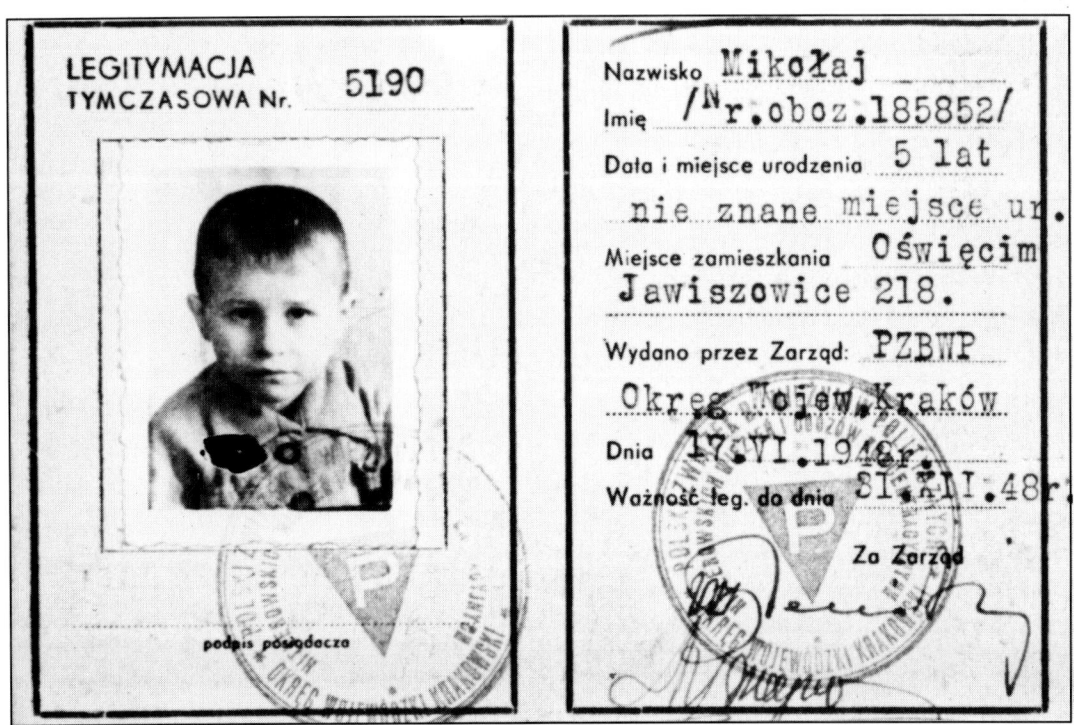

sie, eines der Kinder von Auschwitz aufzunehmen. Sie zogen Erkundigungen ein, fanden heraus, daß die SS-Männer ins Lager eingedrungene Menschen erschossen hatten – wie auch Häftlinge, die fliehen wollten.

Zwei Tage vor der Befreiung des Konzentrationslagers durch die Rote Armee machten sich die Klimczyks auf den Weg nach Birkenau. »Wir durchschritten eine Waldlichtung, wo Holz lag, das zum Verbrennen der Leichen auf den Scheiterhaufen diente«, erinnert sich Emilia Klimczyk. »Wir gingen am Krematoriumsgelände vorbei und durch ein Loch in der Einzäunung auf das eigentliche Lagergelände. In diesem Augenblick kam auf Motorrädern eine SS-Patrouille.«

Adam Klimczyk versteckte sich hinter einem aufgeschichteten Scheiterhaufen, während seine Frau in eine Baracke, in der niemand war, flüchtete. Die SS-Männer hielten an, sahen sich um, machten sich aber davon, als Flugzeuge herankamen.

»Auf dem ganzen Gelände waren Leichen der ermordeten Gefangenen zu sehen, verstreute Gegenstände, umgegrabene Verbrennungsgruben«, so Adam Klimczyk. »Und ringsum spürten wir einen Brandgeruch von schwelenden Scheiterhaufen.«

In einer nahegelegenen Baracke waren Frauen. Sie beobachteten das Gelände und riefen, als die SS-Männer fort waren, Emilia Klimczyk zu sich: »Ich ging in jene Baracke, wo viele Frauen und eine Gruppe von Kindern waren – Knaben. In der Baracke sprach ich mit den polnischen Häftlings-

frauen … Ich wollte ein Mädchen aus dem Lager mitnehmen. In Anbetracht der durch die SS-Patrouille hervorgerufenen Furcht und dem Zureden der Frauen beschloß ich, ein Kind zu nehmen, das mir gezeigt wurde. Aus den Erzählungen der weiblichen Mithäftlinge ging hervor, daß das von mir genommene Kind ›Kola‹ gerufen wurde. Niemand konnte mir sagen, von woher das Kind stammte, wie alt es war und wie es weiter hieß.«

Ein weiterer, vielleicht sechs Jahre alter Junge kam auf Emilia Klimczyk zu, bettelte: »Nimm mich mit!« Doch eine der Frauen versicherte, er werde bis zur Befreiung durchhalten. »Und so nahm ich Kola.«

Emilia Klimczyk wickelte das etwa zweieinhalbjährige Kind in ein Tuch und brachte es mit ihrem Mann aus dem Lager.

Vom Lager geprägt

Die Entlausung und Reinigung Kolas beanspruchten sehr viel Zeit. Seine Füße hatten sehr stark unter dem Frost gelitten. Sein kleiner Körper war fast durchsichtig, der Bauch infolge der Unterernährung geschwollen. Auf dem Kopf hatte er eine Schicht von Schorf. Seine Augen waren völlig verklebt.

Kola kam zunächst ins Krankenhaus. Danach war er oft krank, sehr dünn, wuchs kaum. Immer wieder mußte er behandelt werden. Die Ärzte diagnostizierten eine »Verkalkung in den Lungen«. 1949 bekam der Junge Tuberkulose, kam nach Bielsko zur Behandlung. Adam Klimczyk fuhr mit ihm wiederholt ans Meer und in die Berge, was sich positiv auf den Gesundheitszustand Kolas auswirkte. Doch die Familie blieb in ständiger Unruhe und Sorge um ihn.

In der ersten Zeit war Kolas Verhalten sehr stark vom Aufenthalt im Lager gcprägt. Offenbar erinnert daran, daß seine Füße erfroren gewesen waren, stellte er oft seine Füße in eine unsichere Position, um nicht voll auftreten zu müssen. Wenn er kalte Finger hatte, zog er seine Hände auf besondere Weise zusammen, um sie zu erwärmen, so wie es die Häftlinge im Lager gemacht hatten. Er war sehr auf Sauberkeit und Ordnung bedacht. Er konnte es nicht haben, wenn jemand eine Sache von ihm berührte oder auf einen anderen Platz legte. Und oft stand er nachdenklich da.

Für Kola war alles neu. Als Essen kannte er nur »Kartoszki«, Kartoffeln. Er hatte die Angewohnheit, alles zu beriechen, bevor er es aß.

Der Junge sprach ein Gemisch aus russischen, polnischen und deutschen Worten. Befehle gab er nur auf deutsch. Das Essen bezeichnete er mit russischen Worten. Gefühle drückte er in Russisch und Polnisch aus. Für Koseworte und Verniedlichungen verwendete er nur die russische Sprache.

Er war sehr nervös, wurde oft von Krämpfen geschüttelt. Den Anblick von Uniformen konnte er nicht ertragen: »Mama, fliehen wir, denn hier sind Deutsche!« Und nächtliche Störungen, Klopfen an der Tür lösten bei Kola unbeschreibliche Angstzustände aus.

Hatten die Klimczyks Besuch, sollte er sich immer auf das Sofa setzen, die Hände auf den Knien halten und sich nicht bewegen. Kola ging hin und her, beobachtete die Gäste genau, wie ein Wächter.

Als Emilia Klimczyk ihre Mutter besuchte, unterhielten sie sich mit sowjetischen Soldaten, die bei ihr einquartiert waren. Unbemerkt griff sich Kola eine auf dem Tisch liegende Pistole, zielte auf einen Soldaten, schrie auf deutsch: »Hände hoch!« – und zog am Abzug. Den Anwesenden stockte der Atem, nur der Soldat wußte, daß die Waffe nicht geladen war.

Eines Tages sah Kola einen Grubenaufseher, der in der Hütte von Jawiszowice beschäftigt war. »Kauf mir ein Gewehr und einen Säbel«, verlangte er von der Adoptivmutter. Auf die Frage, was er damit wolle, erklärte er: »Ich will diesen Uniformierten totschießen und zerschneiden.« Als Emilia Klimczyk ihm entgegnete, daß niemand Menschen töten dürfe, sah das Kind sie mit erstaunten, ja zweifelnden Augen an.

Obwohl Kola immer genug zu essen bekam, versteckte er immer wieder Brotrinden, wenn er meinte, keiner würde ihn beobachten. Nach einer Weile sah er ein, wie sinnlos sein Verhalten war und legte die Rinde an den Platz, wo die Familie Lebensmittelreste aufbewahrte.

Im Lager war jeder noch so kleine Gegenstand von unmeßbarem Wert gewesen. Bis heute kann sich Kola von leeren Farbtuben, abgewetzten Pinseln, zerrissenen Gitarrensaiten oder anderen unbrauchbar gewordenen Gegenständen nur schwer trennen.

Schon als kleines Kind schien es für Kola überlebenswichtig gewesen zu sein, die Unwahrheit zu sagen. »Das Kind log oft und tat dies in dem Glauben, dies müßte so sein«, erinnert sich Emilia Klimczyk. »Wir wollten ihm das abgewöhnen. Daher sagten wir ihm, daß er, wenn er etwas Schlechtes gemacht hatte, von uns nicht bestraft würde, falls er sich dazu bekannte.«

Kola änderte sich nicht. Die Klimczyks gelangten ans Ende ihrer Geduld. »Komm, zieh dich an, wir machen eine Reise«, sagte verärgert Emilia Klimczyk. »Wohin wollen wir denn fahren?« fragte der erstaunte Junge mehrmals – und erhielt erst eine Antwort, als er sich angezogen hatte: »Da du mich belügst und nicht liebst, werden wir wegfahren und dich abgeben.«

»Dies hatte den erhofften Erfolg«, so Emilia Klimczyk. »Kola überwand sich und versprach, nicht mehr zu lügen. Er bekannte sich zu seinen Streichen: Mit einer Gruppe von Kindern fiel er in ein Weizenfeld ein, trat viele Wege aus. Alle Kinder flohen vor dem Besitzer, aber Kola blieb. Für den Schaden mußte ich bezahlen, aber Kola wurde nicht bestraft. Das Kind sah ein, daß es nicht richtig gehandelt hatte.«

»Was ist das, sterben?«

Zu Kolas Lebenserfahrung gehörte, daß Menschen nicht sterben, sondern getötet werden. Als ein Verwandter gestorben war, nahmen ihn die Klimczyks mit zu dem Toten. Sie zeigten ihm den Leichnam und sagten: »Er ist gestorben.«

»Was heißt gestorben?« wollte Kola wissen. »Wer hat ihn totgeschlagen?«

»Er ist gestorben, nicht totgeschlagen worden.«

»Was ist das, sterben?« Er konnte es nicht verstehen. Er betrachtete den Toten näher, suchte nach Blutspuren, blauen Flecken und Wunden.

Ein anderes Mal, im Jahr 1946, gab es kein Fleisch. Kola meinte daraufhin zu Emilia Klimczyk: »Töte mich – dann hast du Fleisch.« Sie erklärte ihm ruhig, daß niemand Menschen töten darf. Er sah das als einen Mangel an Erfahrung an. Seine Reaktion: »Oh, habe ich denn nicht gesehen, wie das Blut floß und sie getötet haben?«

Das Kind hatte schreckliche Angst vor Ratten und Traktoren, für die Klimczyks nicht nachvollziehbar. Deshalb suchten sie Kontakt zu Deutschen, die als Kriegsgefangene in einer nahen Kohlengrube arbeiteten und angeblich als Posten in Auschwitz-Birkenau stationiert gewesen waren. Einer von ihnen sagte sinngemäß: Das Kind muß gesehen haben, wie Leichen mit einem Traktor auf einen Haufen zusammengeschoben worden sind, damit man sie nicht anfassen mußte. Und Ratten, davon gab es in den Baracken des Lagers eine ganze Menge.

Zinowij Tolkaczew (Soldat der Roten Armee), »Blumen auf dem Schnee«, 1945 in Auschwitz
entstandene Zeichnung

In der Schule

1950 kam Kola in die Volksschule in Jawiszowice. Die Mitschüler hatten keine Ahnung, daß er eines der »Kinder von Auschwitz« ist. Sie fragten ihn: »Du hast eine Nummer, wir haben keine, warum?« Und Kola stellte sich auch diese Frage: »Niemand in der Verwandtschaft hat eine Nummer. Warum ich und meine Eltern nicht?«

Die Klimczyks wollten dem Jungen nie verheimlichen, daß er nicht ihr leibliches Kind ist, doch das Thema Auschwitz wollten sie zunächst nicht erwähnen. Sie wollten ihn schützen, ihm Sicherheit und Geborgenheit bieten.

Kola hatte eine Zeitlang keinerlei Interesse am Unterricht. Die Mutter brachte ihn zur Schule. Kaum war sie weg, machte er sich durch den Hinterausgang davon. Oder er brachte die Lehrerin aus dem Konzept, weil er durch die Klasse wanderte: »Was will sie denn?! Ich wollte einen anderen etwas fragen, da bin ich eben zu seiner Bank gegangen. Ich habe sie doch nicht gestört.«

Später änderte sich das. Er hatte keine Probleme, den Unterrichtsstoff zu bewältigen, fand Gefallen an Musik und dem »Spiel mit den Farben«.

Als Kola jung war, quälte er Tiere. Später wandelte sich das. Er hatte einen Hund und eine Katze. Beide Tiere mußten bei ihm im Bett liegen, sonst konnte er nicht schlafen.

Immer mehr Fragen

Als er zehn war, ließ sich das Thema Auschwitz nicht mehr vermeiden. Die Klimczyks hatten versucht, behutsam seine Fragen zu beantworten, das mitzuteilen, was sie über ihn und Auschwitz wußten.

Mit 14 kam er auf die Mittelschule in Oświęcim. Zu dieser Zeit begann er, sich zu überlegen: »Wer bin ich? Ein Pole, ein Russe ...? Ich müßte ein Slawe oder ein Jude sein. Vor allem sie waren doch in Auschwitz.«

Seine innere Unruhe wuchs. »Denn jeder Mensch will doch wissen, wer er ist und von wo er kommt.«

Das erste Mal hatte er noch gesagt: »Ich gehe baden.« Nach seiner Rückkehr gestand er: »Weißt du, Mutter, ich war in der Gedenkstätte.«

Er schaute sich öfters im ehemaligen Lager um, ging in die Baracken, schaute sich jeden Winkel und jede Ecke in dem Riesenareal von Birkenau an. Emilia Klimczyk: »Er vermutete, daß er hier die Lösung des Rätsels seines Lebens finden würde.«

Neue Hoffnungen

Die Frauen, die als Häftlinge in Auschwitz gewesen waren und jetzt in der näheren Umgebung des ehemaligen Lagers wohnten, trafen sich von Zeit zu Zeit. Viele waren miteinander befreundet, unterstützten sich gegenseitig.

Die Frauen kümmerten sich auch um die »Kinder von Auschwitz«. Mit

Hilfe des Internationalen Roten Kreuzes und anderer Hilfsorganisationen wollten sie den Kindern helfen, ihre Eltern wiederzufinden. Und sie hatten in Einzelfällen Erfolg. Neue Hoffnungen wurden geweckt, auch bei Kola.

Eine der jungen Frauen, Hanka Paszko, hatte ihre Familie in Belorußland gefunden. Sie traf eine Reihe von Eltern, die im Krieg ihre Kinder »verloren« hatten, darunter eine Frau, die ihren Sohn Kola suchte.

Als sowjetische Familien erfuhren, daß in der näheren Umgebung des ehemaligen Konzentrationslagers noch mehr »Kinder von Auschwitz« wohnten, entwickelte sich zwischen ihnen und den Frauen ein reger Briefverkehr. Schließlich konnte so der Kontakt zu Kolas leiblicher Mutter geknüpft werden. Es war tatsächlich die Frau, die mit Hanka Paszko zusammengetroffen war. Sie hatte schon lange nach ihrem Kind geforscht, die Hoffnung nie aufgegeben. Denn sie hatte einen Film gesehen, der kurz nach der Befreiung von Auschwitz gedreht worden war, in dem eine Gruppe von Kindern zu sehen ist.

Kolas leibliche Mutter hatte sich die am linken Unterarm eintätowierte Nummer ihres Sohnes halbwegs merken können. Sie wußte, daß er auf dem Rücken ein kleines Muttermal hatte. Aufgrund dieser Hinweise fanden sich die beiden wieder, 17 Jahre nach dem Krieg.

Wiedersehen mit dem Sohn

Die Klimczyks ermutigten Kola: »Fahre zu deiner Mutter!« Sein Adoptivvater, inzwischen Bergmann im Ruhestand, gab ihm Geld. Emilia packte die Koffer. Der 19jährige fuhr nach Witebsk in Belorußland.

Seine Mutter Maria erzählte ihm alle Einzelheiten der Familiengeschichte: Die Kozlows, so hieß Kola von Haus aus, waren im Krieg von deutschen Einsatztruppen verhaftet worden. Die Nazis hatten seinen Vater sofort erschossen, die Mutter, seine ältere Schwester und ihn zuerst ins Konzentrationslager Majdanek, dann nach Auschwitz-Birkenau gebracht. Ihr Transport war dort am 14. April 1944 angekommen. Das geht aus den erhalten gebliebenen Lagerdokumenten hervor.

Kolas Schwester wurde anschließend in das »Kinder- und Jugendverwahrlager Litzmannstadt« in der Nähe von Łódź verschleppt. Seine Mutter kam in einen Evakuierungstransport, wurde befreit und kehrte in ihre Heimat zurück. Sie begann sofort, ihre Kinder zu suchen.

Ihre Tochter konnte Angaben machen, von wo sie ungefähr stammte. Sie kam nach Lwów, wo die sowjetischen Behörden nach dem Krieg eine Stelle eingerichtet hatten, um Verwandte oder Eltern dieser Kinder ausfindig zu machen. Auf diesem Weg fanden Mutter und Tochter einander wieder.

Als Kola sich auf den Rückweg nach Polen machen wollte, hatte seine Mut-

Kolas Wiedersehen mit seiner leiblichen Mutter (1962)

ter geweint: der Sohn, der eine andere Sprache sprach, der sich nicht an sie hatte erinnern können, von dem sie sich ein zweites Mal trennen mußte...

Kola wollte seine polnischen Adoptiveltern nicht verlassen. »Ich war sicher, daß Kola zurückkommt«, erzählt Emilia Klimczyk. »Ich hatte keine Angst, ich wußte, daß auf Kola das Studium, wir und die Freunde warteten.«

Auf dem Weg von Witebsk nach Kraków, wo gerade das neue Semester angefangen und er ein Architekturstudium aufgenommen hatte, machte Kola bei seinen Adoptiveltern halt, versorgte sich mit frischer Wäsche und zeigte Fotos: von der Begrüßung, den Verwandten und Nachbarn, vom Haus der Kozlows, er beim Akkordeonspielen...

Seinen Familien eng verbunden

Seine Mutter und Schwester haben ihn in Polen besucht. Er fühlt sich seiner Familie in Witebsk eng verbunden.

58

So oft er kann, besucht Kola Klimczyk seine polnischen Eltern. Nach wie vor hat er ein kleines Zimmer bei ihnen.

Gegenüber anderen ist er eher mißtrauisch geblieben. »Ich habe kein Vertrauen zu jedem, der mir ein freundliches Gesicht zeigt. Zuerst halte ich mir die Menschen immer auf Abstand. Erst nach langer Beobachtung kommt es zu Freundschaften.«

Heute ist Kola Klimczyk als Architekt im Büro für Stadtplanung der Stadt Kraków tätig. Er hat Siedlungen, Schulen, Geschäfte und Kindergärten entworfen. Mit seiner Frau und seiner Tochter lebt er im Stadtteil Nowa Huta. Und geht seinen Hobbys, der Malerei und der Musik, nach.

Emilia Klimczyk erzählt: »Bei Kola gibt es Tage, an denen er seine ganze Freizeit dem Malen widmet beziehungsweise dem Spielen eines Instruments. Bewundernswert sind seine Geduld und seine Ausdauer. Nach einer Skizze zu einem Bild läßt er diese für einige Zeit liegen und kehrt dann wieder zum gleichen Thema zurück. Oft macht er viele Skizzen, und zwar so viele, bis ihm eine entspricht. Die Skizzen und kleinen Bilder hebt er meistens auf. Es kommt vor, daß er in der Nacht anfängt zu malen oder ein Instrument zu spielen.«

Kola (zweiter von links) zusammen mit seinen polnischen Adoptiveltern und Géza Kozma, der auch als Kind nach Auschwitz verschleppt wurde

Seit einigen Tagen war Auschwitz befreit. Bronisława Rydzikowska suchte ihren Bruder Julian Chyciech, den die Nazis ins Konzentrationslager verschleppt hatten. Sie bat ihren Mann Ryszard: »Geh, rede mit den Leuten! Vielleicht werden sie dir etwas über Julian sagen können.«

Ryszard Rydzikowski konnte nichts herausfinden. Was er im Lager sah, entsetzte ihn. »Vor allem das Bild der sich in einem beklagenswerten Zustand befindenden Kinder hat sich tief in meinem Gedächtnis eingeprägt.«

Er fragte eine zur Betreuung der Kinder zurückgebliebene Frau, »eine Jüdin, sie hatte den Stern auf der Häftlingskleidung«, ob er eines der Kinder mit nach Hause nehmen könne.

»Sie haben keine Eltern mehr. Alle können mitgenommen werden«, antwortete sie ihm.

Ryszard Rydzikowski ging nach Hause. Zunächst brachte er kein Wort heraus. Später am Tag erzählte er alles seiner Frau. Sie entschieden sich, eines der Kinder zu adoptieren.

Am nächsten Tag gingen sie nach Auschwitz-Birkenau. Bronisława Rydzikowska kann sich noch gut daran erinnern. »Im Lager gab es viele Leichen. Leute, die lebten, sahen wie Skelette aus. Wir gingen in die Baracke mit den Kindern. Zwei große Mädchen traten an mich heran und baten: ›Nehmen Sie uns mit!‹« Bronisława Rydzikowska wollte lieber ein kleines Kind, das besonders der Pflege bedurfte, aufnehmen.

»Auf einmal spürte ich, daß mich jemand an den Beinen streichelte. Ich

»Ich habe jetzt zwei Mütter und zwei Väter

Die Geschichte der Lidia Rydzikowska-Maksymowicz

schaute runter, und vor mir stand so ein schwarzes ›Winzelchen‹ und bat: ›Nimm mich, Tante!‹«

Eine der Frauen, die die Kinder betreuten, sagte, die Mutter des Kindes sei ein paar Tage zuvor von einem SS-Mann erschossen worden. Dabei zeigte sie auf eine in einem Graben liegende tote Frau in Häftlingskleidung.

Lagernummer 70072

Die Rydzikowskis nahmen Lidia, wie das Kind im Lager genannt wurde, mit nach Hause. Bronisława Rydzikowska: »Wenn ich jetzt die Lidia manchmal so betrachte und mich erinnere, wie sie damals ausgesehen hat, dann fließen mir die Tränen von allein!«

Lidias Kopf war kahlgeschoren. Sie war völlig ausgehungert. Ihre Lippen hatte einen tiefen, großen Schnitt. Es dauerte mehr als zwei Jahre, bis diese Wunde verheilt war. Ihre dünnen Beine waren bis zu den Knien erfroren.

Nach dem Ausziehen des Kindes bemerkten die Rydzikowskis am Gesäß Bißspuren. Lidia sagte, ein Lagerhund habe sie gebissen. Auf den Arm war die Lagernummer 70072 tätowiert. Lidia mochte vier Jahre alt sein.

Die Rydzikowskis steckten sie sofort in die Badewanne. »Danach sah sie wie ein Skelett aus. Der Körper war mit Geschwüren bedeckt, aus denen die Läuse herauskamen.«

Als das Mädchen das erste Mal etwas zu essen bekam, waren starke Magenschmerzen die Folge. Aus ihrem Mund quoll Schaum.

Ein Arzt wurde gerufen. Er ordnete eine strenge Diät an. Und trotzdem hielt der Magen des Kindes lange Zeit kein Essen. »Es lief durch sie hindurch wie durch ein Sieb.«

Das Krankheitsbild war sehr kompliziert. Ein starker Blutsturz, eine Lungen- und eine Hirnhautentzündung mußten überwunden werden. Es sah zunächst so aus, als ob Lidia sterben würde. Sie war lange Zeit in Behandlung.

Lidia Rydzikowska-Maksymowicz meint heute: »Meine polnischen Eltern haben weder Arbeit noch Geld gescheut, um mich zu retten.«

»Na, du bist schon kaputt«

Am Anfang weinte Lidia jeden Nachmittag laut. Sie hatte dann vor jedem Menschen Angst, versteckte sich in den Ecken der Wohnung. Wenn sich ihre Adoptiveltern näherten, schrie sie noch lauter.

»Das Weinen bekamen wir damit weg, daß wir ihr ein Bündelchen alte Kleidung gaben und befahlen, zurück ins Lager zu gehen. Dann floh sie ins Bett, zog die Decke über den Kopf und schlief ein.«

Wenn andere Kinder weinten, zeigte sich Lidia erstaunt. Noch lange Zeit sagte sie: »Im Lager hat niemand geweint.«

Das Kind gebrauchte mehr russische als polnische Ausdrücke, sprach auch ein wenig tschechisch und jiddisch.

Lidia sang oft zwei polnische Kinderlieder, »Dorotka, diese Kleine« und »Es kommt ein Zug aus der Ferne«. Sie konnte auch polnische und jüdische Lieder zum Gebet. Wer sie ihr beigebracht hatte, daran vermochte sie sich nicht zu erinnern.

Wenn sie mit anderen Kindern spielte, kam es vor, daß sie ihnen befahl, sie sollten sich hinknien und die Hände heben. Dann lief sie zwischen ihnen hindurch und rief: »Seid still, sonst kommt ihr ins Revier (gemeint sind die sogenannten Häftlingskrankenblocks; d.Verf.) und in den Ofen, denn Mengele kommt.« Und wenn jemand beim Spielen hingefallen war, zog sie das Mädchen oder den Jungen an den Füßen und sagte: »Du gehst jetzt in den Ofen.« Oder sie kommandierte, alle sollten sich in eine Reihe stellen; worauf sie jedem ein Stück Holz gab, es wie ein Thermometer anschaute und dann sagte: »Na, du bist schon kaputt.«

Nicht nur ihre Spielkameraden, auch Erwachsene haben Lidia manches Mal verwundert angesehen. Sie fragten sich: »Was hat Lidia sehen, hören und erleben müssen? Wieso ist der Name Mengele im Kopf des Mädchens geblieben?« Er sagte ihnen zunächst nichts. Erst später erfuhren die

Rydzikowskis von den Verbrechen des SS-Arztes.

»Mein Name ist Batjar«

Von Anfang an erzählte Lidia ihren Adoptiveltern vom Lager und der Zeit davor. Während der ersten Tage im Hause der Rydzikowskis sagte sie, sie sei »mit einem roten Waggon mit der Mama« nach Auschwitz gekommen. Und als sie mit ihrem Adoptivvater einmal über eine Eisenbahnbrücke in Oświęcim ging, zeigte sie auf einen roten Viehwaggon eines vorbeifahrenden Zuges. In so einem Wagen seien sie gefahren.

Lidia erinnerte sich oft an den Moment, als die Deutschen sie geholt hatten. »Meine Großmutter und ich haben sehr geweint, aber Mama hat gesagt, daß man nicht weinen darf, weil die Deutschen zuschauen.«

Sie stamme aus Minsk. Der Name ihrer Mutter sei Anna, der ihres Vaters Lenard; er wäre »zur Front gefahren«. Sie glaubte sich an ihren Bruder Michail zu erinnern. Er habe sie häufig in der Schubkarre gefahren und in den Sand gekippt. Ob er zusammen mit ihnen im Lager war? Daran konnte sie sich nicht erinnern.

Als Ryszard Rydzikowski ihr eines Tages einen Schlitten kaufen wollte, sagte Lidia zu ihm: »Warte, Papa, wenn Michail kommt, dann kauft er mir einen Schlitten.«

Manchmal wurde das Kind nach seinem Familiennamen gefragt. Die Erwachsenen verstanden »Batjar«, was auf polnisch soviel wie Halunke oder kleiner Gauner heißt. Lidias Antwort wurde mit einem Lächeln zur Kenntnis genommen; man glaubte, das Mädchen wolle Spaß machen.

Mit den Jahren wuchsen Lidias Ausdrucksmöglichkeiten. Sie verwendete auch dann unterschiedliche Namen, aber am häufigsten sagte sie, sie hieße Lidia Baciarówna.

Immer detaillierter erzählte sie Einzelheiten aus den ersten Jahren ihres Lebens:

»Ich erinnere mich an die Holzbaracke. Sie kam mir damals sehr groß vor. Dort sah ich meine Mutter. Meine Mutter hatte lange, schwarze Zöpfe. Ich bin fast sicher, das war meine Mama. Sie war schön. Immer hielt ich sie für die Schönste.

Als SS-Männer die Frauen abführten, lief meine Mutter aus der Reihe und kam zu mir. Der SS-Mann brüllte sie an, und dann schoß er. Meine Mutter sah ich nicht wieder.

Zu dieser Zeit kam ein kleiner Junge zu mir, er nahm mich bei der Hand und sagte: ›Komm zu mir.‹

Wenn wir zum Appell antraten, kam eine SS-Frau in die Baracke mit einem großen schwarzen Hund. Wir hatten Angst vor diesem Hund und gingen schnell weg.

Einmal fiel ich vom zweiten Stock des Lagerbetts herunter. Ich begann laut zu weinen, und dann gab mir die Frau, die sich um uns kümmerte, etwas zu essen.

Im Lager hat man uns damit erschreckt, daß Mengele kommt. Ich wußte nicht, was oder wer das ist.

Ich erinnere mich an die Toten, die dort mit grauen Decken zugedeckt lagen, und auch an die Ratten. Die Ratten waren so gefährlich, daß wir uns immer aus Angst unter den Pritschen versteckten und schrien, wenn wir Ratten gesehen hatten.

Einmal, gegen Ende meines Aufenthaltes in der Baracke, sah ich, wie ein Mädchen starb. Man brachte eine weiße Kiste und zog ihr ein grünes Kleid an. Dann legte man sie in die Kiste und vergrub sie in einem Sand- oder Schutthügel vor der Baracke. Mir kam es so vor, als ob dieser kleine Sarg mit meiner Kameradin vor irgend jemandem versteckt werden sollte.

Bevor mich die Familie Rydzikowski mitnahm, befand ich mich kurz in irgendeinem Krankenhaus, in dem fast nur erwachsene Männer waren. Ich wurde allen gezeigt, und dann kehrte ich wieder in die Baracke zurück, wo die Kinder waren. Warum das so war und in welchem Krankenhaus das war, kann ich nicht sagen.

Ich kann mich erinnern, daß meine jetzige Mutter an mich herantrat und mich fragte, ob ich mit ihr gehen wolle. Ich sagte: ›Nimm mich, Tante, ich werde brav sein.‹

Damals war ich in der Baracke und aß aus einer großen roten Schüssel halbrohe Erbsen.«

Rückblickend meint Lidia Rydzikowska-Maksymowicz: »Ich weiß nicht, ob ich das alles genauso gesehen habe oder ob mir jemand so genau darüber erzählt hat, daß es mir scheint, daß ich Zeuge all dieser Geschehnisse war. Ich muß es eher gesehen haben.

Aber mir war nicht klar, daß sich vor meinen Augen die größte Lebenstragödie abspielte.«

»Hier ging es wohl um meine Person«

Im Juni 1947 wurde Lidia von den Rydzikowskis offiziell adoptiert. Einen Monat zuvor war sie auf den Namen

Lidia Rydzikowska im Alter von sieben Jahren

Ludmila-Lidia getauft worden. Ihr Alter wurde aufgrund einer Untersuchung durch den Kreisarzt bestimmt. Als Geburtsdatum wurde der 2. Januar 1940 angenommen. Auf dem Geburtsschein stand kein Geburtsort. Lidia bekam den Nachnamen der polnischen Eltern.

Bronisława Rydzikowska: »Wir hatten keine Kinder, also betrachteten wir sie als eigenes. Und so blieb Lidia bei uns.«

Von 1947 bis 1954 besuchte Lidia Rydzikowska die Grundschule in Oświęcim. Sie besuchte ein Jahr die Musikschule. »Mein Traum war es zu einer bestimmten Zeit, Operetten-Darstellerin zu werden. Ich gehe gern in die Operette. Das gefällt mir bis heute.«

Lidia hat häufig versucht, Verse zu schreiben. Sie wurden in Schulzeitungen veröffentlicht. »Manchmal habe ich jetzt noch den Wunsch, etwas zu schreiben, etwas zu erschaffen.«

Während ihrer Schulzeit ging sie den Mitschülern eher aus dem Weg. Ryszard Rydzikowski: »Ihr gefiel es, allein zu sein.« Sehr oft lief sie in die Felder oder barfuß durch die Wiesen, wobei sie regelmäßig ihre Schuhe verlor. Besonders hatten es ihr die Gänse angetan. Sie ging dorthin, wo sie weideten, und jagte sie.

Nach Beendigung der Grundschule ging Lidia auf die chemisch-technische Fachschule in Oświęcim, die sie im Jahre 1958 erfolgreich abschloß. Sie wollte gern studieren, aber das ließen die materiellen Verhältnisse der Familie nicht zu. Bronisława Rydzikowska:

»Schon bald nach dem Kriege mußte ich zur Arbeit gehen, weil mein Mann es nicht allein schaffen konnte, das Haus und die Schule der Tochter zu bezahlen. Lidia wollte weiterlernen, und wir wollten das auch, aber ich bekam Anämie, und wir mußten diese Pläne aufgeben.«

Lidia begann 1958 mit der Arbeit im Laboratorium der Chemischen Werke in Oświęcim, wo auch ihr Vater als Arbeiter beschäftigt war. »Aber meine Adoptivmutter hatte Angst, daß ich Schichtarbeit machen und das nicht aushalten würde. Sie besorgte mir eine Arbeit im Planungsbüro für Installation in den Chemischen Werken.«

Ende der fünfziger Jahre fragte sich Lidia immer häufiger: »Wer bin ich, woher komme ich? Mir ließ das keine Ruhe mehr.«

Im Spätsommer 1958 hörte sie im Radio eine Suchmeldung, die sie bewegte. Sie schrieb an das Polnische Rote Kreuz: »Meine Angelegenheit betrifft die Suche nach meinem Vater. Wahrscheinlich wurde im Radio eine Meldung über die Suche nach Lidia Baciarówna durch das Internationale Rote Kreuz in der Schweiz gesendet. Hier ging es wohl um meine Person. Während der Zeit der Okkupation wurde ich als Kind in das Konzentrationslager Auschwitz gebracht, und hier starb meine Mutter. Ich möchte sehr, sofern möglich, meinen Vater oder jemanden aus meiner Familie finden.«

Einen Monat später teilte ihr das Polnische Rote Kreuz mit: »Zur Zeit liegen keine Informationen über Ihren Vater vor.«

Lidia suchte weiter, »obwohl es mir unmöglich schien, daß ich meinen Vater finden könnte«. Sie wandte sich an viele Stellen, bekam aber nur negative Antworten.

Die 18jährige gab nicht auf. Der ehemalige Auschwitz-Häftling Tadeusz Szymański und ein Arbeitskollege, Henryk Porebski, der auch im Lager gewesen war, ermunterten sie und halfen ihr. Sie erhielt die Anschrift des Deutschen Roten Kreuzes, schrieb im Sommer 1959 erstmals in die Bundesrepublik.

Die Briefe gingen hin und her. Lidia schickte Fotos, die einige Jahre nach der Befreiung entstanden waren, aktuelle Bilder. Sie schrieb jede auch noch so winzige Kleinigkeit aus ihrem Leben auf, teilte die ihr im Lager eintätowierte Nummer 70072 mit. Und am 20. Januar 1962 kam eine nicht erwartete, aber zutiefst erhoffte Antwort vom Deutschen Roten Kreuz in Hamburg:

»Wir sind in der Lage, Ihnen die erfreuliche Mitteilung zu machen, daß Ihre Mutter nicht, wie Sie annehmen, ums Leben kam, sondern zur Zeit in der UdSSR lebt. Ihre Mutter, Anna Botscharowa, hat bei uns über das Sowjetische Rote Kreuz einen Suchantrag nach Ihnen gestellt. Als Ihre Personalien wurden uns angegeben: Ljudmila Botscharowa, geboren 1940, Vorname des Vaters: Alexej, Vorname der Mutter: Anna, Ihr Geburtsort: Dragobytschskaja Obl., Stadt Nowyj Szambor. Ihre Identität wurde durch die Nummer 70072, die Sie für sich angaben und die das Sowjetische Rote Kreuz für das gesuchte Mädchen mitteilte, einwandfrei erwiesen.«

Die Rydzikowskis konnten es kaum fassen. Der Brief wanderte von einer Hand in die andere...

Am 14. Februar 1962 kam das erste Lebenszeichen von Lidias Familie aus der Sowjetunion. In dem Telegramm heißt es: »Wir sind glücklich, daß Du lebst. Wer hat Dich aus dem Lager geholt? Wo bist Du aufgewachsen? Wer sind Rydzikowski? Erinnerst Du Dich an Mama? Wir warten auf Deinen Besuch. Mama, Papa und Schwestern.«

Als Lidia die ersten Zeilen aus der Sowjetunion bekam, machte sie ihren leiblichen Eltern zunächst Vorwürfe, dachte:»Na, jetzt erst habt ihr mich gesucht. Ich als Mutter hätte viel mehr getan, um meine Kinder zu finden.« Aber Lidia wußte noch nicht, was ihre Eltern seit Ende des Krieges alles unternommen hatten.

Einen Tag, bevor das Telegramm gekommen war, hatte der Postbote Lidia eine Aufforderung zum Telefongespräch gebracht. Sie sollte sich am nächsten Tag um 10.00 Uhr im Postamt von Oświęcim einfinden, denn die Rydzikowskis hatten kein eigenes Telefon. Lidias wiedergefundene Mutter in der Sowjetunion hatte das Gespräch angemeldet.

Anna Botscharowa, ihr Mann Alexej und ein Freund der Familie, der als einziger Polnisch sprechen konnte, warteten angespannt im Postamt von Enakiewo auf die Verbindung mit Oświęcim.

Als die Leitung endlich hergestellt war, rief Anna Botscharowa aufgeregt in den Hörer: »Ljuda, meine Tochter, hörst du mich?«

Lidia, die etwas Russisch sprach, antwortete: »Ich höre dich, Mama!« Vom Telefonat hat sich Lidia kein Wort merken können...

Lidias erster Brief an ihre Familie

Gleich nach dem Erhalt des Briefes vom Deutschen Roten Kreuz hatte Lidia in die Sowjetunion geschrieben.

»Liebe Mutter, Papa und Schwestern!

Ihr könnt Euch kaum vorstellen, wie sehr ich mich gefreut habe, als ich die Nachricht bekam, daß Mutter lebt. Ich kann es kaum glauben, und es kommt mir vor wie ein Traum.

Ich dachte oft an Dich, ging ins Lager, ließ die Kerzen brennen, weil ich dachte, daß Du nicht mehr lebst und ich Dich nie wieder sehen würde. Ich war der Meinung, daß mein wirklicher Name, meine Herkunft, mein Geburtsdatum und meine Familie für immer ein ungelöstes Rätsel bleiben würden.

Ich erinnere mich an manche Momente im Leben des Lagers, jedoch der Abschied von Dir und Dein Bild verwischten sich in meinem Gedächtnis...

Auf welche Weise kehrtest Du in die UdSSR zurück? Warst Du nach der Befreiung noch in Auschwitz? Wie alt bist Du? Wie viele Schwestern habe ich? Sind sie älter oder jünger als ich? Ich habe mich nie an sie erinnert. Ich bin gespannt, welches mein genaues Geburtsdatum ist. Wie alt ist Vater? Ob er wirklich an der Front war? Und warum behaupte ich, daß ich einen Bruder Michail habe?

Schreibt mir, was ihr macht, wo ihr arbeitet. Ich möchte Euch sehr gerne sehen...

Ich schicke Euch ein paar meiner Bilder, warte ungeduldig auf Euren Brief und Eure Bilder, küsse Euch sehr.

Eure Tocher und Schwester Ljuda.«

»Mein liebes Töchterchen«

Kurz darauf erhielt Lidia einen Brief ihrer Mutter:

»Sei gegrüßt, unser liebes Töchterchen Ljudotschka!

Gestern kam eine große Freude in unser Leben. Wir erhielten die Mitteilung, daß sie Dich gefunden haben, und im Brief waren zwei Fotos von Dir.

Meine liebe Kleine, Du bist fürs ganze Leben so in meiner Erinnerung geblieben, wie ich Dich jetzt auf den Fotos in jungen Jahren sehe. Du bist etwas größer und stärker, aber die Gesichtszüge sind so, wie Du sie hattest, als sie uns trennten.

Mein liebes Kindchen, Du warst damals vier Jahre und einen Monat alt. Du, mein Kindchen, erinnerst Dich vielleicht nicht, hast vergessen, aber ich, meine Kleine, habe Dich niemals vergessen: weder am Tage noch nachts. Wir haben mit Dir alle Schicksalstiefen des Konzentrationslagers Auschwitz durchlebt, und Du warst die ganzen 17 Jahre mit mir am Leben.

Ich habe sofort, als ich in Freiheit war, begonnen, Dich zu suchen, überall habe ich hingeschrieben, aber alles war umsonst. Und doch hatte ich beschlossen, Dich bis zum Ende meines Lebens zu suchen. Und nun kam mein erwünschter Tag, und jetzt bin ich sehr glücklich, mein Töchterchen, daß Du lebst...

Ich bitte Dich, mein liebes Töchterchen, schreib mir alles genau über Dein Leben, wie und mit wem Du lebst. Wenn Du Pflegeeltern hast, dann übermittle Ihnen meine große Dankbarkeit dafür, daß sie Dich versorgt und Dein Leben geschützt haben. Sage ihnen, daß sie für Deine leibliche Mutter die allerwertvollsten Menschen auf der Welt sind...

Ljudotschka, Kindchen, wir haben Deine Fotos erhalten, wo Du erwachsen und dem Vater ähnlich bist. Du bist ganz der Papa, mit dem Grübchen am Kinn und der Nase. Nur die Augen hast Du so wie ich.

Ljudotschka, Kindchen, wir machen dieser Tage ein Familienfoto und schicken es Dir.

Mein Kindchen, ich würde Dir sicher ohne Ende schreiben, aber ich kann jetzt, in einer so glücklichen Aufregung, nicht mehr schreiben. Somit auf Wiedersehen, ich küsse Dich.«

Ein Riesenempfang

Einige Tage später kam der erste Brief des Vaters an. Dann schrieben die Schwestern Swetlana, Rimma und Olga. Selbst ein Onkel meldete sich.

Im März 1962 dann die Einladung zu einem dreimonatigen Besuch in der Sowjetunion. Auch ihre Adoptiveltern und ihr Mann – Lidia hatte im Dezember 1961 geheiratet – sollten kommen.

Lidias Familie in der Sowjetunion

Im Herbst war es endlich soweit. Auf dem Moskauer Hauptbahnhof erwartete sie ihre Mutter. Bei der Begrüßung umarmten sie sich, weinten.

Anna Botscharowa hatte sich immer noch »die Kleine« vorgestellt. Vor ihr stand eine erwachsene Frau.

Tausende von Frauen und Männern, die im Krieg ihre Kinder verloren hatten, bereiteten Lidia einen Riesenempfang. Sie wurde wie eine Kosmonautin, die gerade zur Erde zurückgekehrt war, begrüßt. Zeitungen, Rundfunk und Fernsehen berichteten. Denn es war das erste Mal seit langer Zeit, daß eines der »Kinder von Auschwitz« seine Eltern wiedergefunden hatte. Hoffnungen fanden neue Nahrung: »Vielleicht finde auch ich mein Kind.«

Von Moskau ging es nach Enakiewo, wo die Botscharows zu Hause waren. In vielen Betrieben mußten

Wiedersehen von Mutter und Tochter (1962)

Mutter und Tochter über ihr Leben erzählen.

Bei allem Trubel fanden sie jedoch endlich die nötige Ruhe zum Gespräch. Lidia entdeckte eine ihr unbekannte Kindheit, bekam eine Ahnung von ihren Wegen, die bisher im Dunkeln geblieben waren.

Sie stammte aus einer Lehrerfamilie und war am 14. Dezember 1940 geboren worden, rund ein Jahr später, als die Ärzte in Oświęçim angenommen hatten.

Nach dem Überfall Nazi-Deutschlands auf die Sowjetunion mußte ihr Vater Alexej als Offizier der Roten Armee an die Front. Anna Botscharowa machte sich mit ihren Eltern und ihren Töchtern Lidia und Swetlana auf den Weg nach Belorußland. Sie wollte in ihr Heimatdorf, weil sie meinte, dort den Krieg besser überstehen zu können.

Den größten Teil des Weges, über 1 000 Kilometer, mußten sie zu Fuß zurücklegen. Lidia saß meist auf dem Rücken ihrer Mutter.

Endlich am Ziel angekommen, trafen sie auf verlassene Häuser. Die Bevölkerung hatte in den umliegenden Wäldern Schutz gesucht, wohin sich auch die Botscharows in Sicherheit brachten.

Mit den Partisanen waren sie ständig in Bewegung. Aber dann passierte es: Sie mußten durch einen ziemlich

Bei den Botscharows (1962) – Aus Lidias Fotoalbum

tiefen Fluß. Manche ertranken. Die Botscharows konnten ihn nicht überwinden – wurden von den Deutschen verhaftet, kamen ins Gefängnis von Polozk, dann nach Minsk, schließlich in Viehwaggons gepfercht nach Auschwitz-Birkenau. Aus Lagerdokumenten geht hervor, daß sie dort am 4. Dezember 1943 angekommen sind.

Die Großeltern wurden weggeführt. Sie sind wahrscheinlich sofort vergast worden. Lidia wurde schnell von ihrer Mutter getrennt. Sie kam in eine Baracke, in der nur Kinder unter der Obhut älterer Häftlingsfrauen waren. Ihre Mutter konnte sie nur abends für ein paar Minuten treffen.

Nach einiger Zeit wurde Lidia in einen »Häftlingskrankenbau-Block« gebracht. »Wartesaal zur Gaskammer« beziehungsweise »Vorzimmer zum Krematorium« nannten die Häftlinge diese Blocks. Sie waren mit Kranken und Erschöpften überfüllt. Häftlinge – mit oder ohne fachärztliche Ausbildung – mußten hier als Pfleger arbeiten. Ihnen standen kaum Medikamente zur Verfügung. Ihre Möglichkeiten waren äußerst eingeschränkt.

Die »Krankenhaus-Blocks« unterschieden sich kaum von anderen: Dreistöckige Pritschen waren auf jeder Etage mit mehreren Menschen vollgepfercht. Die Strohsäcke, auf denen sie lagen, waren mit Kot und Eiter durchtränkt. Unter diesen Bedingungen war selbst die leichteste Krankheit lebensgefährlich.

Ständig wurden Selektionen durchgeführt, Häftlinge für pseudomedizinische Experimente mißbraucht.

Anna Botscharowa erinnert sich:

»Auf meine Bitte und mit der Hilfe der russischen Häftlingsärztin Olga Klimenko gelang es mir, in diesen Krankenhaus-Block zu kommen, wo ich als Putzfrau arbeitete und Ljudmila öfters sehen konnte. In das Gebäude ging öfters Doktor Mengele mit anderen deutschen Ärzten und wählte Kinder zur Durchführung von Versuchen aus. Wenn die Kinder nur die Ärzte sahen, versuchten sie sich zu verstecken, als ob sie das Treffen mit Doktor Mengele sehr fürchteten.

Leider wurde auch meine Tochter zusammen mit anderen zur Durchführung von Versuchen genommen. Schon nach dem ersten Mal konnte ich mein Mädchen nicht wiedererkennen, sie war so weiß, wie durchsichtig. Man sagte damals, daß sie den Kindern Blut abnahmen und dem Organismus Kochsalzlösungen zuführten.«

Später wurde Lidia wieder in den Kinderblock verlegt.

Anna Botscharowa sah ihre Tochter Mitte Januar 1945 zum letzten Mal. Sie hatte ihr immer wieder, auch bei dieser Gelegenheit, gesagt: »Behalte, daß dein Name Botscharow ist, daß ich Anna heiße und Dein Vater Alexej, daß er Offizier ist und daß du aus der Sowjetunion kommst. Vergiß deinen Namen nicht.«

»Ich werde das alles behalten«, hatte Lidia entgegnet.

Am 18. Januar wurde Anna Botscharowa, zusammen mit anderen inhaftierten Frauen, nachts von SS-Leuten aufgescheucht. Sie mußten sich in Reihen aufstellen. Ihnen wurde mitgeteilt, sie kämen nach Deutschland. »Wir waren einige Mütter, wir gingen zum Kommandanten und baten ihn um Erlaubnis, unsere Kinder mitzunehmen. Wir sagten, daß wir unsere Kinder auf dem Arm tragen würden. Seine Antwort: ›Ihr wißt, wo ihr seid und wer ihr seid.‹«

Anna Botscharowa landete in Bergen-Belsen, wo sie am 15. April 1945 von den Briten befreit wurde.

Dort begegnete sie einem sowjetischen Leutnant. Sie bat ihn, ihr zu ermöglichen, nach Auschwitz zu fahren. Ihre Tochter sei dort geblieben. Doch er sagte ihr, alle sowjetischen Bürger, die zum Zeitpunkt der Befreiung in Auschwitz gewesen wären, seien schon in die Sowjetunion gebracht worden.

Anna Botscharowa kehrte in ihren Heimatort in der Ukraine zurück. Auch ihr Mann hatte überlebt. Ihre Tochter Swetlana war 1943 in einem kleinen belorussischen Dorf in der Nähe von Witebsk zurückgeblieben und gestorben.

Anna Botscharowa begann in einem Waisenhaus zu arbeiten. »Ich dachte, vielleicht finde ich dort eine Spur.« Sie und ihr Mann suchten viele Kinderheime auf. »Ich sah Tausende von Kindern, die keine Eltern mehr hatten.« Ein Auschwitz-Überlebender sagte ihr, er habe ein Kind gesehen, das ihrer Tochter ähnlich sah; eine ukrainische Frau habe es mitgenommen.

Als Anna Botscharowa 1947 wieder Mutter von zwei Töchtern wurde, meinten Verwandte: »Weißt du was, gib ihnen die Namen deiner beiden verstorbenen Töchter. Der Krieg nahm dir Swetlana und Ljudmila, auf diese Weise erhältst du die Erinnerung an sie.«

»Nein«, entgegnete seinerzeit die 25jährige, »ich glaube, daß Lidia lebt. Swetlana ist umgekommen, so soll eine von beiden Swetlana heißen, aber mit Ljudmila bin ich nicht einverstanden. Sie lebt.« Und am 14. Dezember 1947 feierte die Familie Botscharow, wie in den beiden Jahren zuvor, den Geburtstag von Lidia.

Die Botscharows gaben die Hoffnung nicht auf, schrieben überall hin. Und immer hieß es: »Uns ist nichts bekannt.« Bis zum 10. Februar 1962.

Bronisława Rydzikowska

»Heimat Polen«

»Ich habe jetzt zwei Mütter und zwei Väter«, meinte Lidia nach ihrem Aufenthalt in der Sowjetunion, der nicht der letzte gewesen sein sollte. Und natürlich haben die Botscharows sie in Polen besucht.

Sie ist mittlerweile ein zweites Mal verheiratet mit einem ehemaligen Zwangsarbeiter, hat einen 1962 geborenen Sohn, ist seit 1981 Frührentnerin und wohnt in dem kleinen Ort Czaniec in der Nähe von Bielsko, wo ihr Mann ein Geschäft für Autoersatzteile betreibt. Sowohl ihr leiblicher als auch ihr Adoptivvater sind inzwischen gestorben. Ihre beiden Mütter Bronisława Rydzikowska und Anna Botscharowa leben noch – die eine im Haus ihrer Adoptivtochter, die andere in Enakiewo.

Lidias Geschichte hat viele in der Sowjetunion und in Polen bewegt. Sie hat manche ihr nahegehende Briefe von fremden Leuten bekommen, auch von einem Soldaten, der bei der Befreiung von Auschwitz dabei gewesen war. Er erinnerte sich an ein kleines, schwarzhaariges Mädchen. Mit ihr hatte er gespielt. Vielleicht mit Lidia?

74

Als die Deutschen Polen besetzten, lebten Karolina und Jósef Krcz mit ihren Kindern Stanisław und Genia gegenüber dem Bahnhof von Auschwitz. Das Gebäude, in dem sie wohnten, gehörte »verwaltungsmäßig« schon zum Gelände des Konzentrationslagers. So wurden sie, insbesondere in den Jahren 1943/44, zwangsläufig zu Zeugen der Ankunft von Massentransporten mit Häftlingen. Nachts wurden sie von Schreien geweckt. Nicht selten waren Schüsse zu hören. Tagsüber sahen sie, wie Häftlinge zur Arbeit marschierten. Wenn jemand aus dem Lager geflohen war, fanden bei ihnen Haussuchungen statt. Karolina Krcz: »Wir lebten in der ständigen Angst vor Aussiedlung oder Inhaftierung im Lager.«

Stanisław Krcz, er ging schon zur Schule, beobachtete einmal heimlich, wie ein SS-Mann seine Wut an einem Häftling ausließ: Nachdem er ihn brutal geschlagen hatte, befahl er ihm zu fliehen. Als der Häftling daraufhin die Arbeitsstelle verließ, schoß der SS-Mann auf ihn. »Der Schuß traf nicht. Der SS-Mann ermordete – umgeben von Capos – den Häftling auf bestialische Weise. Er legte dem auf dem Boden liegenden eine Stange auf den Hals. Der SS-Mann stellte sich auf die Stange … Mich entsetzte die Ruhe, mit der er dieses Verbrechen ausführte.«

Noch während der Okkupationszeit wurde die Familie Krcz in einen anderen Stadtteil evakuiert. Damals erkrankte Stanislaws Schwester Genia schwer. Es gab kaum ärztliche Hilfe, vor allem keine Medikamente, auch

»Wer ist A 5116?«

Die Geschichte der Ewa Krcz-Sieczka

die Versorgung mit Lebensmitteln war schlecht. Genia starb, wie die Familie vermutet, an den Folgen einer Lungenentzündung. Stanisław Krcz: »Es ist schwer zu beschreiben, wie verzweifelt meine Mutter nach dem Verlust ihrer Tochter war. Ich konnte nichts finden, was sie beruhigte.«

Die neue Schwester

Einige Tage nach der Befreiung von Auschwitz ging Stanisław auf das Gelände des Konzentrationslagers. Er hatte von den Kindern gehört, die dort zurückgelassen worden waren. »Ich glaubte, daß meine Mutter vielleicht ein Kind von den Depressionen befreien könnte, ein Mädchen, das die nicht mehr lebende Genia ersetzen könnte.«
Er fand eine Baracke mit rund 60 kleinen Kindern. Dort traf er eine etwa 50jährige Frau, der er frei heraus sagte, was er wollte.
Sie zeigte ihm ein kleines Mädchen: Ewa Stolz. Sie erzählte ihm, Ewa sei mit ihren Eltern und einem jüngeren Bruder mit einem Transport aus Ungarn ins Lager gekommen. Ihre Mutter habe sich bei der Ankunft dagegen gewehrt, von diesem Kind getrennt zu

werden, woraufhin sie von einem SS-Mann mit dem Gewehrkolben erschlagen worden sei. Von Ewas Familie lebe niemand mehr. Mithäftlinge hätten sich um sie gekümmert, sie vor den Selektionen geschützt.

Stanisław nahm das Mädchen. Ewa Krcz-Sieczka weiß es heute noch: »Ich erinnere mich auch an den Weg, den Stanisław mit mir gegangen ist. Er hat mich über die Gleise getragen. Und es tobte ein ziemlich heftiges Schneegestöber.«

Erwachsene Häftlinge, erstaunt über den Jungen, hatten ihm noch eine Rolle mit sieben Zeichnungen in die Hand gedrückt: Porträts von Sinti und Roma – wie sich Jahrzehnte später herausstellte, geschaffen von Dinah Gottliebova, Auschwitzer Häftlingsnummer 61016. Auf Befehl des SS-Arztes Mengele hatte sie Sinti und Roma zu porträtieren gehabt, zum Zwecke seiner pseudomedizinischen »Rasseforschungen«. Die Künstlerin hat die Lagerzeit überstanden und lebt heute in den USA.

Die neue Mama

»Da hast du ein Kind, damit du endlich aufhörst, wegen Genia verzweifelt zu sein.« Mit diesen Worten hatte Stanisław das Mädchen seiner Mutter übergeben. Und Ewa, die wie jedes »Auschwitzer Kind« deutsche, polnische, russische, tschechische und ungarische Wörter durcheinander sprach, nannte Karolina Krcz vom ersten Tag an »Mama« und Stanisław »Tatinek«, was

im Tschechischen soviel wie »Väterlein« bedeutet.

Ewa hatte ein blaues Samtkleid an, trug einen hell-dunkel gestreiften Mantel und rote Lederstiefel. Wäre sie nicht so verdreckt gewesen, hätte man meinen können, ihre Eltern hätten einen Feiertagsausflug mit ihr machen wollen. Doch sie war völlig verwahrlost.

Karolina Krcz fürchtete, es sei unmöglich, das Kind am Leben zu halten. Ewa war unterernährt, hatte einen verhältnismäßig großen Kopf, einen aufgeblähten Bauch. Die Stirn war mit Schorf überzogen, der ganze Körper voller kleiner Geschwüre, der Kopf verlaust. Die Augen waren gerötet und vereitert. Sie litt unter Rachitis. Am linken Unterarm gut lesbar die Lagernummer: A 5116.

Es bedurfte intensivster Pflege und mancher Anstrengung, bis Ewa etwas Farbe ins Gesicht bekam. Karolina Krcz betrieb in den umliegenden Dörfern einen regen Tauschhandel, um Milch, Butter und Eier zu organisieren. Die Versorgungslage der Bevölkerung war unmittelbar nach dem Krieg alles andere als gut.

Während sich Ewas physischer Zustand langsam besserte, waren die psychischen Folgen des Lageraufenthaltes nur schwer zu bewältigen.

Lange Zeit wachte sie jeden Morgen weinend auf. Sie hatte panische Angst vor Hunden, floh vor ihnen – jahrelang. Sie litt unter einer großen Nervosität.

Sie zeigte sich unfähig zu spielen. »In der Gesellschaft von Kindern war sie seltsam ernst, sie konnte sich nicht freuen und war verschlossen«, so ihr neuer Bruder Stanisław, der immer wieder ihr Interesse zu wecken versuchte. Wenn er ihr Spielzeug gab, schaute sie es höchstens an oder warf es weg.

Dennoch entwickelte Ewa ein Gefühl der Geborgenheit. »Die Mutter war für mich ein und alles. Ich wurde wie ein eigenes Kind behandelt, vielleicht sogar besser.«

Am 21. November 1949 – im Jahr ihrer Einschulung – entsprach das Ortsgericht Oświęcim dem Antrag Karolina und Jósef Krcz' auf Adoption. Als Ewas angenommenes Geburtsdatum wurde der 15. November 1942 in den Papieren vermerkt. Einige Jahre später, 1955, starb Jósef Krcz.

Die Suche nach der Identität

»Von vornherein wußten alle Verwandten, Bekannten und Nachbarn der Familie, daß ich ein Kind vom Lager bin.« In der Schule war das nicht anders. »Die Kinder haben zur Kenntnis genommen, daß ich eine Nummer habe, aber das war kein Thema, das war ja bekannt.«

Ewa war eine gute Schülerin. Sie entdeckte die Musik. Die Familie kaufte ihr ein Klavier. Sie besuchte sieben Jahre lang die Musikschule in Oświęcim, die sie ebenso erfolgreich absolvierte wie das Gymnasium; 1960 bestand Ewa das Abitur.

Während der Schulzeit fand sich eine Gruppe, die sich die Gedenkstätte Auschwitz-Birkenau ansehen wollte. »Das hat einen starken Eindruck auf mich hinterlassen«, erzählt sie. »Aber das hat in meinem Gedächtnis keine Erinnerung zurückgebracht. Nur bruchstückhaft kann ich mich an eine Art Brause erinnern, aus der Wasser floß. Und an meine Angst vor Hunden.«

Für Ewa gewann die Frage immer mehr an Bedeutung: »Wer war ich und woher stamme ich?«

Mit Hilfe des ehemaligen Auschwitz-Häftlings und damaligen Gedenkstätten-Mitarbeiters Tadeusz Szymański begann Ewa, Nachforschungen anzustellen. Es stellte sich zweifelsfrei heraus, daß sie am 20. Mai 1944 mit einem Transport aus Ungarn nach Auschwitz-Birkenau gekommen war. Über diesen Tag findet sich im »Kalendarium« der Gedenkstätte – basierend auf Originaldokumenten der NS-Lagerbehörden und Aussagen von ehemaligen Häftlingen – folgende Eintragung:

»Aus den Transporten des Reichssicherheitshauptamtes aus Ungarn werden nach Selektionen 34 Juden – Zwillingsbrüder und einzelne Zwillinge, gekennzeichnet mit den Nummern A 2507 bis A 2540 – und 58 Jüdinnen – Zwillingsschwestern und einzelne Zwillinge mit den Nummern A 5079 bis A 5139 – als Häftlinge ins Lager eingewiesen. Höchstwahrscheinlich wird ein Teil der Jungen und Gesunden als ›Depot-Häftlinge‹ ebenfalls im Lager festgehalten. Die übrigen Menschen werden in den Gaskammern getötet.«

Ewa Krcz und Tadeusz Szymański knüpften 1962 erste Kontakte nach Ungarn: zu ehemaligen Häftlingen, dem »Verband der Partisanen«, zu Zeitungsredaktionen.

»Wer ist Ewa Krcz?«

Der Journalist László Rózza veröffentlichte im Herbst 1962 den Artikel »Wer ist Ewa Krcz?« in der Tageszeitung »Népszabadság« (Volksfreiheit). Viele ungarische Blätter übernahmen seine Informationen, brachten Fotos von Ewa. Die Folge: Hunderte von Leserbriefen. Und viele schrieben: »Das ist mein Kind, bestimmt.« Sie waren voller Hoffnung, ihr totgeglaubtes Mädchen wiedergefunden zu haben.

Da erinnerten sich manche nur daran, daß »aus der benachbarten Wohnung ein süßes, kleines, mandeläugiges, schwarzhaariges Mädchen verschleppt worden war«. Eine Frau schrieb, daß »ihre Evi kleine Ohrringe trug – vielleicht ist die Stelle noch zu erkennen«.

Jemand wandte ein: »Ich frage Sie, was hat es für einen Sinn, die kaum verheilten Wunden wieder aufzureißen, denn es gibt keine Familie, die keine Verluste zu beklagen hätte. Ich halte es für die größte Sünde Ihrerseits, daß Sie Illusionen erwecken in diesen Menschen, die glauben, daß dieser ehemalige Häftling A 5116, Ewa Krcz, oder wenn Sie wollen, Ewa Stolz, ihr Kind sei. Denn was anderes als Wecken von Illusionen ist es, daß jemand nach 18 Jahren in der heute erwachsenen Frau das kleine vier- oder fünfjährige Kind wiedererkennen möchte.«

Die Redaktion widersprach: »Was wir im Namen der Humanität tun, ist kein Wecken von Illusionen, sondern das Erwecken des kollektiven menschlichen Zusammenhalts. Wir glauben, es ist keine Illusion, daß Ewa letztlich ihre Eltern, ihre Verwandten wiederfindet.«

Ewa Krcz erhielt ein Telegramm: »Evalein, Du hast gefunden Vater, Bruder.« Mehr als 50 Personen meldeten sich bei ihr, alle davon überzeugt, daß sie ihre Tochter sei.

Das Ungarische Rote Kreuz setzte sich mit ihr in Verbindung: »Bitte, betrachten Sie aufmerksam diese beiden Lichtbilder. Eine alte Dame und die jungen Eheleute, die Eltern des Kindes, behaupten, Sie seien Jutka (Judit) Stolcz. Auch andere Menschen haben sich gemeldet, die vermuten, daß Eva Krcz mit Jutka Stolcz identisch ist. Denken Sie gut nach! Können Sie sich an die Gesichtszüge des jungen Ehepaares erinnern? Oder daran, daß Sie einmal mit einem Plüschhündchen fotografiert worden sind?«

Immer mehr Menschen nahmen an Ewas Geschichte anteil. Die Schülerinnen der Klasse I g des Budapester Gymnasiums Kossuth Zsusza luden Ewa ein. Sie wollten ihre ganzen Reisekosten tragen. Die Presse setzte ihre Berichterstattung fort. »Zwanzigjährige, helft! Wenn die Eltern leben, müssen wir sie finden?« hieß es in fetten Lettern in einer ungarischen Zeitung.

Mit diesem Foto von Ewa wurde in Ungarn nach Familienangehörigen von ihr gesucht

»Das ist meine Tochter«

Am 7. Juli 1963 reiste Ewa Krcz mit
Tadeusz Szymański nach Budapest. Sie
erinnerte sich an das Gespräch ihres
Bruders Stanisław mit der Frau im Lager, die gesagt hatte, daß ihre Eltern
nicht mehr lebten. »So habe ich weniger an die Eltern gedacht. Aber ich
hielt es für möglich, jemanden aus der
Familie zu treffen. Doch bereitete mir
die Vorstellung, daß sich so viele Eltern
gemeldet hatten, schon Probleme.«
Die Schülerinnen des Gymnasiums
Kossuth bereiteten ihr einen großen
Empfang. Mit ihnen bummelte sie
durch Budapest, schaute sich das Land
an, ging baden, tanzen, schloß Freundschaften...
Ganz anders die Begegnungen mit
den Menschen, die sie für ihr verlore-
nes Kind hielten. Ohne Ausnahme
wollten sie, daß Ewa sie als ihre wahre
Familie anerkennt. Alle wollten sie
überzeugen: »Du bist unser Kind.«

Jede Familie hatte sich wie bei
einem großen Fest vorbereitet. Jede
Wohnung, jedes Haus war ge-
schmückt, die Tische reichlich gedeckt.
Überall wurden ihr Fotos gezeigt, ihr
versichert, sie sei doch so ähnlich mit
dieser oder jenem. Da gab es immer
wieder Bilder eines krabbelnden, lä-
chelnden Mädchens zu sehen, das
einige Monate später zur Gefangenen
in Auschwitz geworden war.

»Ich erinnere mich an den ersten Besuch. Der Mann wußte, daß ich
komme. Er war Schneider von Beruf.
Sein Name war Goldfinder. Er hatte
alles schön vorbereitet. Wir klingelten.

Rechts eine ungarische Mutter, die ihre Ewa
sucht, mit ihrer Schwester

Er machte die Tür auf. Seine Hände
waren voll mit Rosen. Als er mich gesehen hat, ist er ohnmächtig geworden.«

Als er wieder zu sich gekommen
war, wiederholte er immer wieder:
»Ich wußte doch, daß das Kind lebt. Ich
habe immer gewußt, daß es lebt.«
Seine Frau versuchte ihn zu beruhigen: »Versteif dich nicht drauf! Es ist
noch gar nicht sicher, daß es unser
Kind ist. Was wird mit uns, wenn es
doch nicht unseres ist?!«

Ewa Krcz war innerlich aufge-
wühlt. Tränen flossen. Zu Tadeusz Szymański sagte sie damals: »So ein Empfang, so ein Erlebnis, vielleicht kann
das jemand von den Meinigen sein.
Das muß mein Vater sein!« Doch Tadeusz Szymański beschwichtigte sie:
»Warte ab, wir haben noch so viele Besuche vor uns.«

Ein anderes Mal kamen sie zu einer
älteren Frau. Alte Fotos wurden her-
vorgeholt, Briefe von lange nicht
mehr lebenden Tanten und Onkeln.

»Schauen Sie, diese hohe Stirn, die dichtgewachsenen Augenbrauen, die Wölbung der Oberlippen … Das ist doch offensichtlich, nicht wahr?!« Und mit ihren zitternden Fingern zeichnete sie die weichen Konturen des ovalen Mädchengesichts nach, suchte hoffnungsvoll nach Ähnlichkeiten zwischen vergilbten Fotos und der vor ihr sitzenden Frau aus Kraków.

In Nagykanizsa wurde Ewa von einer großen Menge freudig begrüßt. Auch Gyuli Schlesinger glaubte, seine Tochter wiedergefunden zu haben. Mit Tränen in den Augen erzählte er Ewa, »daß seine Frau, meine Mutter, nicht mehr lebt«. Den anwesenden Presse- und Rundfunkreportern versicherte er, er suche keine Sensationen, er wünsche nur, in Ewa das eigene Kind zu finden.

»Evi!« Mit diesem Schrei wurde Ewa Krcz in einem Dorf empfangen. Die Familie Weinert meinte eine zweite Tochter bekommen zu haben. Das Zusammentreffen von Evika und Ewa hat Tadeusz Szymański nachhaltig beeindruckt: »Als wir in dem Zimmer saßen, ein typisch ungarisches Zimmer auf einem Dorf, hat sich Ewa zu Evika gesetzt. Sie haben sich umarmt. Sie haben sich angeschaut, fast nichts gesprochen. Und wenn etwas gesagt wurde, da hat die andere Hälfte wegen der Sprachbarriere oft nichts verstanden. Das, was sie sich mitteilen wollten, das wurde verstanden. Es war die Sprache der Liebe. Und um Liebe auszudrücken, bedarf es manchmal keiner Worte.«

Schon bald war Ewa Krcz bewußt, daß es sehr schwer sein würde, ihre Familie zu finden. »Bei den ersten Besuchen war Ewa unruhig«, erinnert sich Tadeusz Szymański. »Aber das war nicht Verzweiflung, es war nicht Zorn, daß man sie vereinnahmen wollte, sie wollte jemanden finden. Manchmal waren die angeblichen Eltern so zudringlich, daß sie sich verbal wehren mußte.«

Ewa wurde zurückhaltender, doch nicht in jedem Fall. Tadeusz Szymański: »Mir schien es so zu sein: Wenn ihr jemand vom ersten Augenblick sympathisch war, dann war sie für diese Familie. Sie wollte ihnen helfen.«

Ihr Begleiter fragte alle, die sie besuchten: »Wann wurde Ihr Kind verschleppt?« Manchmal bekam er zu hören: »Im August 1944. Aber was geht Sie das an? Das ist unsere Tocher!« Doch Ewa war am 20. Mai 1944 nach Auschwitz-Birkenau gekommen.

Es gab Fälle, da stimmten alle Angaben überein. Es konnte nicht ausgeschlossen werden, daß diese Menschen Ewas Eltern sind. So blieben zwölf von 54 Familien übrig.

Am 23. Juli 1963 fuhren Ewa Krcz und Tadeusz Szymański nach Oświęcim zurück. Professor Ökrös vom Gerichtsmedizinischen Institut in Budapest verglich indessen die Blutgruppe und die Papilarlinien Ewas mit denen der möglichen Eltern. Das Ergebnis der Untersuchungen: Keines der zwölf Paare konnte Ewas Eltern sein. Für die Betroffenen eine große Enttäuschung.

In den folgenden Jahren blieb dennoch der Kontakt zu einigen erhalten. Einer von ihnen war der Journalist und Maler Peter Imre aus Budapest. Bis zu seinem Tod 1976 bemühte er sich um »seine Tochter«, schickte Ewa Geld, als sie studierte, kam 1965 zu ihrer Hochzeit…

»Ich möchte sie auch jetzt noch gerne finden«

Ewa Krcz-Sieczka arbeitet seit 1966 als Zahnärztin, ein Beruf, den sie mit Begeisterung ausübt. Sie lebt heute in Lubin, einer Stadt in Westpolen, wo ihr Mann eine Stellung im Bergwerk hat, und ist Mutter von drei Töchtern, Agata, Anne und Renate, geboren 1968, 1969 und 1974.

Die beiden ältesten studieren inzwischen Medizin, worüber sich Ewa Krcz-Sieczka freut. Ihr Ziel war es, daß sich ihre Kinder humanitären Aufgaben zuwenden. Das wollte sie ihnen indirekt vermitteln – als Konsequenz ihres eigenen Lebens. Mit dem Thema Auschwitz wollte sie sie nicht so sehr belasten. Wenn es sich ergeben hat, ihre Töchter gefragt haben, warum sie zum Beispiel eine eintätowierte Nummer am linken Arm hat, hat sie Auskunft gegeben.

Ihre Mutter Karolina und ihr Bruder Stanisław sind inzwischen gestorben.

Die Hoffnung, ihre leiblichen Eltern ausfindig zu machen, hat Ewa Krcz-Sieczka nie ganz aufgegeben. Sie wurde wieder geschürt, als der ungarische Regisseur László Nádasy Mitte der sechziger Jahre seinen Film »Eva A 5116« fertigstellte. Er wurde in vielen Ländern gezeigt – ohne den gewünschten Erfolg.

Ihr sind die Gespräche, die Begegnungen, die Menschen in Ungarn nicht aus dem Kopf gegangen. Öfters hat sie sich gefragt: »Hat das überhaupt noch einen Zweck?« Rückblickend meint sie: »Das war in jeder Wohnung eine Tragödie. Ihr Kind Ewa wurde verschleppt. Nun kam eine – und das war nicht ihr Kind. Alle meine Treffen in Ungarn waren für mich schwieriger als die schlimmsten Prüfungen, die ich ablegen mußte.«

Noch heute hält Ewa Krcz-Sieczka Kontakt zu einem Mann, der jetzt in Schweden lebt und glaubt, ihr Vater zu sein.

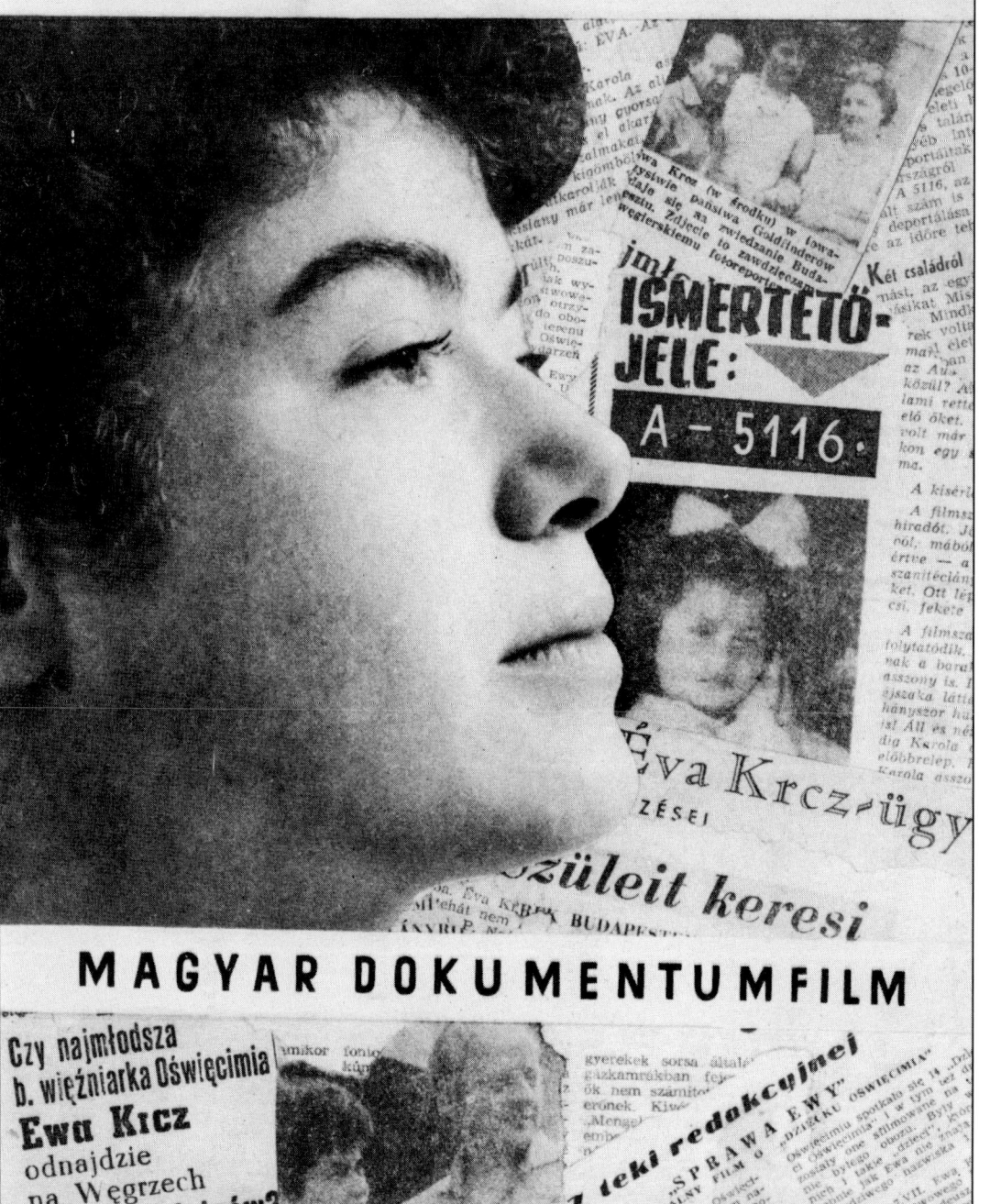

Budapest 1973. Es ist Frühling. Géza Kozma kommt von der Arbeit nach Hause. Seine Frau wartet schon mit dem Essen.

Wie immer legt sich Géza Kozma nach dem Essen auf dem Sofa im Wohnzimmer hin. Er greift sich die Zeitung, die auf dem Tisch liegt, blättert ein wenig darin herum.

Plötzlich schreit er auf. Er springt hoch, zeigt seiner Frau eine Abbildung: »Das ist mein Porträt! Und dort steht, daß man mich sucht.«

Fünfzehn Jahre später sitze ich Géza Kozma in Budapest gegenüber, um uns herum die ganze Familie. Er erzählt die Geschichte seines Lebens.

»Die Stimmung war sehr optimistisch«

Sein Vater, Zoltán Schein, wurde 1899 in Breza geboren, damals im Norden Ungarns gelegen, heute Teil der Tschechoslowakei.

Den Bäcker Zoltán Schein zog es 1930 nach Csepel bei Budapest, wo er die Bäckerstochter Klára Ungár heiratete. Am 7. Februar 1933 kam ihr einziges Kind, Géza, zur Welt.

Als Sechsjähriger hörte Géza die Erwachsenen vom Krieg reden. »Ich kann mich an den Kriegsbeginn im Jahre 1939 erinnern. Da wurde viel darüber geredet. Und wenn Bekannte oder Freunde zu meinen Eltern kamen, wurde das Rundfunkgerät eingeschaltet und Radio London gehört.«

»Nur an den großen Feiertagen ist die Familie in die Synagoge gegangen.

»Mein Kind, du lebst?«

Die Geschichte des Géza Kozma

Bei den Urgroßeltern war das noch anders gewesen«, so Géza. »Uns hat niemand negativ fühlen lassen, daß wir Juden sind.«

Um die Jahreswende 1943/44 hörten die Scheins davon, daß die Deutschen Juden in Konzentrationslager abtransportierten. »Langsam gab es alle möglichen Gerüchte unter den Erwachsenen. Das haben wir Kinder auch mitbekommen.«

Diskussionen begannen. Sollte man in die USA oder nach Südamerika auswandern? Doch niemand im Umkreis der Scheins entschloß sich zur Flucht. »Die Stimmung in meiner Familie war sehr optimistisch.« Sie fühlte sich nicht unmittelbar bedroht.

Géza mit seiner Mutter (1940)

85

Getto

750 000 Juden lebten in Ungarn, als deutsche Einheiten am 19. März 1944 das Land besetzten. Während die Juden benachbarter Staaten längst in die Vernichtungsmaschinerie der Nazis geraten waren, war Ungarn als einziges Land im deutschen Machtbereich bis dato weitgehend von Deportationen verschont geblieben: Im Herbst 1941 hatten die ungarischen Faschisten 10 000 Juden, »deren Staatsbürgerschaft zweifelhaft war«, wie es damals hieß, nach Kamenez-Podolskij in der Ukraine verschleppt und dort ermordet. Sie stammten größtenteils aus der von Ungarn 1938/39 von der Tschechoslowakei annektierten Karpatenukraine. Oder im Januar 1942 waren in Bácska, das sich Ungarn im April 1941 von Jugoslawien einverleibt hatte, 1 000 Juden umgebracht worden.

Nach der deutschen Besetzung folgten Kennzeichnung und Gettoisierung der Juden, auch in Csepel. »Wir haben gerade dort gewohnt, wo das Getto errichtet wurde«, erzählt Géza Schein, der 1944, nach dem Besuch der vierjährigen Grundschule, in ein jüdisches Gymnasium ging, das auf Anordnung der Nazis schließen mußte. Gézas Vater durfte weiterhin seine Bäckerei betreiben. »Wir durften für die Juden im Getto Brot und andere Backwaren herstellen. Das war natürlich nicht viel, aber immerhin konnten wir davon leben.«

Die Scheins erhielten Angebote von Freunden, sie aus dem Getto rauszuholen und zu verstecken. »So gut waren die Beziehungen zur nichtjüdischen Bevölkerung in Csepel. Aber mein Vater und Großvater wollten das nicht. Denn sie befürchteten, daß es für diese Menschen mit Unannehmlichkeiten, mit großen Gefahren verbunden war.«

Géza mit seinem Vater (1944)

Im Mai 1944 kamen »ungarische Gendarme« und forderten sie auf, die Sachen zu packen und mitzukommen. »Die Erwachsenen hatten schon damit gerechnet.«

Géza Schein wurde mit seinen Eltern und Großeltern mütterlicherseits nach Budakalász in eine Art Durchgangslager in einer Ziegelei gebracht. Zwei Wochen später wurden sie zu achtzig bis hundert in Viehwaggons mit der Aufschrift »Deutsche Arbeiter-Umsiedler« verfrachtet. »Niemand wußte, wohin der Zug fahren wird. Die Erwachsenen haben es geahnt.« Die Deutschen hatten gesagt: »Ihr werdet in den Osten fahren und dort bei der Ernte helfen.«

In Kassa (Košice), nach einigen hundert Kilometern, öffneten sich wieder die Türen der Waggons. »Da haben wir noch einmal etwas zu essen bekommen. Einige Menschen waren während der Fahrt gestorben, sie wurden abtransportiert.« Die Waggons mit »neuen Leuten« aufgefüllt.

Es dauerte Tage, bis die Eingepferchten durch die kleine Luke wahrnahmen, daß sie in Polen sein mußten. Als der Zug die Endstation erreichte, mußten sie noch zwei Stunden in den Waggons verbringen. »Wir konnten rausgucken. Wir sahen rauchende Schornsteine und dachten, daß es irgendeine Fabrik ist.«

Sie waren in Auschwitz-Birkenau.

»Du bist 15«

An der Rampe: SS und allen voran Dr. Mengele. Selektion: »Die SS sagte, daß die arbeitsfähigen Leute arbeiten werden. Sie mußten sich auf die eine Seite stellen. Die Alten, die Mütter mit Kindern, die Kinder, die Schwangeren auf die andere Seite. ›Die gehen in ein spezielles Lager.‹« Für die meisten hieß das: Gaskammer – auch für Gézas Großeltern.

Zoltán Schein spürte, was vor sich ging. Seinem Sohn sagte er: »Wenn man dich fragt, du bist 15 Jahre alt und Bäckerlehrling.« Géza war elf, aber für sein Alter groß und kräftig.

Die SS nahm ihm ab, daß er 15 war. Gézas Mutter kam ins »Frauenlager«, sein Vater und er ins »Zigeunerlager«. In eine Baracke, von deutschen Architekten konzipiert für 52 Pferde. In ihrem Block waren rund 500 Menschen untergebracht. Es gab nicht einmal Pritschen. Sie mußten auf dem nackten und nassen Betonfußboden schlafen, der abends mit Wasser abgespritzt wurde.

Schon länger Inhaftierte klärten sie auf: Birkenau ist ein Vernichtungslager. Wer nicht sofort vergast wird, den erwartet die Vernichtung durch Arbeit, abendliche Appelle von manchmal stundenlanger Dauer als Vorwand, damit die Häftlinge kein Essen erhalten, in Wasser gekochte Kartoffelschalen…

Um 5.00 Uhr morgens mußten sie aufstehen. »Da mußten wir wieder zum Appell. Es wurde gezählt, wie viele Leute da sind. Aber das stimmte nie. Zwei bis drei Stunden mußten wir stehen. Dann gab es Frühstück, wenn man das überhaupt als Frühstück bezeichnen kann. Es bestand aus einem Stück Brot und irgendeiner schwarzen Flüssigkeit.«

Anschließend ging es zur Arbeit. Géza und sein Vater mußten nach Auschwitz-Monowitz, in eine Fabrik für synthetischen Gummi und Benzin der IG-Farben. In den Arbeitslagern des Konzerns starben innerhalb von drei Jahren rund 30 000 Häftlinge.

Géza hatte mit sechs anderen Jungen die Aufgabe, Ziegelsteine und Mörtel zu schleppen, Waggons auszuladen. »Und wir mußten die überall herumliegenden Leichen zusammentragen.« Die Toten mußten »abgerechnet« werden, sonst hätte die SS Fluchtverdacht gehabt und alle anderen Häftlinge nur noch mehr schikaniert.

Ein Arzt aus Gézas Heimatstadt Csepel, Dr. Bárdos, war einer der ersten Toten, die der Junge sah.

In der Kohlengrube

Immer wieder gab es Selektionen. Die Transporte rollten. Es mußte im Lager Platz geschaffen werden für neue Häftlinge, deren Arbeitskraft noch besser ausgebeutet werden konnte.

»Es gab das Gerücht, daß die Kinder in die Gaskammern gebracht werden sollten. Und die Zigeuner aus dem Dorf meines Vaters haben die Kinder, auch mich, gesammelt und versteckt. Diesen Zigeunern habe ich mein Leben zu verdanken.« Nach etwa einem Monat »rutschte ich so in eine Gruppe, die für den Bergbau vorgesehen war«.

Anfangs mußten die Häftlinge jeden Morgen und jeden Abend die zehn Kilometer von Birkenau in die Kohlengrube von Brzeszcze und zurück zu Fuß marschieren. Nach einiger Zeit wurde in Jawiczowice, in unmittelbarer Nähe von Brzeszcze, ein Barackenlager installiert, wo auch die 150 Jungen, alles jüdische Kinder aus Ungarn, untergebracht wurden.

Géza hatte über Tage zu arbeiten, die Kohle nach Größe und Qualität zu sortieren, sie auf große Haufen zusammenzuschaufeln, sie mit Wasser zu bespritzen, damit kein Staub mehr an ihr haftete. Eine sehr schwere Tätigkeit. Géza kippte öfters entkräftet um. »Die Erwachsenen halfen mir bei der Arbeit, weil sie Angst hatten, daß ich als Kind die verlangte Leistung nicht schaffe und deshalb von der SS verfolgt werde.«

Im Bergwerk waren auch polnische Zivilarbeiter unter Tage beschäftigt. Einige ihrer Frauen bereiteten ihnen in einer Gemeinschaftsküche auf dem Grubengelände das Essen, unter ihnen Emilia Klimczyk, die Monate später mit ihrem Mann den zweieinhalbjährigen Kola kurz vor der Befreiung von Auschwitz aus dem Lager holte (siehe Seite 51 ff.).

Emilia Klimczyk und die anderen Frauen aus der Gemeinschaftsküche steckten den hungernden Kindern heimlich Essen zu. Hätte die SS das gemerkt, wären drakonische Strafen die Folge gewesen.

Durch die Dreckarbeit in der Kohlengrube war der Körper der Kinder völlig verschmutzt. Doch es gab kaum Wasser zum Waschen, keine Seife, keine Handtücher. Auf ihrer Haut bildete sich Schorf, später Wunden, die nicht verheilen wollten.

Emilia Klimczyk: »In dieser Gruppe befand sich ein Junge, dessen frühreifer Ernst und dessen Traurigkeit meine Aufmerksamkeit auf sich lenkte. Ich beschloß, mich seiner besonders anzunehmen. Auch den anderen gab ich weiterhin zu essen, aber für ihn brachte ich von zu Hause zusätzliche Leckerbissen mit.«

Es war Géza Schein: »Ich habe zu dieser Frau irgendeine Anziehung gespürt. Sie hat mir Brot, Kartoffeln, Obst und Medikamente gegeben.«

Der Herbst des Jahres 1944 hatte begonnen. Géza ahnte, daß er nicht mehr lange in Brzeszcze bleiben würde. Er wollte der »polnischen Frau« für ihre Fürsorge danken, ihr ein kleines Geschenk machen.

»Einmal gelang es ihm, in die Küche zu kommen«, erinnert sich Emilia

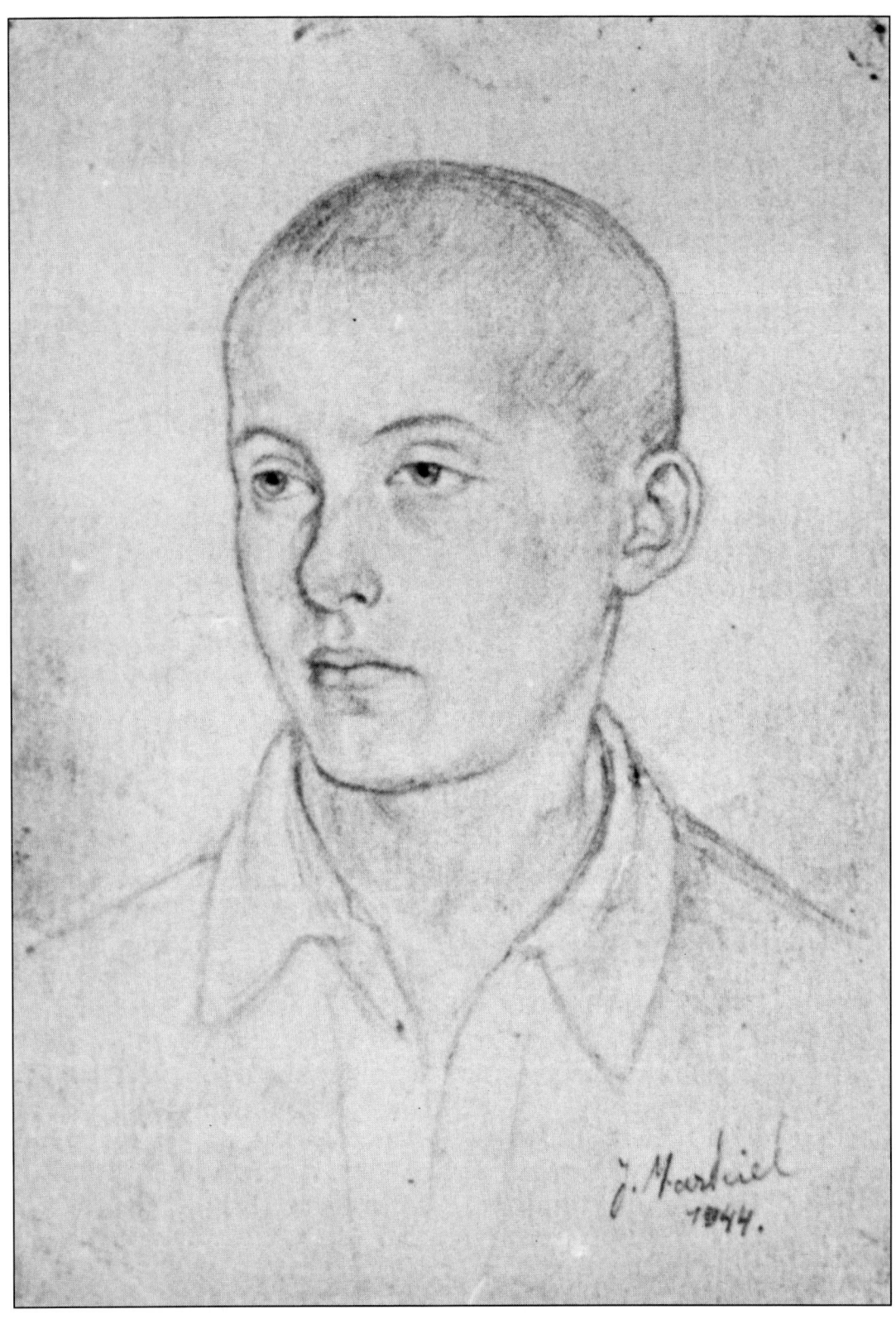

Gézas Porträt, 1944 illegal gezeichnet von Jean Markiel (Originalgröße: 10,5 x 14,8 cm)

Klimczyk. »Er gab mir mit den Augen zu verstehen, daß er mir etwas sagen wollte. Als wir in einer Ecke standen, wo uns keiner der SS-Männer sehen konnte, schlang mir das Kind mit Tränen in den Augen die Arme um den Hals und sagte in gebrochenem Polnisch: ›Danke, ich habe dich lieb, Mütterchen.‹« Géza überreichte ihr eine kleine Zeichnung mit seinem Porträt. Der Mithäftling Jean Markiel – er überlebte Auschwitz und wohnt heute in Paris – hatte es in Birkenau geschaffen und Géza geschenkt. Seit diesem Tag hatte der Junge die Zeichnung unter seiner Kleidung auf dem Körper getragen.

»Ich gehe nicht weiter«

Anfang Oktober 1944: Selektion im Lager Jawiczowice. Die SS entschied, die Kranken und Schwachen bleiben zurück. Die »Arbeitsfähigen« sollten fortan im »Reich« eingesetzt werden, erfuhr Géza Schein von einem »Kapo«, einem von der SS mit der Aufsicht über ein Arbeitskommando bestimmter Häftling.

Die nächste Station: »Zigeunerlager« Birkenau. »Ich ging zurück zu dem Block, wo mein Vater noch war. Und dann kam wieder Dr. Mengele zur Untersuchung. Ein älterer polnischer Kapo sagte, die Kinder seien schon ärztlich untersucht worden. Mengele ging wieder weg.«

Einige Tage später: Géza Schein und sein Vater wurden »einwaggoniert«. »Ich war glücklich, daß ich meinen Vater bei mir hatte. Es waren nur wenige Erwachsene, hauptsächlich Kinder, die für arbeitsfähig erklärt worden waren.«

Ein Monat im Lager Mauthausen in Österreich: Unterbringung und Verpflegung waren etwas besser als in Auschwitz-Birkenau. Die Arbeit in den Steinbrüchen war hingegen »unmenschlich schwer«. »Und dabei wurden wir noch von der SS mißhandelt.«

»Überstellung« in das Nebenlager Gusen, Arbeit in einer Flugzeugfabrik: »Mein Vater schloß sich der Widerstandsbewegung im Lager an. Ich habe ihm geholfen. Ich trug Kassiber, illegale schriftliche Mitteilungen zu seinen Genossen. Die Gruppe flog auf. Während des Appells wurden zehn Häftlinge erschossen. Unter ihnen war mein Vater. Jetzt war ich ganz allein.«

Ende Januar 1945 zurück nach Mauthausen: Es war bitterkalt. Sie mußten in Zelten hausen.

Ende März Marsch nach Günskirchen: Die Häftlinge wurden von älteren Wehrmachtssoldaten bewacht. Sie waren um die sechzig. Nur am Ende der Kolonne ein SS-Kommando. »Die hatten die Aufgabe, diejenigen, die nicht mehr konnten, abzuschießen.«

Nach einigen hundert Kilometern konnte es Géza, von Hunger gequält, nicht mehr aushalten. »Wenn Sie mir nichts zu essen geben, gehe ich nicht weiter«, sagte er zu einem Soldaten.

Der Mann gab ihm etwas zu essen.

Als sie durch Linz kamen, rannten Häftlinge, auch Géza, in eine Bäckerei. »Aber die Geschäftsleute haben uns rausgeschmissen und sogar nach der SS gerufen.« Aus Angst, erschossen zu werden, machten sie sich schnellstens von dannen.

Sie machten aber auch andere Erfahrungen. »An den Straßenrändern hatten Leute Lebensmittel für uns hingestellt.« Die Soldaten forderten sie auf: »Mensch, nehmt euch das, das ist für euch.«

Immer wieder stießen sie während ihres Marsches auf andere Gruppen von Häftlingen: Bei einer kurzen Rast am Straßenrand kreuzte eines Tages ein Transport von rund 50 Frauen ihren Weg. »Gibt es jemanden aus Ungarn, aus Csepel?« rief Géza ihnen zu.

»Mein Kind, mein Lieber, du lebst?!« schrie eine Frau – seine Mutter, von der er im Juni 1944 bei der Selektion auf der Rampe von Auschwitz-Birkenau getrennt worden war und von der er nie mehr etwas gehört hatte. Ein glückliches Wiedersehen – Géza verschwieg ihr die Ermordung ihres Mannes.

Ende März 1945, Lager Günskirchen: Mutter und Kind konnten sich täglich sehen, miteinander sprechen.

Klára Schein erzählte Géza, was sie durchgemacht hatte: Verschiedene »Kommandos« in Birkenau, unter anderem Arbeit in einer Gärtnerei, die Gemüse für den Bedarf der SS-Wachmannschaften anzubauen hatte. Im August 1944 Transport nach Frankfurt am Main, Verrichtung von Aufräumungsarbeiten nach den Bombardements ... Einige Monate später Verlegung nach Ravensbrück, »Einsatz« in der Landwirtschaft. Im März 1945 »Evakuierungsmarsch« nach Günskirchen.

Hier waren die Verhältnisse noch schlechter als in Auschwitz. »Wir haben nicht gearbeitet. Wir mußten täglich die Leichen einsammeln. Die Menschen starben vor Erschöpfung. Rund 80 Prozent der Häftlinge waren inzwischen so schwach, daß sie sich kaum noch bewegen konnten.«

Géza und Klára Schein bekamen Flecktyphus.

Pflichtsprache Deutsch

4. Mai 1945: »Gegen Mittag machte sich große Unruhe unter der SS breit. Sie packten alles mögliche zusammen, stiegen auf Lastwagen und fuhren davon. Wir hörten noch mehrere Maschinengewehr-Schüsse.«

Eine halbe Stunde später kamen US-Soldaten. »Wir waren frei.«

Zusammen mit den Soldaten nahmen einige in Jeeps die Verfolgung der SS-Männer auf. »Einige wurden erschossen, andere konnten gefangen genommen werden.«

Die Vorratslager der SS wurden geöffnet. »Besonders die Menschen, die total abgemagert waren, schlangen sich das dort befindliche Essen in großen Mengen hinein.« Ihr ausgelaugter Organismus vertrug das nicht. Einige der gerade Befreiten aßen sich buchstäblich zu Tode.

Die US-Soldaten erkannten diese fatale Wirkung. Sie reglementierten fortan die Essensausgabe. »Die Menschen waren den Amerikanern sogar böse. Ihrer Meinung nach gaben sie ihnen nicht genug zu essen, obwohl

Ausweis — Certification.

Herr / Mister: Schein Géza
geb. am / born: 7.II.1933 in / at Budapest
zuletzt wohnhaft / last domicile: Csepel Gyár-u 5.sz.
wurde vom 29.VI.1944 bis 4.V.1945
in nationalsozialistischen Konzentrationslagern gefangen gehalten und vom **Konzentrationslager Mauthausen** in Freiheit gesetzt.
was kept in captivity from 29.VI.1944 to 4.V.1945 in Nazi-German concentration camps and was liberated from the concentration camp of Mauthausen.

Unterschriften und Stempel: / signatures and stamps:
Lagerkomitee / Camp Committee   Lagerkommandant / Camp commandant

Provisional identifikation card for civilian internee of Mauthausen.
Vorläufige Identitätskarte für Mauthausen, Gruppe Zivilinternierte.

Current number / Laufende Nr.   Interne number / Häftlings-Nr.: 18820
Family name / Familienname: Schein
Christian name / Vorname: Géza
Born / geboren: 7.II.1933   at / in Budapest
Nationality / Nationalität: Ungarn
Adress / Adresse: Csepel, Gyár-u 5
Fingerprint / Fingerabdruck
Signature / Unterschrift: Schein Géza

das klug war.« Nur so konnten viele noch gerettet werden.

Géza und Klára Schein wurden in das nahegelegene Wels gebracht und in einem Krankenhaus, eingerichtet in einer Kaserne, medizinisch betreut. »Um wieder zu Kräften zu kommen, waren dort nicht nur die Kranken, sondern alle ehemaligen Häftlinge von Günskirchen.«

Ende Juni 1945 konnten Mutter und Sohn das Krankenhaus verlassen, mußten aber noch zwei Monate warten, bis sie Platz in einem Zug bekamen, der sie nach Hause bringen sollte. »Fünf oder sechs Waggons mit ehemaligen Häftlingen waren an einen Zug mit ungarischen Gendarmen und Soldaten von der ›Pfeilkreuzer‹-Partei angehängt worden«, die mit den Nazis in jeder Weise eng zusammengearbeitet hatten, nun aber beteuerten, »immer anständig gewesen zu sein«.

Zwei Wochen brauchte der Zug bis zur Grenzübergangsstelle Hegyeshalom. »Als wir durch die ungarischen Städte fuhren, sahen wir viele Ruinen.«

Nach einer weiteren Woche rollte der Zug in den Bahnhof Kelenföld in Budapest ein. Nach anderthalb Jahren waren Géza und Klára Schein wieder in Csepel, das sich sehr verändert hatte. Auch hier Ruinen, leere Schaufenster, vom Krieg gezeichnete Menschen. Viele vertraute Gesichter fehlten. Nur ganz wenige Juden hatten überlebt.

Die Mauern der Scheinschen Wohnung standen noch. Fenster gab es nicht mehr, auch keine Möbel. »Die Nachbarn sagten uns, wer sie weggenommen hatte.«

Für den zurückgekehrten zwölfjährigen Géza begann gleich das neue Schuljahr – mit Deutsch als Pflichtsprache. »Ich wollte aber nach alldem, was ich erlebt hatte, kein Deutsch mehr lernen. Deshalb wurde ich aus der Schule rausgeschmissen.«

Heute sieht er es anders: »Natürlich war es Blödsinn, aber als Kind habe ich so gedacht. Natürlich kannte ich auch Deutsche, die im Lager gewesen waren. Die haben ein ähnliches Schicksal wie ich gehabt. Aber die Erinnerung war noch ganz frisch; da wollte ich keine Deutschen sehen. Doch ich kann nicht ein ganzes Leben lang ein Volk so beurteilen. Ich habe dazu gelernt.«

Damals wollte Géza keinen deutsch klingenden Familiennamen mehr tragen. Er wurde geändert in Kozma.

Wie seine Vorfahren lernte er das Bäckerhandwerk. Seit über 40 Jahren arbeitet er mittlerweile in der Brotfabrik der Gemeinde Csepel.

»Meine Mutter ist nach der Zeit in den verschiedenen Lagern nie mehr gesund geworden. Viele Monate mußte sie im Krankenhaus verbringen. Sie wartete ständig auf die Rückkehr des Vaters. Ich habe ihr nicht gesagt, daß er im Lager Gusen erschossen worden ist. Das gab ihr Hoffnung, daß er eines Tages kommt, es gab ihr den Mut und die Kraft zum Weiterleben.«

Gézas Mutter Klára ist 1959 im Alter von 49 Jahren an den Folgen der Haft gestorben.

Sie konnte noch die Hochzeit ihres Sohnes mit Ilona Horváth 1953 erleben und sich an den beiden Enkelkindern erfreuen: Zoltán und Klára, benannt nach den Großeltern väterlicherseits.

Zoltán wurde später Maurer, Zimmermann und Dachdecker, in allen drei Berufen hat er seinen Meister gemacht. Er hat zwei Töchter, Susanne und Katharine.

Klára hat Schuhmacherin gelernt, übt den Beruf bis heute aus.

1961 zog die Familie in eine gerade fertiggestellte Wohnung im Budapester Stadtteil Pesterzsébet. Sie ist Géza und Ilona Kozmas Heim geblieben.

»Wer kannte ihn?«

Im Frühjahr 1973 fand in der Ungarischen Nationalgalerie die Ausstellung »Botschaft an die Lebenden« mit bildnerischem Material aus der Gedenkstätte Auschwitz statt. Unter den Exponaten ein 10,5 x 14,8 Zentimeter großes Stück Pappe mit einer Bleistiftzeichnung: »J. Markiel: Porträt eines ungarischen Jungen«, verbunden mit der Frage an die Ausstellungsbesucher: »Wer kannte ihn?«

Eine Zeitung griff das auf: »Über diesen Jungen will eine Frau, die in Brzeszcze (Polen) lebt und damals in der Küche des Lagers arbeitete, Nachricht bekommen.« Berichtet wurde von Emilia Klimczyk und wie der Junge ihr sein Porträt zum Geschenk gemacht hatte. »Wir, obwohl überzeugt, daß der Junge in der Gaskammer umgebracht wurde, veröffentlichen die Zeichnung – die Bitte der

Frau erfüllend. Bitte, melden Sie sich, wenn Sie ihn kannten.«

Géza Kozma selbst meldete sich bei der Redaktion. Die wandte sich an die Nationalgalerie, die wiederum an den Mitarbeiter der Gedenkstätte Auschwitz, Tadeusz Szymański, der von Emilia Klimczyk das Porträt bekommen hatte mit der Bitte, ihr bei der Suche nach ihm zu helfen – so wie er es schon bei der Erforschung der Geschichte ihres Adoptivkindes Kola gemacht hatte.

»Nun habe ich einen zweiten Sohn«, freute sich Emilia Klimczyk, als Tadeusz Szymański ihr die Nachricht von Géza Kozma überbrachte. Der wiederum war nicht minder begeistert, zu hören, daß diese Frau lebte, ja, sogar nach ihm gesucht hatte. »Die Erinnerung an die polnische Mutter hat mich ständig begleitet.«

Seit dieser Zeit fährt Géza Kozma mindestens einmal im Jahr nach Polen, um seinen »polnischen Vater«, seine »polnische Mutter« zu besuchen. »Ich nenne diese Frau bis heute Mama. Sie hat mir sehr viel geholfen, und ich sehe sie als Mutter an. Ich werde sie nie vergessen.«

Zu Kola Klimczyk hat Géza Kozma ein enges Verhältnis. »Es ist schön zu sehen, wie sich die Beziehung zwischen dem sowjetischen Kind, das adoptiert wurde, und dem jüdischen Jungen aus Ungarn entwickelt hat. Sie fühlen sich als Brüder, als Söhne von Emilia und Adam Klimczyk«, so Tadeusz Szymański.

Wenn Géza nach Polen kommt, holt Kola ihn vom Bahnhof in Kraków ab. Gemeinsam fahren sie zu den Klimczyks nach Jawiszowice. Und von Zeit zu Zeit besucht Kola allein oder zusammen mit seiner Frau Géza. Sie haben gemeinsame Ausflüge und Reisen unternommen.

Die beiden verständigen sich wie einst im Lager, durch Gesten und Zeichen, ein paar Brocken Deutsch, Russisch, Polnisch, Ungarisch … für Außenstehende kaum nachvollziehbar, aber sie können sich alles mitteilen.

»Die Wunden sind noch vorhanden«

Jedesmal, wenn er in Polen ist, besucht Géza Kozma die Gedenkstätte Ausch-

Géza Kozma in der Gedenkstätte Auschwitz vor der Tafel mit den Namen der ermordeten Ungarn; er zeigt auf den seines Großvaters Sańdor Ungár

Géza Kozma (dritter von links) im Kreise seiner Familie

witz-Birkenau, geht durch das einstige »Frauenlager«, das »Zigeunerlager«, vorbei an den Ruinen der Krematorien, wo seine Großeltern vergast und verbrannt wurden, in den Block 18, wo eine Ausstellung an die Ungarn erinnert, die nach Auschwitz verschleppt worden waren: Auf einer großen schwarzen Wand stehen unzählige Namen von Ermordeten, auch der seines Großvaters Sándor Ungár.

Was Géza Kozma bis heute verbittert, ist, daß er nicht Mitglied im »Bund der Antifaschisten und Widerstandskämpfer« Ungarns werden konnte. »Ich wurde abgelehnt. In einem Brief wurde mir mitgeteilt, daß ich ein viel zu kleines Kind gewesen sei, um ein Widerstandskämpfer gewesen zu sein.«

1965/66 hat er »Wiedergutmachungsleistungen« aus der Bundesrepublik erhalten. »Für mich selbst 11 000 Forint, für meinen Vater und die beiden Großeltern 6 000 Forint.« Das war nicht viel. »Aber, egal, wieviel man gibt: Das kann sowieso niemand bezahlen.«

Die Bundesrepublik hat Géza Kozma erstmals 1985 besucht. »Ein Volk kann man nicht für immer verurteilen. Aber, natürlich, die Wunden sind noch vorhanden.«

Er ist beunruhigt durch rechtsextreme Gruppierungen und Parteien in der Bundesrepublik, aber auch in Ungarn. Besonders die Skinheads bereiten ihm Sorgen, »obwohl sie offenbar selbst nicht wissen, was hinter ihren Losungen steckt«.

»Ich muß doch davon sprechen«

Über seine Zeit in den verschiedenen Lagern spricht Géza Kozma nicht gerne. Einige Freunde haben ihn gefragt, wie es war. »Da mußte ich einfach davon sprechen.« Seinen Kindern hat er erst davon berichtet, als 1973 der Zeitungsartikel mit seinem Porträt erschien. »Das sind ja keine richtigen Erlebnisse, die man üblicherweise zum Beispiel nach der Rückkehr von einer Reise erzählt.«

Heute sagt er: »Aber ich muß doch davon sprechen, damit zukünftige Generationen so etwas nicht noch mal erleben müssen.«

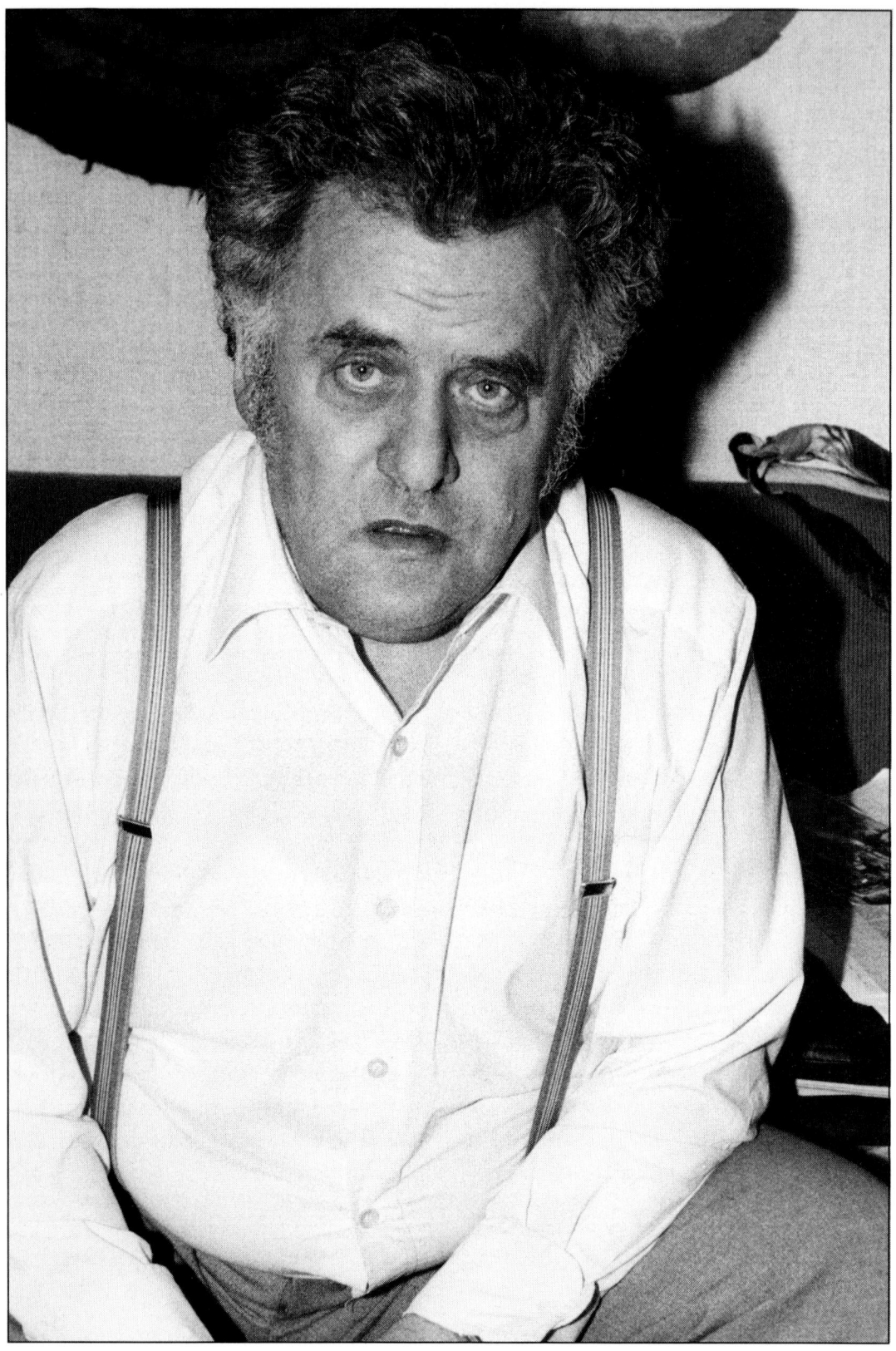

Trude hieß das deutsche Kindermädchen, das Jiři und Zdeněk Steiner »sehr gerne« mochten. Die Zwillinge, am 20. Mai 1929 geboren, waren fast unzertrennlich. »Wir stritten uns zwar ewig, liebten uns aber sehr.«

Ihr Vater Pavel betrieb mit einem Partner einen Großhandel in Prag. Stoffe wurden eingekauft und an Geschäftsleute im ganzen Land geliefert. Derweil nahm Mutter Jana die Bestellungen entgegen.

Die Steiners wohnten im Stadtteil Žižow unweit vom Stadtzentrum in einer recht großen, modernen Wohnung. Die alteingesessene Familie zählte sich zu den »liberalen Juden«. »Wir hielten jedoch alle Feiertage ein und gingen Samstagvormittag in die Synagoge.«

In der Stadt lebten viele Deutsche, meist Juden. Auch die Steiners pflegten Kontakte zu einigen. »Ich kann mich hier an eine Deutsche erinnern, die sich sehr gut mit meiner Mutter verstand. Sie heiratete einen Geschäftsfreund meines Vaters.«

Im September 1935 waren Jiři und Zdeněk eingeschult worden. Es war die Zeit, als die aus Deutschland nach Prag dringenden Nachrichten die Steiners immer stärker beunruhigten. Jiři kann sich besonders an eine Situation erinnern: »Wir waren zu Hause, das Radio lief. Hitler sprach gerade auf einem Parteitag und erhielt großen Applaus. Meine Mutter begann zu weinen, und mein Vater sagte: ›Es ist schrecklich! Was wird uns nur erwarten?‹«

Noch bevor die Deutschen am 1. Oktober 1938 das Sudetenland be-

»Mengele war sehr besorgt um uns«

Die Geschichte des Jiři Steiner

setzten, flohen viele. »Einer von ihnen war ein Onkel von mir.« Er kam nach Prag, wo er vorübergehend bei den Steiners wohnte. Später emigrierte er nach Brasilien.

Als am 15. März 1939 deutsche Soldaten in Prag einmarschierten, lebten 31 000 Juden in der Stadt. Hinzu kamen Tausende von Flüchtlingen.

»Wir waren am Tag des Einmarsches mit meiner Mutter zu Hause. Auf der Straße fuhren deutsche Autos mit gelben Kennzeichen. Dann konnten wir nicht mehr in die Schule gehen. Wir mußten den gelben Stern tragen. Man mußte Gold und Silber, sofern vorhanden, abgeben. Das Geschäft meines Vaters wurde liquidiert. Er erhielt ein Amt in der Jüdischen Gemeinde.«

Pavel Steiner verdiente dabei aber nichts. Sie lebten von Ersparnissen und dem, was Jana Steiner durch den Verkauf selbstgefertigter Textilblumen verdiente.

In der Steinerschen Wohnung trafen sich jetzt meist sechs bis acht Kinder und erhielten von einem »arbeitslos gewordenen« Lehrer Unterricht. Einige Zeit später konnten sie kurz »halboffiziell« eine jüdische Schule besuchen.

1941 wurde die Familie aus ihrer Wohnung vertrieben, durfte sich aber

Jiři und Zdeněk Steiner

noch glücklich schätzen, eine andere Bleibe zu finden. »Denn einen Tag nach der Anmeldung dieser Wohnung wurde es den Juden verboten, neue Wohnungen zu beziehen.«

Weitere Verbote folgten: Am 17. Juli 1941 wurde es den Juden untersagt, die Wälder um Prag zu betreten. Am 12. Dezember 1941 trat eine Anordnung in Kraft, daß Juden keine Straßenbahnen und Busse mehr benutzen durften...

Schon wenige Monate nach dem Einmarsch der Deutschen, am 26. Oktober 1939, waren die ersten Juden aus Prag deportiert worden. Sie landeten schließlich in der Gegend von Lublin im Osten Polens, wo ab Mitte 1941 das Vernichtungslager Majdanek installiert werden sollte.

Hagibor

Hagibor – wörtlich übersetzt: Held – war eine jüdische Sportorganisation in Prag. Dreimal in der Woche machten sich Jiří und Zdenek Steiner morgens früh zu Fuß auf den Weg zum vier Kilometer entfernten Hagibor-Sportfeld. Bis sechs Uhr abends wurden hier im Sommer Programme für Kinder angeboten – für sie in der Zeit der deutschen Besatzung eine der wenigen Abwechslungen. »Wir durften nicht mehr ins Theater, ins Kino...«

Die Hagibor-Kinder und -Jugendlichen hielten zusammen: »Wir verbrachten dort die schönsten Stunden und schlossen viele Freundschaften. Das ließ sich teilweise bis nach Theresienstadt und Auschwitz aufrecht erhalten.«

Als die Transporte begannen, hatten einige der älteren Jugendlichen die Idee, eine »Hilfsorganisation« zu gründen: Sie halfen den alten Leuten, ihre Sachen zu packen, begleiteten sie zum Messegelände, dem »Sammellager« für Prag, trugen ihre Koffer zu den Zügen.

Einer der letzten Transporte

Dreizehn waren die Zwillinge, als ihr Vater im Dezember 1942 mit der Nachricht nach Hause kam: »Wir müssen nach Theresienstadt.« Es war einer der letzten Transporte, der Prag in Richtung eines Konzentrationslagers verließ.

»Vor der Abreise herrschte eine große Unruhe in unserer Familie. Die Sachen mußten gepackt werden, vieles wurde vorher noch weggegeben, so zum Beispiel auch unsere umfangreiche Bibliothek.«

Auch für die Steiners führte der Weg zunächst zum Messegelände, wo sie zwei Nächte mit etwa 50 Leuten auf dem Boden eines Pavillons schlafen mußten. Dann ging es zu Fuß – schon unter Bewachung – zum Bahnhof. Ihr Zug kam am 22. Dezember 1942 in Theresienstadt an.

Die beiden Jungen landeten mit dem Vater in der »Sudeten-Kaserne«, ihre Mutter in der »Habsburger Kaserne«, Bezeichnungen aus der Zeit, als sich hier eine Wehrmachtsgarnison befand.

Jiři Steiner wurde gleich sehr krank. »Ich hatte schweren Durchfall und eine Lungenentzündung.«

Nach einigen Wochen wurden Jiři und Zdeněk in ein »Kinderheim« in der »Hannover-Kaserne« verlegt. Von diesen Heimen gab es mehrere in Theresienstadt.

Wahrscheinlich waren sie Fredy Hirsch zu verdanken, in Prag einer der Hauptorganisatoren von Hagibor, jetzt selbst hierhin verschleppt.

Der Unterricht war verboten. Es gab kein Papier, keine Bücher. »Die Lehrer gaben uns viel, wir lernten die Literatur kennen, Sprachen, Mathematik...«

Im Vergleich zur »Sudeten-Kaserne« war das Essen etwas besser. Jeder hatte seine eigene Schlafstelle. Zwischen den Betten konnten die rund 20 Jungen sitzen, miteinander reden oder mit den Erziehern arbeiten.

»Uns ging es noch verhältnismäßig gut«

»Mein Vater arbeitete in einer Kanzlei und meine Mutter in einem sogenannten Textilgeschäft. Abends, wenn auch nicht jeden Tag, trafen wir uns. Meine Mutter hatte dann oft etwas gekocht. Das Essen war zwar schlimm, aber es war zu ertragen. Es ging uns eigentlich noch verhältnismäßig gut, wenn man heute darüber nachdenkt und es mit dem vergleicht, was danach kam. Wir hatten dort eine Art Theater, es gab Konzerte, auf dem Dachboden waren Kabaretts, wir machten Turnfeste.«

Doch all das vermochte die Angst nicht zu verdrängen: die Angst vor Krankheiten wie Typhus und die vor den Transporten.

»Familienlager«

Nach neun Monaten hieß es, die Steiners kämen zur Arbeit nach Mähren. »Am 5. September 1943 wurden wir in Viehwaggons verladen, immer 60 bis 70 Personen samt Gepäck in einen Wagen zusammengepfercht.«

Nach drei Tagen kamen sie in Auschwitz an. Als sie auf dem Bahnhof standen, ohne daß die Türen geöffnet wurden, flog plötzlich ein kleines Paket durch die Luke. »Wir waren erschrocken, und als wir es auspackten, befand sich darin ein Stück Salami. Es war von einem deutschen Soldaten, der den Transport begleitet hatte.«

Dann holte sie die SS brutal aus den Waggons. Sie wurden in zwei Gruppen geteilt: Frauen, Mädchen und kleine Kinder auf eine Seite, Männer und größere Jungen auf die andere Seite. Das Gepäck mußte zurückgelassen werden.

Sie mußten antreten und in Fünferreihen in einer langen Kolonne, angetrieben durch Stockschläge der SS-Leute, gut drei Kilometer marschieren. Unterwegs sahen sie hinter Stacheldrahtzäunen Menschen in gestreiften Anzügen, ohne Haare...

Die erste Nacht sollten sie auf nassem Beton, Pritschen gab es dort nicht, schlafen. Mitten in der Nacht wurden sie mit Gebrüll und Stockschlägen geweckt. Alle wurden registriert und tätowiert.

Am Morgen kamen sie ins »Bad«. Die Männer wurden kahlgeschoren. Sie bekamen Häftlingskleider, Jiři Steiner eine ausgediente Militärhose, die ihm viel zu groß war, ein zerrissenes Hemd und einen viel zu weiten Mantel. Nur die Schuhe durften sie behalten.

Im »Kalendarium von Auschwitz« ist unter dem 8. September 1943 festgehalten worden: »Mit einem Transport des Reichssicherheitshauptamtes sind 5 006 Juden aus Theresienstadt überstellt worden. Mit dem Transport sind 2 293 Männer und Jungen, die die Nummer 146694 bis 148986 erhalten, und 2 713 Frauen und Mädchen eingetroffen, die mit den Nummern 58471 bis 61183 gekennzeichnet werden.« Pavel Steiner bekam die Nummer 147741, Zdeněk die 147742 und Jiři die 147743 eintätowiert, die Nummer ihrer Mutter ist nicht bekannt.

Für die 5 006 Menschen, denen »Arbeit in Mähren« versprochen worden war, war alles, was sie jetzt umgab und erlebten, unverständlich, wahnsinnig, absurd. Die in anderen Lagerabschnitten Birkenaus Inhaftierten stellten sich die Fragen: »Warum werden Kranke, Greise, Kinder am Leben gelassen? Warum bleiben – entgegen allen Gewohnheiten in Auschwitz – Männer, Frauen und Kinder in einem Lagerabschnitt zusammen? Warum werden nur den Männern die Haare geschoren?«

Nachdem Ende Februar 1943 das »Zigeuner-Familienlager« installiert worden war, entstand nun das »Familienlager Theresienstadt«, in dem zwar keine Familien in einem Block untergebracht, aber auch nicht durch einen Stacheldraht getrennt wurden.

Warum ihnen diese Sonderbehandlung zuteil wurde, sollten sie sechs Monate später erfahren.

Zunächst durften die kleineren Kinder sowie die Mädchen bei ihren Müttern und die größeren Jungen bei ihren Vätern bleiben. So bestand für Jana Steiner die Möglichkeit, ihren Mann und ihre beiden Söhne, die sich in einem Block befanden, zu sehen.

Später wurden Jiři und Zdeněk tagsüber gesondert untergebracht. Das war, wie sich herausstellte, wiederum Fredy Hirsch zu verdanken, der mit dem gleichen Transport nach Auschwitz gekommen war. Er hatte die SS bewegen können, einen »Kinderblock« im »Familienlager« einzurichten. Zunächst nur einen, nach dem Eintreffen eines weiteren Transports aus Theresienstadt am 16. Dezember 1943 einen zweiten.

»Die SS-Leute waren unsere Zuschauer«

Die Wände des einen Blocks wurden weiß gestrichen und mit Walt-Disney-Motiven aus »Schneewittchen und die sieben Zwerge« bemalt. Stühle und Tische wurden gebracht. Im »Kinderblock« gab es besseres Essen als sonst im Lager, »manchmal sogar Butter«.

»Gleich bei den Türen waren die Drei- bis Fünfjährigen. Auf der einen Seite die Mädchen, auf der anderen die Jungen, nach Jahrgängen geordnet, jeweils mit einem Erzieher. Wir waren mit vierzehn Jahren die Ältesten und saßen ganz hinten.«

Es gab regelrechten Unterricht für die Kinder. »Unser Erzieher war kolossal. Wir lernten bei ihm, ohne Papier und Bleistifte zu haben, Literatur, Mathematik, Tschechisch, Geschichte, Englisch, Geographie ... « Erschien ein SS-Mann, fing sofort irgend jemand an, zum Beispiel ein Märchen in Deutsch zu erzählen.

Die Kinder spielten Theater, diskutierten viel, stellten aus rotem Lehm ganze Landschaften mit Wegen und allem, was dazu gehört, her...

Vor allem die Jüngeren wollten wissen, wie es draußen, außerhalb des Lagers, aussah.

»Besonders interessant war, daß wir im ›Kinderblock‹ Veranstaltungen vorbereitet haben.« Einmal führten sie »Schneewittchen« auf, gespielt von einem Mädchen; kleinere Kinder stellten die Zwerge dar. »Und die SS-Leute waren unsere Zuschauer.«

»Inmitten der Auschwitzer Hölle gab es«, so Jiři Steiner, »diese Oase verhältnismäßiger Menschlichkeit.«

Die bedrückende Realität des Lagers blieb den Kindern bei alledem nicht verborgen. »Wir haben immer Angst gehabt vor den Kaminen. Wir haben an nichts geglaubt. Wir haben gesehen, was sich in den neben uns liegenden Lagerabschnitten abspielte. Wir haben gesehen, wie ältere Leute

in den elektrisch geladenen Zaun gegangen sind ... Das war für uns sehr schlimm.«

Ausdruck dafür war das »Gaskammer-Spiel« der Kinder: »Wir warfen Steinchen in ein Loch. Das waren die Leute, die in die Krematorien kamen. Es wurde sogar darüber beraten, wie man den Ofen bauen könnte.«

»Quarantänelager«

An einem Morgen im März 1944 kam der Befehl: Antreten im unteren Teil des Lagers. Abmarsch in das »Quarantänelager«.

Die Häftlinge durften ihre gesamte Habe mitnehmen. »Ruhig gingen wir in das ›Quarantänelager‹, in der Überzeugung, das uns nichts passieren konnte, daß wir nun in ein neues ›Familienlager‹ in Heydebreck kommen.« Der SS-Mann und »Erste Schutzhaftlagerführer« Schwarzhuber hatte in einem Gespräch erklärt, die Abfahrt in dieses Lager in Oberschlesien stünde bevor.

Allerdings machte das Gerücht die Runde, alle seien für die Vergasung bestimmt. »Doch wir glaubten das nicht, weil wir es für unmöglich hielten.«

Sie warteten den ganzen Tag. Nichts tat sich an diesem 7. März, auch nicht am nächsten Vormittag.

Mittags hieß es plötzlich: »Ordnung im Block. Rapportführer Buntrock kommt!«

Als er erschien, verlas er die Namen einiger Ärzte. »Und dann hörten wir unsere Nummer. Wir erschraken furchtbar, weil die Nummer meines Vaters nicht verlesen worden und die Mutter nicht im Block war. Buntrock versicherte unserem Vater, er würde uns am Abend wiedersehen.«

Jiři und Zdeněk Steiner wurden zusammen mit anderen Zwillingen aus diesem Block zum Haupttor des »Quarantänelagers« geführt. »Dort waren schon Leute aus anderen Blöcken, Zwillingspaare, Ärzte und Krankenschwestern.« Insgesamt rund 70 Menschen.

Sie wurden in den »Krankenbau« des »Familienlagers Theresienstadt« gebracht. »Wir schliefen ein. Vielleicht hatten sie uns etwas gegeben, das weiß ich allerdings nicht mehr.«

Als Jiři und Zdeněk am nächsten Morgen aufwachten, wurde ihnen gesagt, der Transport wäre weg. »Alle wußten, was passiert war, aber uns wurde nichts gesagt.«

Die Brüder erfuhren, »daß Autos in Richtung Krematorium abgefahren waren«.

»Und aus dem Krematoriumskamin züngelten die Flammen.«

Zuerst wollten Jiři und Zdeněk nicht an die Ermordung ihrer Eltern glauben. »Wir machten sogar Pläne, wie wir unsere Eltern wiedersehen könnten.«

Ihr Lehrer und Beschützer Fredy Hirsch hatte am 8. März Selbstmord begangen. Er wollte nicht passiver Zeuge der drohenden Vernichtung werden.

»Reklamierung«

SS-Doktor Mengele hatte Zwillinge, Ärzte und Krankenschwestern für sich »reklamiert«.

»Ich lernte Dr. Mengele als einen hochgewachsenen, schlanken Mann kennen. Er hatte eine hohe Stirn und trat im allgemeinen sehr arrogant auf. Aber in Sekundenschnelle konnte sich sein Gesichtsausdruck in ein schmeichlerisches Lächeln verwandeln.«

Mengele hatte sie ins »Zigeunerlager« bringen lassen. Fürsorglichkeit vortäuschend, fragte er die Steiner-Zwillinge, ob sie irgendwelche Wünsche hätten. »Mein Bruder und ich antworteten gleichzeitig: ›Wir möchten wieder mit unseren Eltern zusammen sein.‹ Er versicherte uns, daß wir die Eltern bald sehen würden. Wo, fügte er allerdings nicht hinzu.«

Sie wurden das erste Mal von Häftlingsärzten untersucht. Die Länge der Finger, Nägel und Nasen wurde gemessen, »überhaupt alles, was sich nur wiegen und messen läßt«. Die Farbe der Haut und der Haare wurde notiert, Finger- und Zehenabdrücke gemacht.

Anschließend kamen sie wieder in den »Krankenbau« des »Familienlagers Theresienstadt«. »Und das Lagerleben ging unverändert weiter.«

Mengele hatte zu diesem Zeitpunkt rund 150 Zwillingspaare von drei bis etwa 60 Jahren für sich »reklamiert«. »Die Jungen waren im Krankenrevier und die Mädchen im Frauenlager untergebracht. Zusammen mit den Liliputanern lebten wir Zwillinge in einem Block.«

Die Messungen der Häftlingsärzte gingen weiter. »Sie machten Röntgenaufnahmen von uns, fotografierten uns von allen Seiten, prüften unser Sehvermögen, das Gehör, das Nervensystem, die Herztätigkeit. Sie nahmen Blutproben (in 18 Monaten etwa 14mal), die an irgendein Laboratorium gesandt wurden. Es wurde gesagt, daß auch verschiedene Präparate an uns ausprobiert wurden; dafür habe ich keine Beweise. Ich befand mich jedoch während der gesamten Lagerzeit in einem sehr schlechten Gesundheitszustand.«

Daß die Untersuchungen kein Ende nahmen, dafür haben, so Jiři Steiner, die jüdischen Häftlingsärzte gesorgt. »Viele Untersuchungsergebnisse gingen verloren und mußten neu angefertigt werden. Es war nie alles fertig. Mengele konnte also nie anordnen, uns zu liquidieren.«

Sie blieben von Selektionen verschont, wie im Juli 1944 im »Familienlager Theresienstadt«. »Ich sah Männer und Frauen, ganz nackt, die in langen Reihen vor den Baracken standen und warteten.« Mithäftlinge bestätigten anschließend, Mengele habe »eingeteilt«, wer leben und wer sterben sollte.

»Krankenlager«

Unmittelbar nach dieser Selektion wurden Zwillinge, Ärzte und Krankenschwestern in den Abschnitt des »Krankenlagers« verlegt. Mengele brauchte sie noch.

Das »Krankenlager« bestand aus zwei Dutzend Baracken und lag in der Nähe der Krematorien. Die dort lebenden Häftlinge konnten von den Ärzten, Mithäftlingen, nur notdürftig behandelt werden.

»Im neuen Lager wurde uns Blut abgenommen, was unseren geschwächten Körpern überhaupt nicht gut getan hat.«

Jiři und Zdeněk mußten im Block saubermachen. Sie trafen einen Häftling vom »Sonderkommando«, beschäftigt im Krematorium an den Verbrennungsöfen für die Leichen aus den Gaskammern. »Und der hat uns erzählt, wie unsere Eltern gestorben sind.«

»Als die ungarischen Transporte an der Rampe in Birkenau ankamen, konnten wir Mengele sehen, wie er die Selektionen durchführte, wie er die Todeskandidaten auswählte.« Das war in den Sommermonaten des Jahres 1944.

»Ich sah mit eigenen Augen die Liquidation des ›Zigeunerlagers‹. Ich lag im Krankenrevier ganz oben in einer Etagenpritsche. Ich konnte durch ein Loch in der Wand schauen. Die Zigeunerfrauen waren schrecklich am Klagen. Es war kein richtiges Weinen, es waren hohe Töne, die sich schwer beschreiben lassen und die ich nie vergessen werde. Ein Wagen nach dem anderen fuhr vom ›Zigeunerlager‹ fort.«

An jenem Tag, dem 2. August 1944, vergasten die Nazis 2 897 Sinti und Roma. Die Leichen der Ermordeten wurden in einer Grube neben dem Krematorium verbrannt.

Mengele setzte unterdessen seine Experimente mit den Zwillingen fort.

»Er war sehr besorgt um uns. Gewissermaßen garantierten wir ihm seine wissenschaftliche und auch seine SS-Karriere.«

Aber eines Tages war er nicht da. »Einer unserer Peiniger, der Lagerarzt Thilo, veranstaltete eine Selektion. Mein Bruder und ich wurden fürs Krematorium bestimmt. Im großen und ganzen nahmen wir diese Mitteilung apathisch auf. Uns war alles schon gleichgültig geworden. Wir sagten uns, daß man eben nichts machen könnte. Im Himmel, bei Gott, würden wir unsere Eltern treffen.«

In der Nacht kehrte Mengele zurück, »rettete ›seine Zwillinge‹«.

»Wir machten Pläne«

Tags darauf schmiedeten Jiři und Zdeněk schon wieder Pläne, in der Hoffnung auf Befreiung. »Wir redeten von weichgekochten Eiern, von frischen Semmeln mit Butter, von sauberen Hemden, Lederschuhen, von der Schule ... «

Im Winter 1944/45 wurde Jiři zum Wasserschleppen abkommandiert. Er hatte einen etwa einen Kilometer weiten Weg mit den Eimern zurückzulegen.

»Diese Arbeit war schrecklich, denn ich wurde oft ganz naß dabei, bis ich darauf kam, daß ich die beiden Kübel eigentlich nur zur Hälfte füllen brauchte. So fiel mir die Arbeit auch schon leichter. Und wenn ich unterwegs war, machte ich immer häufiger eine kurze Pause und legte mein Ohr auf den Boden. Ich hörte das Donnern der Geschütze. Ich hörte die Front näherrücken. Unsere Hoffnung zu überleben wurde immer größer.«

Aufregende Tage

Im Januar 1945 war es soweit. Die SS löste das Lager auf. Transport auf Transport verließ Auschwitz. Im »Krankenlager« von Birkenau geschah zunächst nichts.

Am 18. Januar stellte sie der »Blockälteste« vor die Wahl, einen 50 Kilometer langen Marsch anzutreten, zum drei Kilometer entfernten Bahnhof von Auschwitz zu laufen oder sich für marschunfähig zu erklären und im Lager zurückzubleiben.

»Wir waren vier Jungen, zwei Paar Zwillinge, Versuchskaninchen von Mengele. Peter und Paul waren sechzehn Jahre alt, Zdenek und ich ein Jahr jünger. Zusammen wogen wir ungefähr 100 Kilogramm.« Und sie hatten nur einen Wunsch: »Endlich frei sein!«

Da standen sie nun und überlegten, was sie tun sollten. »Wir wußten, daß der lange Marsch für uns den sicheren Tod bedeutet hätte. Im Lager bleiben wollten wir aber auch nicht.« Sie hatten gehört, daß die SS es mit Dynamit in die Luft jagen wollte.

»Schreiben Sie uns für die drei Kilometer auf, Herr Blockältester«, lautete ihre Entscheidung.

Zdeněk flüsterte leise: »Vielleicht können wir so abhauen.«

Am Nachmittag verließen etwa 150 kranke Häftlinge das Lager, machten sich auf den 50-Kilometer-Marsch. Schwerkranke und eine kleine Gruppe von Ärzten und Pflegern blieb zurück – zusammen mit Jiři und Zdeněk.

Am 20. Januar beobachteten die Zwillinge SS-Männer, die Gepäck in ihren Wagen verstauten. »Sie kamen ins Lager, um nach Schneidern zu suchen, die ihnen Zivilkleidung machen oder ausbessern sollten. Und sie fragten nach Tischlern, die Schlitten bauen könnten.«

Die SS hatte die Wachtürme verlassen. Sie schien nicht mehr präsent zu sein.

»Wir machten einen Ausflug und kamen bis nach ›Kanada‹«, wie die Häftlinge die Baracken nannten, in denen das Hab und Gut, das man ihnen abgenommen hatte, aufbewahrt und sortiert wurde. »Wir standen inmitten von gigantischem Reichtum. Kleider, Wäsche, Koffer, Nähmaschinen, Brillen, medizinische Instrumente…«

Sie bekamen Angst, nahmen nur »das Wichtigste« mit, ein Sakko, ein paar Hosen, Schuhe, eine Decke. Sie sagten sich: »Vielleicht können wir ja noch mal zurückkommen.«

Dazu kam es nicht. Am 23. Januar zündeten SS-Männer die Magazinbaracken an. Sie brannten mehrere Tage.

Die SS und der »Sicherheitsdienst« tauchten immer wieder auf. Am 22. Januar war ein Trupp des »Sicherheitsdienstes« ins »Krankenlager« gekommen und hatte sowjetische Kriegsgefangene und viele andere Häftlinge, die nur im Lager herumgingen oder aber auch fliehen wollten, erschossen.

Drei Tage später wieder ein solches Kommando. »Alle Juden antreten!« lautete der Befehl. »Also bin ich mit meinem Bruder zum Tor gegangen. Wir mußten uns zu einem Zug formieren. Sie fragten, wer nicht gehen könne. Es meldeten sich fünf. Sie wurden hinter die ›Blockführerstube‹ geführt und dort erschossen.« Wie auch andere, die während des Marsches nicht Schritt halten konnten. »Es war schrecklich. Wir wußten nicht, was auf uns zukommen würde.«

Sie waren schon eine ganze Zeitlang unterwegs, als sie von SS-Männern im Auto angehalten wurden. »Die Schlange blieb stehen, dann fuhr der Wagen weg, und wir standen plötzlich ohne SS und Sicherheitsdienst auf der Straße zwischen Birkenau und Auschwitz.«

Sie schrien vor Freude.

Einige flüchteten über die Felder in einen Wald.

»Wir wußten nicht, wohin. Es war sehr kalt.«

Einige rieten: »Gehen wir ins Hauptlager, dort können wir uns am besten verstecken!«

Kurz darauf waren sie dort und fragten sich: »Wohin mit uns?«

»Tschechen hier, Tschechen hierher!« erscholl es aus einer Baracke.

Bald darauf saßen wir in Block 24, wo es schön warm war, löffelten Suppe und erzählten unseren neuen Freunden, was wir gerade durchgemacht hatten.«

Ende Januar 1945 in Auschwitz: »Der kleine Junge mit der verbundenen Hand, das bin ich.«

Zwei Nächte und ein Tag vergingen. Im Stammlager war ein Häftlingsrat gebildet worden. Er beschloß, daß keiner sich am Fenster sehen lassen noch hinausgehen durfte. Es sollte der Eindruck erweckt werden, daß keiner mehr im Lager ist.

Das Geratter eines Maschinengewehrs weckte sie am 27. Januar. »Es bellte eine Ladung nach der anderen, bis es Mittag war.« Dann herrschte Ruhe. Zwei Stunden lang. »Wir saßen stumm da, jemand betete.«

Am frühen Nachmittag hatte Jiři Steiner »so ein Gefühl«. Es zog ihn zur Eingangstür. Er wollte sie nur »ein wenig« öffnen.

»Draußen, mitten auf der schneebedeckten Hauptlagerstraße, stand ein junger Mann im weißen Mantel, auf der Mütze einen roten Stern.«

Jiři Steiner rief: »Sie sind da! Die Russen!«

Alle liefen hinaus, auch aus den anderen Blöcken. »Jeder nahm etwas mit: ein Stückchen Brot, einen Rest Seife, das Wertvollste, was wir hatten. Wir schenkten es ihm. Dann nahmen einige von uns ihn auf die Schultern und trugen ihn herum.«

Wenige Minuten später kamen weitere Soldaten der Roten Armee. »Sie haben die Menschen in die Baracken zurückgeschickt. Sie sagten, hier ist doch noch die Front. Wollt ihr denn erschossen werden?!«

Es folgte eine lange Nacht. Sie saßen mit den Soldaten zusammen, hatten sich viel zu erzählen.

Jiři und Zdeněk Steiner wurden von einer Ärztekommission der Roten Armee untersucht. Jiři war damals 15 Jahre alt, wog 28 Kilogramm und war ganze 130 Zentimeter groß. Sehr viel größer sollte er auch später nicht mehr werden.

Er ist in einem Film zu sehen, den ein sowjetischer Kameramann unmittelbar nach der Befreiung drehte: Er steht mit älteren Menschen an der Umzäunung. »Der kleine Junge mit der verbundenen Hand, das bin ich.«

Am 24. Februar 1945 versammelten sich alle ehemaligen Häftlinge, die noch in Auschwitz waren. Sie gelobten, »alles nur Erdenkliche in ihrem weiteren Leben zu tun, damit der Faschismus nie wieder aufkommen könne«. Für Jiři Steiner ist dieser »Schwur« bis heute von großer Bedeutung.

Jiři und Zdeněk wurden Anfang März von Angehörigen »unserer Armee« von Auschwitz mit Lastwagen in die Slowakei gebracht, in den kleinen Ort Spišska Nová Ves.

Jiři Steiner erinnert sich noch heute gut an eine Frau. »Sie fragte uns, was wir am liebsten hätten. Wir sagten, daß wir uns über ein gekochtes Ei freuen würden.«

Die Frau ging daraufhin durch das ganze Dorf und suchte Eier.

In Spišska Nová Ves kamen Jiři und Zdeněk für etwa einen Monat in die Obhut einer jüdischen Familie. Es fiel ihnen schwer, sich an das »normale Leben« anzupassen.

Der See in Birkenau, vollgeschüttet mit der Asche von unzähligen ermordeten Menschen

Die Eltern von Jiři Steiner (1928)

Anfang April wurden sie in das »Soldatenkinderheim« in Lućivná in der Hohen Tatra gebracht. »Auch dort hatten wir große Anpassungsprobleme mit unseren 15 Jahren. Wir weinten leicht, jede Kleinigkeit regte uns auf.«

Anfang August wurde das ganze Heim nach Prag verlegt. Dort erfuhren die Zwillingsbrüder, daß einer ihrer Onkel noch lebte. Er war zwar krank, aber seine Frau und er nahmen sie auf.

Ein Jahr waren sie bei ihnen. Sie gingen in die Quarta des Gymnasiums. Aber Jiři und Zdeněk fiel es sehr schwer, sich im Unterricht zu konzentrieren. Sie kamen nicht zurecht.

»Meiner Tante, die selbst keine Kinder hatte, waren zwei Kinder zu viel. Sie war nervös, wir auch...«

Die Zwillinge machten sich selbständig. 1946 trennten sich erstmals ihre Wege.

Neun Tage vor dem 18. Geburtstag

Jiři ging nach Litvănov, begann eine Lehre in der chemischen Industrie. Zdeněk fing mit einer Ausbildung in einem Textilbetrieb in Aš an, einem Ort an der Grenze zur Bundesrepublik.

Neun Tage vor dem 18. Geburtstag ereignete sich die »große Tragödie«: Zdeněk starb am 11. Mai 1947 an den Folgen eines Verkehrsunfalles. »Das Lager hatten wir überlebt ... Hätten wir uns nicht getrennt, ja, dann...« Bis heute bewegen Jiři diese Gedanken.

Jiři Steiner beendete seine Ausbildung, »aber mit großen Schwierigkeiten. Ich war schrecklich ungeschickt. Viele Gläser, die ich im Laboratorium in die Hand nahm, gingen kaputt«.

»Mein Leben hat doch noch eine glückliche Wende genommen«

Im März 1966 kehrte Jiři Steiner das erste und einzige Mal wieder nach Auschwitz zurück. Er hatte bewußt diesen Monat gewählt, weil 22 Jahre zuvor viele seiner Familienangehörigen in die Gaskammern getrieben worden waren. »Dabei waren meine Eltern, viele meiner Tanten, Onkel und Cousinen.« Von der 18köpfigen Familie haben nur drei überlebt.

»In Birkenau, nahe den Eisenbahngleisen, beim See voller menschlicher Asche, wurde mir bewußt, wieviel von der Zeit noch in mir ist. Ich hatte und habe Pläne und denke an die Zukunft, jedoch werde ich die Vergangenheit nicht vergessen.«

Der See in Birkenau, vollgeschüttet mit der Asche von unzähligen ermordeten Menschen. Jiři Steiner glaubt, daß sich darin auch die seiner verbrannten Eltern befindet.

Den Glauben an Gott hat er verloren. »Ich achte die Religion, aber im Sommer 1944, das weiß ich ganz genau, beschloß ich, mich von ihr zu lösen. Es war in Birkenau. Ich sah den Rauch, der von den Krematorien aufstieg, und fragte mich: ›Kann ein Gott das zulassen?‹ Ich gab mir die Antwort: ›Nein.‹«

Jiři Steiner hat in den unterschiedlichsten Bereichen gearbeitet, in einem Kulturhaus, als Redakteur einer Jugendzeitschrift. Er hat Artikel über den deutschen Faschismus und seine persönlichen Erlebnisse veröffentlicht. Seit 1970 ist er als Öffentlichkeitsreferent bei der »Tschechischen Staatlichen Versicherung« tätig, redigiert das Blatt für die Mitglieder, verfaßt Artikel über Unfallverhütung, entwickelt Spiele für Kinder zur Verkehrssicherheit.

Er hat 1973 zum zweiten Mal geheiratet und ist stolzer Großvater. Petř und Helena heißen die Kinder seines Sohnes aus erster Ehe. Überhaupt, ihm und seiner Frau Ewa geht es gut. »Mein Leben hat doch noch eine glückliche Wende genommen.«

Jiři Steiner mit seiner Frau Ewa

Isack und Śarolta Grossmann waren angesehene Leute. Sie besaßen ein großes Haus in dem slowakischen Städtchen Turany, Wälder und ausgedehnte Ländereien, auf denen viele Bedienstete arbeiteten.

Am 22. April 1938 gebar Śarolta Kriegel Zwillinge, Vera und Olga. Als sie fünf Monate alt waren, wurde das »Münchener Abkommen« zwischen Nazi-Deutschland, Italien, Großbritannien und Frankreich geschlossen. Das Sudetengebiet wurde am 29. September 1938 an Deutschland abgetreten; die Wehrmacht besetzte es zwei Tage später.

Am 15. März 1939 – die Zwillinge waren noch keine elf Monate alt – marschierten deutsche Truppen in Böhmen und Mähren ein. Einen Tag zuvor hatte sich die Slowakei auf Druck Deutschlands für »unabhängig« erklärt, wurde zu einem ergebenen Satelliten der Nazis, der versprach, mit der jüdischen Bevölkerung so zu verfahren, wie das bereits in Deutschland geschah. Die Folgen: Gettoisierung, Kennzeichnung, Beraubung und schließlich Deportation.

Die slowakische Regierung ließ die Juden ab Herbst 1941 in den drei Hauptlagern Sered, Nováky und Vynhe mit ihren acht Nebenlagern »konzentrieren«. Bis zum Ende der Nazi-Zeit wurden 70 000 aus der Slowakei verschleppt; 65 000 von ihnen kehrten nicht mehr heim.

»Für Mitleid ist da kein Platz«

Die Geschichte der Vera Kriegel

Die Flucht der Familie Grossmann

»Für uns begannen die Probleme im Verlauf des Jahres 1941«, erzählt Vera. Gewarnt durch die Ankündigung von antijüdischen »Maßnahmen« in offiziellen Reden und durch kursierende Gerüchte, hatten die Grossmanns ihren Heimatort verlassen, waren vor der »Hlinka-Garde«, dem slowakischen Gegenstück zur SS, geflohen.

»Mein Vater bezahlte unsere Verstecke oft mit Geld. Am besten kann ich mich an eine Situation erinnern, als wir uns unter Säcken mit trockenem Korn auf einem Dachboden verstecken mußten. Ich war wohl vier Jahre alt. Die Garde suchte nach versteckten Juden. Die Leute, auf deren Dachboden wir uns befanden, sagten uns, wir müßten ganz ruhig sein, dürften uns nicht bewegen, nicht husten. Denn falls die Garde uns entdeckte, würde sie uns alle töten.«

Das junge Mädchen war erfüllt von einem »furchtbaren Gefühl« – »ich habe es bis heute noch« –, denn: »Falls ich etwas falsch mache, konnte das den Tod meiner Eltern und meiner Schwester bedeuten.«

Es wurde immer schwieriger, Verstecke zu finden. »Auch für Geld nicht. Die Menschen hatten Angst.«

113

Die Grossmanns mußten sich in jede Ecke verkriechen, die ihnen ein wenig Schutz versprach: in Kellern, Scheunen, Wäldern … »Und nachts sind wir auf die Felder gelaufen und haben Kartoffeln und Korn gegessen.«

Eines Tages fand die Familie wieder Unterschlupf in einem Haus. »In der Mitte der Nacht gab es großes Geschrei. Männer von der Garde standen in der Tür und brüllten: ›Raus oder wir schießen!‹ Ich erinnere mich an einen jungen Mann, der mich aus dem Bett holte. Ich fing an zu schreien: ›Ich will im Bett bleiben. Lassen Sie mich hier! Nirgendwo werde ich hingehen.‹ Ich fing an zu kämpfen, strampelte mit den Beinen. Aber nichts half.«

Vera war fünf Jahre alt, als sie zusammen mit ihrer Schwester und ihren Eltern in das Lager Sered, rund 60 Kilometer östlich von Bratislava gelegen, verschleppt wurde. Isack und Šarolta Grossmann mußten in einer Tabakfabrik Zwangsarbeit leisten.

»Wir wurden wie Tiere behandelt und fühlten uns wie Tiere. Wir befanden uns in der Dunkelheit.«

»Wo sind die Zwillinge?«

1944 erfolgte der »Abtransport« der Familie nach Auschwitz-Birkenau.

»Auf dem Boden des Waggons war Stroh. Irgendwo stand ein Gefäß, in das man machen konnte, was man machen mußte. Wir bekamen kaum Luft. Es gab nur kleine Öffnungen, und der Waggon war übervoll. Die Menschen schrien nach etwas zum Essen und zum Trinken. Im Waggon waren Mütter mit ihren Babys, die an den Brüsten saugten. Ich war so durstig, ich wollte auch etwas trinken, aber es gab nichts. Es war ganz schlimm.«

In Birkenau kamen Vera und Olga, aber auch ihre Mutter in die Hände des Lagerarztes Mengele, der unter anderem pseudomedizinische Versuche an Zwillingen durchführte.

Vera kann sich noch gut daran erinnern: »Als sie die Türen öffneten, waren viele schon tot. Die Waggons waren so voll, daß die Toten zuerst herausfielen. Und dann fielen die Menschen, die noch lebten, auf die Toten. Draußen standen die Nazis mit Hunden, Peitschen und Gewehren. Sie schlugen uns und schrien: ›Schnell, schnell, verfluchte Juden. Schnell, schnell, schnell.‹ Sie ließen uns nicht zur Ruhe kommen.«

Die Sechsjährige hatte keine Ahnung, wo sie war. »Mein Vater wurde in eine Reihe gezerrt, wo nur die Männer standen. Wir sahen ihn nie mehr wieder. Alles mußte so schnell gehen, daß wir keine Zeit zum Denken hatten. Auf einmal hörten wir: ›Zwillinge! Wo sind die Zwillinge? Zwillinge raus!‹ Meine Mutter befand sich in einer schlechten Situation. Unser Vater war schon weg, und sie wußte nicht, was sie machen sollte. Schließlich entschied sich meine Mutter, die Wahrheit zu sagen. Ein Nazi kam zu uns, sah uns und brachte uns zu Mengele. Seinen Namen erfuhren wir später. Mengele betrachtete uns kritisch. Meine Mutter hatte einen hellen

Teint, blaue Augen und schwarze Haare. Olga war größer als ich, hatte auch eine helle Hautfarbe, aber braune Augen. Ich hatte einen dunklen Teint, braune Augen und sah ein bißchen wie eine Zigeunerin aus. Ich sah meinem Vater sehr ähnlich. Mengele wollte zunächst nicht glauben, daß wir Zwillinge sind, denn wir sahen nicht identisch aus. Zu meiner Mutter sagte er: ›Sie sind keine Jüdin, Sie sind eine Arierin.‹ Aber meine Mutter antwortete: ›Ich bin Jüdin. Und das sind meine Zwillinge.‹ Dann nahm er Messungen in ihrem Gesicht vor. Mit den Fingern maß er den Abstand zwischen Stirn und Nase, zwischen den Ohren und der Nase. Er wiederholte: ›Sie sind eine Arierin.‹ Meine Mutter sagte: ›Ich bin Jüdin.‹«

Sarolta Grossmann mußte sich mit ihren Kindern zu einer Gruppe von Frauen stellen, die dann von der Rampe wegmarschieren mußte.

»Wir sahen eine Grube mit einem großen Feuer darin. Da war Geschrei und Weinen. Kinder wurden ihren Müttern weggenommen. Die wollten das nicht zulassen, sie kämpften um ihre Kinder, aber diese wurden ihnen brutal entrissen. Ich konnte es genau sehen, wie Männer in Uniform die Kinder packten und lebendig ins Feuer warfen. Die Säuglinge wurden in die Luft geschmissen und wie Hühner auseinandergerissen. Die Nazis lachten dabei und amüsierten sich.«

Für die sechsjährige Vera war das die Hölle: »Die Nazis waren die Teufel. Sie betrieben Gehirnwäsche mit uns: ›Ihr seid absolut gar nichts. Und wenn ihr nichts seid, dann habt ihr zu sterben. Ihr taugt für gar nichts.‹ Die Nazis wollten vollkommene Kontrolle über uns haben. Die Menschen konnten das kaum ertragen. Manche wollten einfach, daß die Sache vorbei ist.«

Mit ihrem »fotografischen Gedächtnis« ist, wie Olga sagt, ihr alles noch sehr bewußt.

»Einmal war da eine Mutter mit vier Kindern, und der sagten sie: ›Du kannst ein Kind behalten. Welches willst du behalten?‹ Also, was soll eine Mutter tun? Sie wollte kein Kind auswählen. Sie ist zu dem elektrisch geladenen Zaun gelaufen, sie hat Selbstmord begangen. Das war ihre Antwort.«

Mengeles Experimente

»Nach unserer Ankunft mußten wir in einen Raum mit ovalem Bassin gehen. Der wurde ›Sauna‹ genannt.

Wir mußten uns ausziehen. Das Wasser ging mir bis an die Knie. Ringsherum standen die Nazis mit Gummiknüppeln und Gewehren in der Hand. Sie schlugen uns und schrien: ›Lauft schnell, verfluchte Juden!‹

Wir mußten eine lange Zeit in dem Wasser nackt herumlaufen. Da waren drei Frauen, die fielen hin. Sie wurden von den Nazis zu Tode geprügelt. Und die ganze Zeit haben sie gelacht. Die Nazis haben sich einen großen Spaß gemacht. Dieses Lachen höre ich noch heute. Meist ist es irgendwo ganz weit weg, aber dann wird es plötzlich lauter und lauter. Und ich habe das Gefühl, mein Gehirn würde explodieren.

Sie wollten mich und Olga von unserer Mutter trennen. Aber ich wollte das nicht zulassen. Ich klammerte mich fest an meine Mutter. Ein Nazi wollte mich wegreißen, aber er schaffte das nicht. Ich habe geschrien und mit den Füßen getreten. Zum Schluß haben mich drei Nazis von meiner Mutter losgerissen. Meine Mutter hat mir später erzählt, daß alle, die sahen, was für einen Kampf ich leistete, Tränen in den Augen hatten.

Olga und ich wurden in eine Baracke gebracht. Es dauerte nicht lange, und unsere Mutter kam. Wir waren überglücklich.

Zusammen wurden wir wahrscheinlich ins ›Familienlager‹ gebracht. Ich weiß es nicht genau. Da wurden wir in einen Käfig aus Holz gesperrt, wo wir etwa zwei Wochen blieben. Meine Mutter, Olga und ich und zwei andere Mädchen, Zwillinge in unserem Alter. Ich weiß nicht, was aus ihnen geworden ist. Der Käfig war so eng, daß wir uns kaum bewegen, noch hinlegen konnten.

Mengele kam und gab uns Spritzen in die Wirbelsäule. Wir wußten nicht, was für Spritzen das waren. Vielleicht war es etwas, um die Farbe unserer Augen zu verändern. Es war das erste Experiment, das Mengele an uns dreien vornahm.

Danach wurden Olga und ich von unserer Mutter getrennt. Wir wurden krank von diesen Spritzen. Uns war schwindlig, und wir mußten erbrechen.

Ein anderes Experiment wurde in einem Laboratorium durchgeführt.

Dafür hatten sie auch meine Mutter geholt. Es war nicht in einer Baracke.

Wir kamen nacheinander in ein Zimmer. Dort gaben sie uns Tropfen in die Augen.

In dem Raum war eine Wand voll mit Menschenaugen. Diese Augen haben mich in verschiedenen Farben angeschaut. Es war wie eine Kollektion von Schmetterlingen. Ich war geschockt und verließ zitternd das Zimmer.

Danach trennten sie uns wieder von unserer Mutter. Aber sie konnte mir noch sagen: ›Geh zu den Toiletten. Ich arbeite dort. Wir können uns da treffen.‹

Das muß im Frauenlager gewesen sein, wo sie uns auch hinbrachten. Wir kamen da in einen Block mit vielen anderen Kindern. Gleich lief ich zu den Toiletten. Da saß ich in einer Ecke und wartete auf meine Mutter. Für Stunden war ich da und schrumpfte immer mehr zusammen. Aber ich sah meine Mutter nicht. Als es schon dunkel war, gab ich auf.

Als ich zurückkam, stand Mengele in der Barackentür. Er stand da, als wenn er mich verschlucken wollte, und sagte: ›Wo warst du, Zigeunerin?‹ So nannte er mich immer.

Ich sagte ihm, ich sei in der Toilette gewesen.

›So lange?‹ fragte er.

Ich erzählte ihm, daß ich auf meine Mutter gewartet hatte. Er packte mich am Kragen und warf mich in die Baracke. Ich landete auf dem Boden.

Es tat sehr weh. Aber ich sagte zu mir: ›Ich werde nicht weinen. Er wird

sich unter anderem die Aufgabe gestellt, die Lebensgeschichten dieser Kinder bekannt zu machen. 1985 veranstaltete die Organisation ein weithin beachtetes Mengele-Tribunal in der Gedenkstätte Yad Vashem in Jerusalem. Unter der Losung »Ich klage an« erinnerten 29 Frauen und Männer an ihren Leidensweg. Auch Vera Kriegel sagte dort aus.

»Ich bin sehr aktiv in dieser Organisation. Überall berichte ich über meine Erfahrungen: in Schulen, Universitäten, Kibbuzim. Dafür haben mein Mann und meine Kinder viel Verständnis. Die meiste Zeit bin ich nicht zu Hause. Ich fühle, daß ich einen Auftrag zu erfüllen habe, und darüber bin ich sehr froh.«

»Ja, ich war noch einmal dort«

Ende Januar 1985 war Vera Kriegel das erste Mal wieder in Auschwitz. Zum Anlaß des 40. Jahrestages der Befreiung des Konzentrationslagers gedachten 20 Juden aus Israel und den USA im ehemaligen Lager ihrer hier erfahrenen Leiden und der hier ermordeten Familienangehörigen. In der Gruppe befanden sich acht Zwillinge, die als Kinder Experimenten des SS-Arztes Mengele ausgesetzt waren.

Zuerst wollte Vera Kriegel nicht nach Auschwitz fahren. »Das kannte ich schon, und ich hatte genug davon.« Doch sie revidierte ihre Entscheidung.

Als die Gruppe in der Gedenkstätte ankam, warteten schon Reporter und Fernsehteams. »Es bedurfte meiner ganzen Kraft, um nicht zu zeigen, wie elend ich mich fühlte.«

Die Gruppe fuhr weiter in die Gedenkstätte Majdanek. Dort brach Vera Kriegel zusammen. »Die Vergangenheit hatte mich eingeholt. Ich fing an zu schreien...«

Hinterher wußte sie nicht mehr, was geschehen war.

Zurück in Israel hat sie sich gesagt: »Ja, ich war noch einmal dort, aber ich glaube, daß ich in Auschwitz nichts mehr zu tun habe.«

Mittlerweile denkt sie anders darüber. Sie kann gar nicht genug Schulen und Universitäten besuchen. Sie möchte an dem Platz sein, wo »das alles geschah«. »Ich will den Menschen, die Auschwitz besuchen, erzählen, daß ich hier als kleines Mädchen war.« So könne sie sich »viel besser fühlen«.

Vera Kriegel will kein Mitleid. »Das würde mich nur beschämen.«

Über die Täter sagt sie heute: »Müßte man nicht mit diesen Menschen Mitleid haben, die sich selbst so degradierten und zu Barbaren wurden?«

Vera Kriegel will erzählen, was in Auschwitz war und was wir aus Auschwitz lernen können.

»Kutná Hora ist eine typische tschechische Stadt. In unserem Haus wohnte ein Deutscher. Er stammte irgendwo aus dem Grenzgebiet. Später zeigte er sich als Nazi. Davor hatte er unauffällig dort gelebt.

Mein Vater war Arzt, und meine Mutter versorgte den Haushalt. Ich hatte ein jüngere Schwester, sie hieß Rita. Friedlich haben wir in Kutná Hora bis zum Jahre 1939 gelebt.« Das sind die ersten Sätze, die Dagmar Lieblová über sich erzählt – und sie fassen fast schon ihr ganzes Leben zusammen.

Kutná Hora

Kutná Hora – hier wurde sie als Dagmar Fantlová am 19. Mai 1929 geboren – ist eine alte mittelböhmische Stadt rund 60 Kilometer östlich von Prag. In den dreißiger Jahren lebten hier etwa 15 000 Menschen.

In Kutná Hora gab es eine jüdische Gemeinde mit einigen hundert Mitgliedern. »Das Verhältnis zwischen Juden und Christen war vor 1939 unkompliziert. Ich habe vorher nie gespürt, daß ich etwas Bedrohliches sein sollte. Ich hatte nur eine andere Religion. Das hat in der Schule keine Rolle gespielt. Wir waren zwei Jüdinnen in der Klasse, aber niemanden hat das gewundert, und niemand hat ein Wort darüber verloren.«

Die Familie Fantl war »nicht besonders religiös eingestellt«, aber die jüdischen Feiertage wurden begangen. Dann besuchten sie die Synagoge, »sonst nicht«. Am Schabbat durfte Dag-

»Du wirst nie wieder einen Baum sehen«

Die Geschichte der Dagmar Lieblová

mar in die Schule gehen. »Ich sollte an diesem Tag aber keine Schulaufgaben machen. Das wollte meine Großmutter nicht. Dann sagte mein Vater immer: ›Nein, die Kinder müssen die Aufgaben am Samstag machen.‹«

Die Fantls feierten Weihnachten. »Das war ein großes Familienfest. Da kamen die Verwandten zu uns. Auch in der Oster- und Pessachzeit hatten wir immer Besuch. Wir haben Matzes, ungesäuertes Brot, gekauft und anderes Gebäck selbst gebacken. Meine Mutter hat in dieser Zeit Päckchen für verschiedene Bekannte als Geschenke vorbereitet. So war das damals in einem Städtchen wie Kutná Hora. Die jüdischen und christlichen Feiertage gingen irgendwie ineinander über. Und in der Nazi-Zeit haben sich die Leute gewundert und gesagt: ›Ach, Dr. Fantl ist ein Jude? Das haben wir gar nicht gewußt.‹«

Dagmars Schwester Rita wurde am 14. März 1932 geboren. In diesem Jahr kaufte die Familie ein schönes, großes Haus mit mehreren Wohnungen. Im Erdgeschoß befand sich die Praxis von Julius Fantl.

Im neuen Haus wohnte auch ein Sudetendeutscher namens Zoto. »Der war in einer kleinen Schuhfabrik beschäftigt, die einem Juden gehörte.«

Dagmar (links) mit ihrer Schwester Rita (1933)

Dagmars Großeltern mütterlicherseits zogen 1935 ins Haus. Sie brachten ihr »altes Dienstmädchen« mit, Františka Holická. Schon seit den zwanziger Jahren im Haushalt der Großeltern, gehörte sie zur Familie, wurde Fany, Tante Fany oder Fanynka genannt.

Mit acht begann Dagmar Deutsch zu lernen. Eltern und Großeltern konnten »natürlich« deutsch, aber zu Hause wurde es nie gesprochen. »Es war üblich, daß man Sprachen lernte.« Zwei Jahre später fing der Englischunterricht an. »Damals habe ich nicht besonders gut deutsch gesprochen. Und meine Großmutter hat sich darüber aufgeregt.«

Die Deutschen marschierten ein

Daß »da in Deutschland was passierte«, bekam Dagmar erstmals 1937/38 mit. »Damals tauchte ein Herr, wahrscheinlich ein Rabbiner, bei uns in Kutná Hora auf. Er kam aus Deutschland. Woher, das weiß ich heute nicht mehr. Und der hat damals ein Buch herausgegeben. Ich erinnere mich nur an den Umschlag. Darauf war ein Mann mit einem Schild hinter einem Gitter abgebildet, und dort stand: ›Jude verrecke im eigenen Drecke.‹«

Dagmar hörte, wie darüber gesprochen wurde, daß »manche Leute ihre Kinder nach England schicken«. In ihrer Familie war das »kaum« ein Thema, Rita und sie waren »noch zu klein«. Aber in der Verwandtschaft gab

es eine Tante, die mit ihrem Mann emigrieren wollte. Aber »irgendwie« kam es nicht dazu.

»Später war da noch ein junger Mann aus dem Grenzgebiet, aus Cheb (Eger). Seine Eltern waren ausgewandert. Er sollte später nachkommen. Aber das ist ihm nicht mehr gelungen. Allein kam er nach Kutná Hora. Meine Eltern haben ihn jeden Sonntag zum Mittagessen eingeladen. Er sagte immer: ›Nach Theresienstadt gehe ich nicht.‹ Aber auch dieser junge Mann kam dorthin. Mein Vater sagte zu ihm in Theresienstadt: ›Sehen Sie, jetzt sind Sie doch hier.‹ Er antwortete: ›Nicht alle Wege sind zu.‹ Doch er kam nie zurück.«

Anfang 1939 verschwand der aus Deutschland gekommene Rabbiner so plötzlich wieder aus Kutná Hora, wie er gekommen war. Es war ein Signal für die kommenden Ereignisse.

Am 15. März 1939 marschierten die Deutschen in Kutná Hora ein. Dagmar Lieblová kann sich gut an diesen Tag erinnern. »Früh kam mein Vater zu mir ans Bett. Er weckte mich und sagte: ›Wir haben die Republik verloren.‹ Dabei weinte er. Das war für mich etwas ganz Außerordentliches. Denn ich hatte meinen Vater noch nie weinen gesehen.«

Dagmar stand auf und ging zur Schule. Dort war es wie immer. »Nur schlechtes Wetter hatten wir.«

Als sie mittags nach Hause kam, erzählte ihr Vater von der Fahrt zu einem Patienten. »Er fuhr mit seinem Auto auf der linken Seite. So ist man damals noch bei uns gefahren. Eine deutsche Kolonne kam ihm entgegen. Die fuhr rechts. Sie hielten ihn an und sagten ihm, daß er auf der rechten Straßenseite fahren soll.« Julius Fantl kam »tief erschrocken« nach Hause.

Eines Tages, es muß ein Feiertag gewesen sein, kam der Sudetendeutsche Zoto zu Julius Fantl: »Ich möchte die Fahne mit dem Hakenkreuz heraushängen.«

Das Haus der Fantls in Kutná Hora

Dagmars Vater entgegnete: »Herr Zoto, Sie wissen sicherlich, daß an einem jüdischen Haus kein Hakenkreuz hängen darf.«

»Na ja, ich würde die Fahne nur so zwischen die Fenster hängen.«

Und das machte er auch.

Nach einiger Zeit wurde Zoto »Treuhänder« in der Schuhfabrik, in der er arbeitete. Nun wollte er in dem Haus des jüdischen Inhabers wohnen, in dem sich auch die Räume der Jüdischen Gemeinde befanden. Zoto ordnete an: »Die Jüdische Gemeinde soll in das Haus von Julius Fantl.« Und so geschah es.

Eine jüdische Familie aus Kutná Hora mußte, wie so viele andere, aus ihrer Wohnung ausziehen. »Sie kamen zu uns, in die Räume der Großeltern. Und die zogen mit in unsere Wohnung.«

1940 beendete Dagmar das fünfte Schuljahr. Während der Ferien kam die Anordnung, daß die jüdischen Kinder nicht mehr die Schule besuchen durften. Die betroffenen Eltern taten sich zusammen. »Mein Vater hat eine Lehrerin gefunden, die bereit war, uns zu unterrichten. Das war nicht selbstverständlich.«

Wie in einer regulären Schule mußten die Kinder Arbeiten schreiben, bekamen Zensuren. »Wir haben eine Menge gelernt«, aber nach einem Jahr »ging es nicht mehr«. Es war für die Lehrerin und die Familien zu gefährlich geworden.

Jetzt kümmerte sich Sonja, ein älteres jüdisches Mädchen, das mit ihrer Familie in das Haus der Fantls eingezogen war, um Dagmar und ihre Schwester Rita. »Die Lehrerin bereitete den Unterricht weiter vor und schickte die Aufgaben mit der Post. Nach diesem Plan unterrichtete uns Sonja.«

In die Praxis von Julius Fantl durften bald nach dem Einmarsch der Deutschen nur noch Juden kommen. Die Nazis befahlen, am Haus ein Schild mit der Aufschrift »Jüdischer Arzt« anzubringen.

»Einmal in der Nacht ist jemand gekommen, das muß im Jahre 1941 gewesen sein, und bat ihn um Erste Hilfe. Der Mann hatte eine Augenverletzung. Er war kein Jude. Mein Vater sagte zu ihm: ›Ich würde Sie gerne behandeln, aber ich darf es nicht. Es ist mir strengstens verboten. Es gibt in Kutná Hora viele andere Ärzte.‹ Der Mann erwiderte: ›Ich habe schon bei vielen Ärzten geläutet, niemand hat die Tür aufgemacht. Sie sind der erste.‹ Mein Vater antwortete: ›Nein, leider, ich kann, ich darf es nicht.‹ Nach diesem Vorfall, vielleicht hatte sich der Mann irgendwo beschwert, bekam mein Vater die Erlaubnis, in so einem Fall auch einem Nicht-Juden Erste Hilfe zu leisten.«

Die Juden in Kutná Hora wurden immer stärker in die Enge getrieben. Sie bekamen besondere Lebensmittelkarten: Sie trugen ein »J« für »Jude«. Die Rationen und die Auswahl waren kleiner als für die übrige Bevölkerung. »Nur zwei Stunden täglich konnten wir in ganz bestimmten Geschäften einkaufen.«

Sie durften nicht ins Kino, nicht in den Park, nicht ins Restaurant. Die Benutzung des Zuges und anderer Verkehrsmittel wurde ihnen verboten. »Mein Vater mußte sein Auto abgeben, und als Ersatz hat er ein Fahrrad bekommen.« Schließlich durften sie die Stadt nicht mehr verlassen. Und sie mußten alles abgeben: Radio, Plattenspieler, Skier, warme Kleidung, selbst Hund und Katze…

Die Zeit der Transporte begann

Die Juden von Kutná Hora wußten, »auch wir kommen an die Reihe«.

»Ab Ende 1941 haben wir nur über ein Thema gesprochen: Was soll man vorbereiten, und was soll man mitnehmen?«

Einige Nicht-Juden blieben Nachbarn und gute Freunde. Bei ihnen versteckten Julius Fantl und seine Frau Irena Möbel, Porzellan und Wertgegenstände – in der Hoffnung, sie eines Tages wieder zurückbekommen zu können.

Im Frühjahr 1942 kam der Befehl zur Registrierung der Juden in Kutná Hora. »Das mußten wir in der Nachbarstadt Kolin machen.« Die rund 15 Kilometer dorthin durften sie noch einmal mit dem Zug fahren. Zurück nach Kutná Hora mußten alle, auch die Alten und Gebrechlichen, zu Fuß gehen. Jetzt trafen alle Vorbereitungen für den Transport. Es war bekannt, daß es Konzentrationslager gab. »Aber die Menschen konnten nichts Konkretes damit verbinden.« Man dachte: »Wir kommen nach Theresienstadt.« Das war immerhin noch im eigenen

Lande. »So schlimm, wie es dann kam, hat sich das keiner vorstellen können, glaube ich.«

Ende Mai kam die »Einberufung« zum Transport. Am 2. Juni mußten die Juden von Kutná Hora »weg«.

»Wir wußten schon von anderen Transporten, daß jede Person 50 Kilogramm Gepäck mitnehmen darf.« Dagmar und Rita konnten je ein Buch mitnehmen. Das meiste mußte im Haus zurückgelassen werden. »Meine Mutter hatte uns die Unter- und Oberkleidung doppelt angezogen.« Denn das, was sie anhatten, wurde nicht gewogen. Aber es war ein sehr warmer Tag.

Mit dem Zug verließen die Fantls mit der Großmutter – der Großvater war inzwischen gestorben – Kuttenberg, wie die deutschen Besatzer Kutná Hora nun nannten, in Richtung »Sammellager« Kolin. Nach drei Tagen ging es weiter nach Theresienstadt: in die »Kavalierskaserne«, wo einst ein Heeresmagazin gewesen war. Hier trafen sie auf den Bruder und die Schwägerin von Julius Fantl, die schon vorher aus der Nähe Prags hierher verschleppt worden waren.

Männer und Frauen wurden getrennt. Mädchen und kleine Jungen blieben bei ihren Müttern. »Aber wir konnten uns mit meinem Vater treffen.«

Die Atmosphäre war sehr gespannt. Wenige Tage zuvor war der SS-Gruppenführer und stellvertretende Reichsprotektor von Böhmen und Mähren einem Attentat erlegen. »Schon etwa eine Woche nach unserer Ankunft ging der erste Transport in den Osten.«

Julius Fantl wurde nach einigen Tagen in die »Sudetenkaserne« verlegt, seine Frau Irena und die Mädchen in die »Hamburg-Kaserne«. Zu dieser Zeit war die alte Festungsstadt noch von der ursprünglichen Bevölkerung bewohnt. Die Häftlinge wurden nur in Kasernengebäuden untergebracht, die sie nicht verlassen durften. Das sollte sich im Sommer ändern; die gesamte Zivilbevölkerung wurde ausgesiedelt, ganz Theresienstadt zum Konzentrationslager.

Mit der Errichtung des Lagers verbanden die Nazis zwei Erwägungen: Zum einen wollten sie ein zentrales Lager für das »Protektorat Böhmen und Mähren«. Zum anderen sollte Theresienstadt für »prominente Juden« und andere »Sonderkategorien« Verwendung finden.

Schließlich wollten die Nazis ihre Legende von der Umsiedlung der Juden aufrechterhalten. Sie sprachen dann auch von der »Judensiedlung« oder dem »Altersgetto«. Vor allem die internationale Öffentlichkeit sollte getäuscht werden. Immer wieder hieß es, wenn nach jüdischen Persönlichkeiten gefragt wurde, sie befänden sich bei bester Gesundheit in Theresienstadt. Auch manches Opfer meinte, dort wäre es während des Krieges in Sicherheit.

Die »Hamburg-Kaserne«

In der »Hamburg-Kaserne« kamen Irena Fantlová und ihre beiden Töchter in einen Raum. In ihm war kein

Platz für die typischen Doppelbetten; sie schliefen auf dem Fußboden. »Wir waren ungefähr 20 Personen, darunter noch zwei Frauen mit Töchtern.«

Die fünf Mädchen freundeten sich an. Da sie die Kaserne nicht verlassen durften, spielten sie auf den Gängen und auf dem kleinen Hof.

Im Erdgeschoß der Kaserne befand sich eines der »Kinderheime«. »Ich wollte dort nicht wohnen, im Gegensatz zu meiner Schwester, die schon bald ins Kinderheim zog.«

Dagmar nahm an »Programmen« teil. »Wir lernten alles mögliche, zeichneten und lasen verschiedenes.« Irena Fantlová arbeitete zuerst als Putzfrau im »Kinderheim« ihrer zehnjährigen Tochter Rita. Sie wollte wissen, »ob alles klappt, ob sie sich wäscht und kämmt«. Später half sie in einer der Küchen beim Austeilen von Essen. »Es war ziemlich vorteilhaft für sie, weil meine Mutter ab und zu eine Extraportion bekam. Die Großmutter hat in der Küche Kartoffeln geschält.« Und Julius Fantl half als Arzt, so gut es unter den herrschenden Bedingungen ging, den Kranken von Theresienstadt.

Im Herbst bekam Dagmars Großmutter einen Zettel. Sie habe sich zu einem Transport einzufinden. Das waren »lauter alte Leute«, die »in den Osten« gebracht wurden – von ihrer Großmutter hat sie nie wieder etwas gehört.

Dagmar kam in das Mädchenheim im Haus L 410. Tagsüber arbeitete sie in der Gärtnerei des Lagers. »Mein Vater war sehr froh darüber, weil ich an der frischen Luft war. Ab und zu haben wir Gras gegessen, was verboten war.«

Streng verboten war auch der Unterricht nach der Arbeit. In allen Gebäuden, in denen Kinder und Jugendliche lebten, gab es einen Leiter. Und die einzelnen Räume, die Heime genannt wurden, hatten ihren Erzieher, ihre Erzieherin, einen Häftling, verantwortlich für 20 bis 30 Kinder und Jugendliche. Sie organisierten den Unterricht.

»Gut kann ich mich an unsere Betreuerin Magda erinnern. Oft hat sie uns Inhalte von Filmen erzählt. Damals habe ich zum erstenmal von dem sowjetischen Film ›Zirkus‹ gehört. Sehr genau hat sie uns die einzelnen Szenen des Filmes beschrieben. Das habe ich bis heute nicht vergessen.«

Die Mädchen in Dagmars Zimmer lernten sich kennen. »Jede von uns kam aus einer anderen Stadt.« Sie erzählten sich von ihrem Zuhause, sprachen über ihre Wünsche und Pläne für die Zukunft, über »alle möglichen Probleme, über Freundschaft und Liebe, so, wie sich Freundinnen untereinander unterhalten«.

Es gab Mädchen, die keine Eltern mehr hatten und aus dem Waisenhaus Brno gekommen waren. Ihre Eltern waren nach Palästina gegangen, in der Hoffnung, ihre Kinder nachkommen zu lassen. »Irgendwie war das nicht geglückt. Die meisten dieser Mädchen sind später ums Leben gekommen.«

Dagmars beste Freundin wurde Dascha, die sie auf dem Hof der »Hamburg-Kaserne« kennengelernt hatte. »Das Interessante war, daß wir beide denselben Namen hatten, also Dagmar, aber sie wurde Dascha und ich Danka gerufen.« Sie tauschten oft irgendwelche Sachen, selbst Kleidungsstücke.

Ständig wurden Mitbewohnerinnen Dagmars abtransportiert. »Jede hat das erwartet und gewußt, daß sie einmal an die Reihe kommt.«

Mitte Dezember 1943 war es für die Familie Fantl »soweit«. Dascha blieb in Theresienstadt zurück. »Wir haben uns für immer, so meinten wir damals, verabschiedet. Sie kam jedoch wenig später mit einem anderen Transport nach Auschwitz-Birkenau.«

»Birkenau bei Neu-Berun«

»Es war Winter. Wir haben wieder alles mögliche doppelt angezogen. Als Gepäck hatte jeder rund 20 Kilogramm mit, auch etwas zum Essen und Wasser. Die Viehwaggons waren abgeschlossen. In der Ecke stand ein Eimer, in dem wir unsere Notdurft verrichten mußten. Aus den kleinen Öffnungen des Waggons durften wir nicht heraussehen, aber heimlich machten wir es doch.«

Am 16. Dezember 1943 traf der Transport in Auschwitz ein. »Jemand hatte hinausgeschaut und sagte: ›Wir sind in Auschwitz.‹ Diesen Namen hatte ich schon einmal gehört, wußte aber nicht, was sich dahinter verbarg. Ein schreckliches Gefühl kroch in mir hoch. Dann sagte jemand: ›Wir werden hier aussteigen und nach Birkenau kommen.‹ Meiner Familie war nicht klar, daß Auschwitz und Birkenau das gleiche ist.«

Zu Fuß mußten sie vom Bahnhof in Auschwitz nach Birkenau gehen. Es war dunkel. Sie kamen in »große Holzbaracken, in diese Pferdeställe«, in das sogenannte »Familienlager Theresienstadt«.

»Verschiedene Leute aus dem vorherigen Transport kamen zu uns. Eine Frau wollte, daß ich ihr meinen Pullover gebe. Ich weiß nicht mehr, ob es eine Bekannte meiner Mutter war, aber wir gaben ihr verschiedene Sachen.«

Sie mußten in einen anderen Block zum Tätowieren gehen. Als sie dort in einer langen Schlange warteten, kam eine Bekannte zu Dagmars Mutter und sagte: »Wissen Sie schon, daß Frau Reitmanová Witwe ist?« Irena Fantlová erschrak. »Es war von ihrem Bruder die Rede. Aber das hatte die Frau nicht gewußt.« Er war bereits im September 1943 mit einem Transport von Theresienstadt nach Birkenau verschleppt worden.

Dagmar bekam die Lagernummer 70788 eintätowiert. Als sie aus der Baracke kamen, sagte jemand zu ihnen: »Wer schon eine Nummer hat, der bleibt im Lager.« Sie wußten nicht, was das bedeutet.

Danach mußten sie in die »Sauna«. Eine Frau sagte: »Hoffentlich kommt ihr wieder zurück.« Das war ebenso unverständlich für die Neuankömmlinge. In der »Sauna« dauerte es lange. Dagmar hatte Durst. »Ich trank aus einem Wasserhahn. Und dann sah ich die Aufschrift: ›Trinken verboten – Seuchengefahr‹.«

Sie mußten alles ausziehen. Statt dessen bekamen sie »neue Kleider«, die eher Lumpen glichen. Nur gut, daß sie der Frau im »Familienlager« einige ihrer Kleidungsstücke gegeben hatten. Als sie nämlich wieder dort waren, gab sie ihnen alles zurück.

Dagmar und Rita waren zunächst mit ihrer Mutter in einem Block untergebracht. In der Baracke standen dreistöckige Pritschen, auf denen sie schlafen mußten. »Meine Mutter, meine Schwester und ich schliefen zusammen mit drei anderen Frauen auf einer Ebene. Insgesamt waren wir also sechs Personen, hatten aber nur drei Strohsäcke.«

Das »Familienlager« bestand aus zwei Reihen von Baracken. »Männer und Frauen durften nicht zusammenleben.« Mit ihrem Vater konnte sich Dagmar auf der Lagerstraße, die sich zwischen den Barackenreihen durch das »Familienlager« zog, treffen.

Tagsüber konnten sie »nichts machen«. »Wir haben Appell gestanden, und dann wurde das Essen ausgeteilt.«

Dagmars Mutter meldete sich bald zum Austragen der Toiletten-Kübel. Wer das machte, bekam etwas mehr Suppe. »Ich habe ihr mehrmals am Tag geholfen. Das war sehr unangenehm. Aber ich habe es getan.«

Zur Aufrechterhaltung der Legende, sie würden die Juden »umsiedeln«, gestatteten die Nazis den Menschen im »Familienlager Theresienstadt«, einige Postkarten zu schreiben und Pakete zu empfangen. Als Absenderangabe war vorgeschrieben: »Arbeitslager Birkenau bei Neu-Berun«. Der Name Auschwitz sollte nicht vorkommen, auch nicht im Poststempel. Die Karten wurden in Berlin beziehungsweise Berlin-Charlottenburg abgestempelt.

Dagmar schrieb am 8. Januar 1944 an Fany Holická, das ehemalige Dienstmädchen ihrer Großeltern: »Wir denken mit Sehnsucht an alle. Was macht Tante Janu-Stryphal und Cukrs? Sie sollen oft schreiben, auch Du, liebste Fanynka. Wir erwarten alle Nachrichten mit Sehnsucht. Ich wohne mit Mutti und Ita (Kosemane für ihre Schwester) beisammen ... Auch mit Vater sind wir täglich (zusammen). Mit Sehnsucht erwarten wir von Janu- und Euch allen Nachricht. Recht viele Küsse.«

Der »Kinderblock«

Nach einigen Wochen verbrachten Dagmar und ihre Schwester Rita tagsüber die Zeit in einem der »Kinderblocks«, die es im »Familienlager« gab. »Dort wurde gelernt, erzählt und gesungen.«

Dagmar war inzwischen in eine andere Baracke verlegt worden, wo meist Mädchen und jüngere Frauen untergebracht waren.

»Morgens sind wir sehr früh aufgestanden. Wir bekamen irgendeine Flüssigkeit zum Trinken. Uns war klar, daß wir uns gut waschen mußten. Solange wir uns jeden Tag wuschen und einigermaßen aussahen, ging alles noch. Mit der Bekleidung war das schwieriger, wir hatten ja nur eine Garnitur.«

133

In der Nacht vom 8. auf den 9. März 1944 wurden vom »September-Transport« aus Theresienstadt 3 791 jüdische Häftlinge – Männer, Frauen und Kinder – in den Krematorien II und III ermordet.

»Bis zu diesem Zeitpunkt hatte jeder von uns gehofft, daß wir es irgendwie aushalten. Manche sagten, wenn du eine Nummer hast, bleibst du hier und wirst nicht umgebracht. Andere meinten, wir würden trotzdem sterben. Viele Standpunkte waren zu hören.«

Nach dem 9. März änderte sich das schlagartig. Nun war jedem klar, selbst den Kindern, daß Birkenau ein Vernichtungslager war, aus dem es kein Entrinnen gab.

Mädchen und Jungen aus dem »Kinderblock« waren vergast worden. »Wir waren nun weniger Kinder und Betreuer.«

Die Älteren, Dagmar war knapp fünfzehn, wurden zu »Hilfsbetreuerinnen« gemacht. »Wir haben bei der Erziehung der kleineren Kinder geholfen.«

Dagmars Mutter, die zunächst beim Klodienst geholfen hatte, dann beim Austragen des Essens, war es Ende März 1944 gelungen, in eine sogenannte Schneiderstube zu kommen. »Sie konnte für mich und meine Schwester Kleidungsstücke austauschen. Meine Mutter nahm ein altes Stück mit und brachte ein besseres wieder zurück und gab es uns.«

Julius Fantl mußte als »Läusearzt« arbeiten. »Er ist durch die Blöcke gegangen und hat die Menschen mehr-

mals am Tag auf Läusebefall hin untersucht.« Das verschaffte ihm die Möglichkeit, seine Familie außerhalb der Lagerstraße zu sehen und mit ihr zu sprechen.

Am 15. April 1944 mußten die Fantls wieder Postkarten schreiben. Die drei erhaltenen Karten wurden alle am 23. Juni 1944 in Berlin-Charlottenburg abgestempelt. Irena Fantlová und ihre Tochter Rita sandten fast identische Zeilen an Fany Holická: »Wir sind alle gesund und denken täglich an Dich. Vergiß uns nicht und sei innigst gegrüßt und geküßt.«

Selektion

Mitte Mai 1944 trafen weitere Transporte mit rund 7 500 Juden aus Theresienstadt in Birkenau ein. Sobald die Menschen im »Familienlager« waren, bekamen sie Hilfe durch die sich dort schon befindenden Männer und Frauen, aber auch durch die Kinder. »Wir hatten einen Dienst für die alten Menschen eingerichtet. Wir trugen ihr Gepäck und führten sie in die Baracken.«

Anfang Juli 1944 ordnete die Lagerleitung eine Selektion im »Familienlager Theresienstadt« an. »Ich glaube, es gab den Befehl, daß Frauen von 16 bis 40 und Männer von 16 bis 50 Jahren irgendwohin zur Arbeit fahren sollten. Es wurden die Nummern der Leute aufgerufen, die zu dieser Selektion gehen mußten. Meine Mutter war über 40, mein Vater über 50, meine Schwester war zwölf und ich gerade 15 Jahre alt geworden.« Von den Fantls war also

Absender: FANTL DAGMAR
19.5.1929
ARBEITSLAGER
BIRKENAU BEI
NEU-BERUN.
DEUTSCHES REICH

Postkarte

FELDPOST

Postkarte

FRAU FANY HOLICKÁ
BEI BÄCKER BENEŠ

KÜTTENBERG

HUSSTRASSE
BÖHMEN.

Postkarten in deutscher Sprache nur
über die
Reichsvereinigung der Juden in Deutschland
Berlin N 65, Iranische Straße 2

Rückantwort nur auf PROTEKTORAT

Terezo. 27/II·44.

Liebste Fanynka!
Wir sind alle hier beisammen und gesund.
Tante dankt für die Päckete, besonders für das Gebäck
und alle fertigen Esswaren. Deuchlads und Nezschlebori
besuchen uns täglich. Wir denken mit Sehnsucht an
alle. Was macht Tante Fani Myhal und Lubos? Sie sollen
uns oft schreiben. Auch Du liebste Fanynka schreibe so
oft wie früher wir erwarten alle Nachrichten mit Sehnsucht
Ich wohne mit Lutti u. Ita beisamen. Tomy sehen wir
oft auch mit Vater sind wir täglich.

Mit Sehnsucht erwarten wir von Fani u
Euch allen Nachricht.

Recht viele Küsse
Danka 19.5.1929

niemand in der Selektionsgruppe. Doch die »Blockälteste« kam und las Dagmars Lagernummer vor.

Dagmar ging zu ihr hin: »Ich bin Jahrgang 29.«

»Nein, hier steht, du bist Jahrgang 25. Also, du mußt hin.«

Dagmar wußte nicht, ob das nun gut oder schlecht ist. Sie ging zu ihrem Vater und der wiederum zum »Lagerschreiber«. Aber der jagte ihn wieder weg: »Es kommen verschiedene und wollen mich irgendwie bestechen. Einige wollen, daß ich sie älter mache oder jünger, daß sie in diese oder jene Gruppe kommen.«

Dagmar mußte zur Selektion. »Ich war fast so groß wie heute, sah noch ganz gut aus und war nicht total ausgehungert.«

SS-Arzt Mengele führte die Selektion durch. »Er bestimmte mich für die Arbeit.«

Dagmars Eltern waren unglücklich. Sie hatten Angst, ihre Tochter nie wieder zu sehen.

»Vielleicht hätte sich meine Mutter noch freiwillig melden können. Denn die Menschen, die etwas jünger als 16 beziehungsweise etwas älter als 40 Jahre waren, konnten sich wenig später noch der Selektion stellen.«

Irena Fantlová war damals 42 Jahre alt. Sie meldete sich nicht. Sie sagte zu Dagmar: »Du bist schon groß. Du kannst dich selbst um dich kümmern. Aber ich kann Rita hier nicht allein lassen.«

Nie wieder hat Dagmar Lieblová etwas von ihren Eltern und ihrer Schwester gehört.

Dascha, ihre beste Freundin, meldete sich zur Selektion. Sie war 15 Jahre alt. Ihr Vater und ihre Schwester waren schon in Theresienstadt gestorben. »Zusammen mit ihrer Mutter ist sie nach Birkenau gekommen. Ihre Mutter war 38 Jahre alt, mußte also zur Selektion. Dascha hatte sich freiwillig gemeldet, weil sie glaubte, ihre Mutter würde wegfahren. Aber die sah sehr, sehr schlecht aus. Und sie wurde ausselektiert und Dascha für die Arbeit bestimmt.«

Dagmar und Dascha blieben zusammen, wurden zunächst in das »Frauenlager« verlegt.

Anfang Juli 1944 »haben sie uns aufgeladen«. Bei der Abfahrt dachte Dagmar an ihre Familie. »Ich habe nur gehofft, daß sie unsere Abfahrt erleben, daß sie irgendwo davon gewußt haben.« Dagmar Lieblová würde heute viel dafür geben, wenn sie sich darüber Gewißheit verschaffen könnte.

»Andererseits waren wir, war ich glücklich, daß wir aus Auschwitz-Birkenau weg sind. Das war ein unbeschreibliches Gefühl. Ich hatte das nicht erwartet.« Dagmar hatte sich im »Familienlager« immer wieder gesagt: »Du wirst nie wieder einen Baum sehen, du wirst nie wieder mit einem Zug fahren…«

Jeden Tag Fliegeralarm

Der Transport wurde nicht von der SS, sondern von der Wehrmacht bewacht.

Am 6. Juli 1944 – »dieses Datum weiß ich noch ganz genau« – erreichte er sein Ziel: Hamburg. Die Mädchen und Frauen wurden in einem der Speicherhäuser im Freihafen untergebracht. »Das war ein großer Saal. Wir schliefen in Doppelstockbetten. In einem anderen Teil des Saales war der Speiseraum mit Tischen und Bänken. Waschgelegenheiten und eine Toilette waren auch vorhanden.« Sie bekamen sogar eine Schüssel, einen Löffel, Wäsche und eine Decke. Die Wohnbedingungen waren »unvergleichbar« mit denen in Birkenau.

Mit ihnen im Saal waren Frauen aus Ungarn, die über Auschwitz nach Hamburg gekommen waren. In einem anderen Stockwerk befanden sich russische Kriegsgefangene.

Zum Frühstück bekamen sie Ersatzkaffee, »aber dann haben wir ein richtiges Mittagessen bekommen: Kartoffeln und Salzheringe«. Das hatten sie lange nicht mehr bekommen. »Wir waren sehr erstaunt.« Aber so ein Essen bekamen sie nur am ersten Tag. In der Folgezeit bestand es nur aus einer dünnen Suppe und Brot.

Auch am Samstag mußten die Mädchen und Frauen arbeiten. Sie mußten Schutt von bombardierten Häusern wegräumen.

Am Sonntag hatten sie frei. Dagmar wußte nicht, wie sie diese schwere Arbeit eine Woche lang aushalten sollte.

Fast jede Nacht gab es Bombenangriffe. Sie wurden aus dem Schlaf gerissen, mußten in den Keller des Speichergebäudes an der Dessauer Straße, das es heute noch gibt.

Vom Dessauer Ufer fuhren sie mit einer Barkasse zur Arbeit. »Nach Moorburg, Wilhelmsburg … Da haben wir in verschiedenen Fabriken gearbeitet.«

Im September 1944 verließen sie die Dessauer Straße. »Wir kamen nach Neugraben, das war ein Lager im Wald mit einigen Baracken.« Zur Arbeit ging es nach Harburg. »Wir haben Ziegelsteine aus dem Hafen rausgeholt.« Häuser für Ausgebombte sollten in Neugraben gebaut werden, Gräben für Wasserleitungen im Wald ausgehoben, im Winter Schnee in der Stadt geräumt werden.

»In der Nähe des Waldes, in dem wir arbeiteten, stand ein Haus. Dort hat eine Frau mit ihrem etwa zwölf Jahre alten Sohn gewohnt. Der hat sich bis zu uns gewagt. Die Wachtmeister, es waren Zollbeamte, waren recht tolerant. Der Junge, Wolfgang hieß er, kam einmal mit einer großen Tüte voll mit Kohl, Rüben und ein paar anderen Sachen für uns. Wir sollten das als Weihnachtsgeschenk bekommen. Und einmal hatte seine Mutter einen der Wachtmeister gebeten, wir sollten die Heide, die wir abgeschnitten hatten, zu ihr in den Garten bringen. Das haben wir gemacht. Die Frau hat uns ins Haus eingeladen. Das war etwas ganz Außerordentliches. Wir haben Ersatzkaffee und ein Stück Brot mit Käse bekommen. Es war das erste Mal seit Jahren, daß wir in einem normalen Haus waren. Auch das werde ich nie vergessen.«

Im Februar 1945 kam Dagmar in ein anderes Lager. Ob es in oder in der Nähe Hamburgs war, weiß sie nicht mehr. Sie war nur kurz dort. Sie mußte mit anderen Mädchen und Frauen Ziegelsteine aus zerbombten Häusern herausholen und stapeln.

Als sie eines Abends von der Arbeit zurückkamen, fanden sie ihr Lager ausgebombt vor. Einige Frauen waren tot, andere lagen verwundet im Krankenrevier. Ende März 1945 hieß es wieder: Abtransport per Zug. Diesmal ging es nach Celle. Und unterwegs »sind einige von uns geflohen«.

Bergen-Belsen

Von Celle mußte Dagmar mit ihren Mithäftlingen den ganzen Weg nach Bergen-Belsen marschieren.

»Die Zustände in Bergen-Belsen waren unvorstellbar. Dort konnte man es nur einige Tage aushalten. Es gab kein Wasser, kaum Essen. Es herrschten verheerende hygienische Bedingungen. Die Baracken waren übervoll mit Menschen. Wir haben dicht beieinander gesessen, zum Liegen reichte der Platz nicht. Und dann die Läuse. Und draußen die Leichenberge ...«

In Bergen-Belsen traf Dagmar eine »alte Bekannte« wieder: Lydia Holznerová, eine Mitbewohnerin ihres Zimmers in Theresienstadt. Gemeinsam waren sie auch im »Kinderblock« von Auschwitz-Birkenau gewesen.

Am 15. April 1945 kam endlich »die Erlösung«: Die Engländer befreiten Bergen-Belsen.

Dagmar war so erschöpft und krank, daß sie sich noch gar nicht »richtig wieder« freuen konnte. »Aber trotzdem waren wir überaus glücklich, daß wir es überstanden hatten.«

Die englischen Soldaten verteilten Lebensmittel. Und viele der ausgehungerten Befreiten aßen mit großer Hast große Mengen, aber »das war ein Fehler«. Sie überlebten nicht.

Dagmar und ihre Freundin Dascha waren vorsichtiger. Sie schlugen sich nicht den Magen voll Fleisch.

Sie wurden desinfiziert und in den ehemaligen SS-Unterkünften untergebracht. Dagmar erkrankte an Fleckfieber, wurde noch im April in ein Krankenhaus eingeliefert, wo sie ihren 16. Geburtstag verbrachte. Während Dascha schon Ende Mai/Anfang Juni per Lastwagen mit anderen ehemaligen Häftlingen nach Prag gebracht wurde,

Dagmar Lieblová (Juli 1945)

138

brauchte Dagmar bis Ende Juni, um wieder halbwegs auf die Beine zu kommen. Sie fuhr mit dem ersten Zug von Bergen-Belsen in die Tschechoslowakei. »Wenn ich mich nicht irre, war das am 8. Juli 1945.«

Ein Platz zum Sterben

Unmittelbar nach der Befreiung hatte Dagmar an Františka Holická in Kutná Hora geschrieben. Sie bekam Antwort von Professor František Malý, bei dem das alte Dienstmädchen der Großeltern seit Ende 1942 zur Untermiete wohnte. Er bot ihr an, in seinem Haus zu wohnen, bis ihre Eltern wiederkommen würden.

František Malý holte Dagmar aus Prag ab. Mit einem geliehenen Auto fuhren sie nach Kutná Hora. »Ich habe sofort gebadet und dann gegessen. Alle hatten Angst, daß ich zuviel esse. Aber es war schon drei Monate nach der Befreiung. Ich hatte mich wieder an das Essen gewöhnt. Ich war immer hungrig und wurde nie satt. Dieses Gefühl des Nichtsattwerdenkönnens hielt noch die nächsten beiden Monate an...«

Dagmar befand sich in einem sehr schlechten Gesundheitszustand. Anfang August wurde sie in ein Sanatorium in Ostböhmen gebracht. »Nur deswegen, wie ich später erfuhr, weil die Tochter eines Arztes einen Platz zum Sterben haben sollte. Es war irgendwie ernst mit mir.«

Zweieinhalb Jahre mußte sie im Sanatorium verbringen. Ihre Eltern und ihre Schwester waren nicht zurückgekehrt. František Malý wurde ihr Vormund.

Im Februar 1948 konnte Dagmar wieder nach Kutná Hora. Sie mußte sich noch schonen, viel liegen, sich langsam an das »normale Leben« gewöhnen. Dagmar fing wieder an, Klavier zu spielen, wollte ihre Englischkenntnisse verbessern, zur Schule gehen. »Ich hatte ja nur fünf Klassen machen können. Wenigstens die Quarta des Gymnasiums wollte ich absolviert haben.«

Mit zwanzig hatte sie es geschafft und zwei Jahre später sogar das Abitur. Sie begann ein fünfjähriges Germanistik- und Tschechisch-Studium an der Universität in Prag. Fast jedes Wochenende fuhr sie zu »Tante Fany« nach Hause. In den Semesterferien mußte sie arbeiten, um Geld zu verdienen. Die kleine Rente, die sie erhielt, später ein Stipendium, reichten nicht aus, um den Lebensunterhalt zu bestreiten.

Im Oktober 1955 heiratete sie, heißt seither Lieblová. Im Februar 1956 kam ihre erste Tochter zur Welt. »Sie heißt Rita, nach meiner Schwester.« Im Herbst desselben Jahres beendete sie ihr Studium, nahm eine Stelle als Lehrerin an einer Mittelschule an, während ihr Mann sein Mathematik-Studium abschloß.

Im Mai 1959 wurde Dagmar Lieblová ein zweites Mal Mutter einer Tochter: Zuzana. Gut ein Jahr später erhielt sie eine Stelle an einer Prager Sprachenschule. Ihr Mann bekam die Möglichkeit, für zwölf Monate in der Sowjetunion in einem Rechenzen-

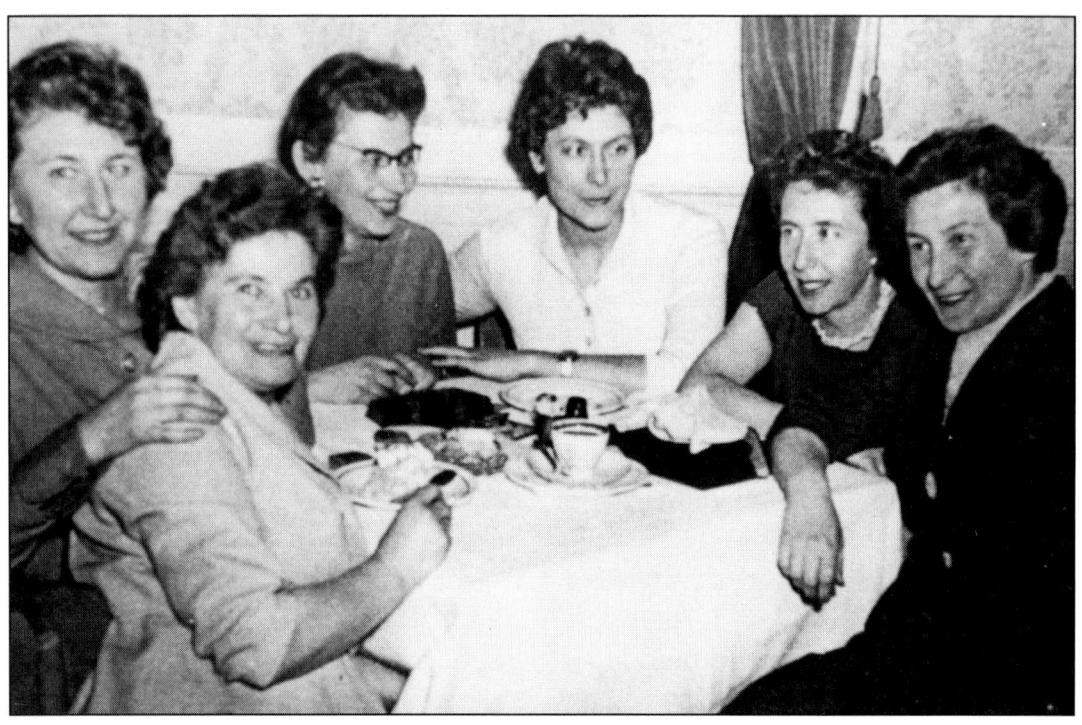

Dagmar Lieblová (dritte von links) bei einem Treffen mit Frauen (1960), die sie aus den Lagern in Hamburg und Bergen-Belsen kennt

trum zu arbeiten. »Wir sind mit den Kindern, die damals viereinhalb und eineinhalb Jahre alt waren, dorthin gefahren.«

1961 wieder in Prag, zogen sie in eine Genossenschaftswohnung ein, die sie sich gekauft hatten, blieben bis 1965, um für drei Jahre nach Ghana zu gehen. Dagmar unterrichtete am »Institute of Languages« Deutsch und zeitweise Russisch, ihr Mann arbeitete an der Universität. Kurz danach wurde im September 1968 Martin geboren, Dagmar Lieblovás drittes Kind. »Und seit dieser Zeit leben wir in Prag.«

Seit über zehn Jahren ist sie jetzt Professorin für Germanistik an der Karls-Universität. Sie unterrichtet Studenten, die Dolmetscher oder Übersetzer werden wollen.

»Ich erzähle nicht viel«

Dagmar Lieblovás Töchter haben inzwischen ihr Studium beendet. Rita ist Psychologin, hat 1987 einen Kanadier geheiratet, lebt nun in Nordamerika. Zuzana ist Ärztin, hat einen kleinen Sohn namens Mikoláš. Und Martin studiert Mathematik in Prag.

Natürlich wissen ihre Kinder, daß sie im Konzentrationslager war. »Das ist Bestandteil meines Lebens.« Aber sie haben sich unterschiedlich dafür interessiert. »Die älteste Tochter ließ sich einiges erzählen. Die zweite Tochter wollte mehr über die Familiengeschichte erfahren. Aber das hängt ja alles eng zusammen: Es ist kaum jemand geblieben, nur eine Cousine. Und in der Familie meines Mannes war nach dem Krieg nur die Hälfte noch da. Er stammt aus einer sogenannten Mischehe. Die Verwandten meiner Schwiegermutter sind alle weg.« Am wenigsten wisse wohl Martin.

»Ich erzähle nicht viel über diese Zeit«, meint Dagmar Lieblová. »Manchmal denke ich, daß ich vielleicht mehr erzählen sollte, damit die Kinder noch mehr darüber wissen.«

Sie berichtet von einer Freundin, die mit ihr in Auschwitz war, aus der Tschechoslowakei stammt und nach dem Krieg von einer sowjetischen Familie adoptiert wurde und seit der Zeit dort lebt. Sie habe ihren Kindern nie etwas von ihrer Familie in der Tschechoslowakei gesagt, wolle darüber nicht reden.

Alle zwei Jahre kommt ihre Freundin Dascha mit ihrem Mann aus den USA nach Prag. Und vor einigen Jahren war Dagmar Lieblová bei ihr in den Vereinigten Staaten. »Als ich bei ihr zu Besuch war, haben wir einen Ausflug mit einer Reisegesellschaft gemacht. Die Reiseleiterin hat immer gesagt: ›Ach, Ihre Schwester wartet schon.‹ Wir haben nichts Derartiges gesagt, aber sie hat gemeint, daß wir Schwestern sind.«

Dagmar Lieblová zieht es immer wieder ins Ausland. Anfang der achtziger Jahre hat sie eineinhalb Jahre als Lektorin für Tschechisch an der Universität in Uppsala (Schweden) gearbeitet. Sie ist in die Bundesrepublik gereist, hat Hamburg besucht, die Des-

sauer Straße ... Sie ist oft in der DDR gewesen.

Als sie darüber berichtet, fällt ihr eine Begebenheit ein, die sich im Sommer 1972 in der Bahnhofsgaststätte in Erfurt zugetragen hat. Sie saß dort spät abends mit einem bundesdeutschen Bekannten, »auch ein Jude«. Gegen Mitternacht kamen Polizisten. Dagmar Lieblová, völlig ins Gespräch vertieft, hatte vergessen, wo sie sich befand, als sie plötzlich die Aufforderung hörte: »Die Ausweise bitte!«

»Ich bin so tief erschrocken.« Sie habe angefangen zu zittern. Die deutsche Sprache »in dieser Form« zu hören, daran war sie »nicht mehr gewöhnt«. Rückblickend meint sie: »Da muß etwas im Menschen sein, in mir sein, irgendwo ganz unten, daß auf einmal hervorkommt, wenn man an das Vergangene erinnert wird.«

Es drängt sich die Frage auf, warum Dagmar Lieblová gerade Germanistik-Professorin geworden ist.

»Nach dem Krieg habe ich natürlich nicht die deutsche Sprache gesprochen. Ich habe sie damals auch nicht so gut gekonnt. Aber schon der Beginn des Studiums 1951 hat mir gut gefallen. Wir hatten sehr gute Dozenten und Professoren. Mir hat das Studium Spaß gemacht. Auch war es interessant, zu beobachten, wie es in Deutschland weitergeht. Und natürlich kann ich nicht alles auseinanderhalten. Ja, damals in Auschwitz und Hamburg wurde deutsch gesprochen. Aber die deutsche Sprache kann doch nichts dafür.«

142

»Ich kenne die Deutschen. Das ist ein Kulturvolk. Die werden sich schon nicht so schlimm benehmen.«

Immer wieder hatte Emil Holzner dies seinem Freund, dem Direktor der Schule von Hronov, einer kleinen Stadt in Ostböhmen, vor dem Einmarsch der Deutschen gesagt. Doch der riet dem Textilgroßhändler 1938: »Gehen Sie weg! Bleiben Sie nicht da!«

Emil Holzner, seine Frau Růžena, seine Töchter Vera, 16 Jahre alt, und Lydia, geboren am 29. November 1929, flüchteten nicht.

»Ich wurde immer hinausgeschickt«

Lydia war 1936 eingeschult worden. »Es gab keine jüdische Schule. Ich kam in die Volksschule, in die alle Kinder am Ort gingen.«

In ihrer Klasse war sie das einzige jüdische Mädchen, aber das spielte keine Rolle. »Das Verhältnis zwischen Christen und Juden war unkompliziert.«

1937 begegnete Lydia erstmals Nazis. Ihre Familie befand sich zur Erholung in einem Kurort, durch den eines Tages junge NSDAP-Anhänger »mit Trommeln und Pfeifen« marschierten.

»Also, das nicht! Wir fahren nach Hause«, war der Kommentar ihres Vaters. »Warum denn?« fragte die Siebenjährige. »Und damals haben mir die Eltern erklärt, daß sich wahrscheinlich etwas in unserem Leben ändern wird.«

Immer häufiger diskutierten Emil und Růžena Holzner, ob sie emigrieren sollten. »Ich blieb immer von sol-

»...zu leben und zu überleben«

Die Geschichte der Lydia Holznerová

chen Gesprächen verschont. Ich wurde immer hinausgeschickt.«

Lydia erinnert sich daran, daß ihre Eltern Vera in Sicherheit bringen wollten. Doch ihre Schwester wollte sich nicht »wegschicken« lassen. Sie sagte: »Ich bin hier zu Hause. Das ist meine Heimat, und hier bleibe ich.«

Als im Herbst 1938 die Besetzung des Sudetenlandes durch deutsche Truppen bevorstand, flohen fast alle 2 000 jüdischen Bewohner in die noch unabhängigen tschechoslowakischen Provinzen Böhmen und Mähren. Sie mußten es, um nicht in Lager verschleppt zu werden. Die Holzners blieben in Hronov, obwohl der Ort unmittelbar an der Grenze zu Deutschland lag.

»Ich habe am 10. März 1939 Diphterie bekommen und wurde in die Kreisstadt Náchod ins Krankenhaus gebracht. Ich habe schon damals als Kind gewußt, daß die Nazis eine gewisse Gefahr bedeuten. Und als ich am 15. März 1939 früh aufgewacht bin, wurde darüber gesprochen, daß in Náchod die deutsche Armee einmarschiert ist. Am Nachmittag kam meine Mutter zu Besuch ins Krankenhaus. Damals durfte kein Besucher in diese Infektionsabteilung kommen. Es mußte durch ein geschlossenes Fenster

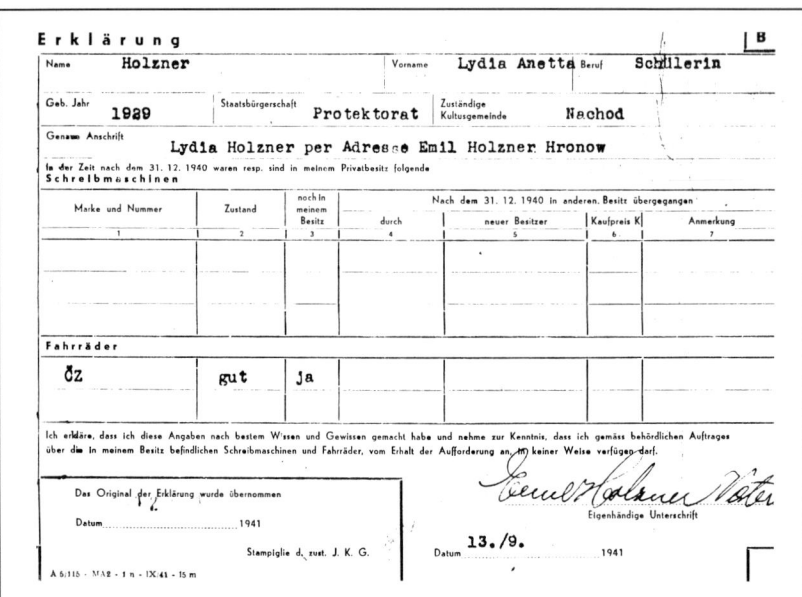

Alles wurde den Holzners genommen; Lydia mußte selbst ihr Fahrrad abliefern

gesprochen werden. Ich kann mich erinnern, daß ich geschrien habe und die Mutter fragte: ›Mutter, sag, in Hronov sind die Deutschen?‹ Und meine Mutter fing an zu weinen.«

Zum erstenmal Prügel

Die in Nazi-Deutschland geltenden Gesetze wurden auch in Böhmen und Mähren eingeführt.

Lydia konnte nur die vierte Klasse beenden, weil alle jüdischen Kinder seit dem Schuljahr 1939/40 aus allen tschechischen öffentlichen und privaten Schulen ausgeschlossen wurden. »Aber da mein Vater eine anerkannte Persönlichkeit in Hronov war, hat uns die Direktorin meiner Schule geholfen. Es gab einen arbeitslosen Lehrer in der Stadt, den sie meinem Vater empfohlen hat. Die Direktorin gab ihm den Lehrplan der Schule. Der Lehrer kam zu uns ins Haus und hat mich

danach unterrichtet. Mein Vater hat ihn dafür bezahlt. Das war natürlich illegal und mit Gefahren für uns und den Lehrer verbunden.«

Ihre Schwester Vera konnte noch in einem jüdischen Gymnasium in Brno ihr Abitur machen. Ein Reifezeugnis durfte ihr nicht mehr ausgestellt werden, nur ein »Ersatzzeugnis«.

Ab Juni 1939 wurde der gesamte jüdische Besitz »sichergestellt«. Vor allem in einträglichen Firmen wurde ein deutscher »Treuhänder« eingesetzt, so auch in Emil Holzners Geschäft. Er durfte es nicht mehr betreten.

Emil Holzner kaufte sich einen Webstuhl und stellte in seiner Wohnung Stoffe her.

»Bald kamen zwei weitere Familien in unser Haus. Wir hatten nur noch wenig Platz. Dann wollte der Treuhänder in dem Haus wohnen. Wir mußten ausziehen. Bekannte in Hronov haben uns aufgenommen. Jetzt hatten wir nur ein Zimmer für vier Personen.«

144

Der Familie ging es noch relativ gut. Sie verfügte über Ersparnisse, die groß genug waren, um noch zwei Jahre nach der »Geschäftsübergabe« genug zum Leben zu haben. Ja, die Holzners konnten darüber hinaus nach Prag geflohene Verwandte mit kleineren und größeren Summen unterstützen.

Der Kontakt zu Nicht-Juden in Hronov riß nicht ab. Die Frau, die als Dienstmädchen bei den Holzners gearbeitet hatte, half, wo sie konnte, machte Besorgungen, brachte Kleinigkeiten, die den Alltag erleichterten.

Andere Freunde versteckten Möbel und Kleider für die Holzners. Denn ab 1939 hatten Juden wiederholt alles Eigentum anzumelden; Wertgegenstände und Wertpapiere mußten »deponiert« werden.

Ein deutscher Geschäftsfreund in Dvůr Králové, ebenfalls in Ostböhmen, verwahrte die Aussteuer für Vera.

Ein Onkel von Lydia hatte eine Christin geheiratet. Sie ließ sich nicht scheiden. »Wann immer es nötig war, wurde sie gerufen und hat alles erledigt.«

Lydia spielte weiter mit den Nachbarskindern, auch abends, obwohl es Juden mittlerweile verboten war, nach 20.00 Uhr das Haus zu verlassen. »Das war möglich, weil hinter unserem Haus ein Garten und daneben Gärten von Nachbarhäusern waren. Wir Kinder sind über die Zäune geklettert und haben auch nach acht Uhr abends zusammen gespielt. Die Nachbarn hatten nichts dagegen, obwohl es nicht ungefährlich war.«

Lydia Holznerová wird einen Tag im Frühjahr 1942 nie vergessen. »Es war die Zeit, als wir schon den gelben Stern tragen mußten. Man hatte nur einen Stern. Ich aber hatte an diesem Frühlingstag einen leichten Mantel angezogen, an dem nicht der Stern war, und bin in die Stadt gegangen. Dort bin ich verschiedenen Freundinnen begegnet und mit ihnen durch die Straßen gebummelt. Als ich wieder nach Hause kam, hat der Vater schon auf mich gewartet. Er stand hinter der Tür. Als ich sie öffnete, sah ich ihn mit einem Stock in der Hand. Ich habe Prügel bekommen. ›Was ist denn los?‹ fragte ich ihn. ›Schau dich an! Muß es denn sein, daß Leute kommen, um mir zu erzählen, daß du ohne Stern in der Stadt herumläufst? Dadurch gefährdest du die Familie und deine Freundinnen.‹«

Emil Holzner hatte schlechte Erfahrungen mit der Gestapo gemacht, war gut ein Jahr zuvor aufgrund einer nicht näher erläuterten Anschuldigung eine Woche im Gefängnis gewesen und erst nach Zahlung einer großen Summe wieder freigelassen worden. Das hatte ihn verändert.

»Als mein Vater zurückkam, ordnete er an, daß alle versteckten Sachen zurückkommen müssen, daß alles, bis auf das letzte Stück, abgegeben werden muß. Nichts wollte er behalten. Obwohl ihm seine Freunde sagten, die Sachen könnten bei ihnen bleiben, hat er es nicht erlaubt. Mein Vater hat nie erzählt, was die Gestapo mit ihm gemacht hat. Er kam völlig erschöpft zurück.«

»Einberufung«

Die Holzners rechneten damit, daß sie eines Tages nach Theresienstadt kommen würden, wie schon Verwandte aus Prag, die Briefkontakt mit ihnen hatten. Im Dezember 1942 erhielt die Familie die »Einberufung zum Transport«. Sie war auf alles vorbereitet, wußte, daß jede Person 50 Kilogramm mitnehmen durfte … Ihre ehemalige Haushälterin half ihnen, das Gepäck auf einem Handkarren zum Bahnhof in Hronov zu bringen.

Erst kamen sie in ein »Sammellager« nach Königsgrätz (Hradec Králové); dann ging es mit dem Personenzug nach Bohušovice.

Als sie dort eintrafen, war es schon dunkel. Die letzten zwei Kilometer nach Theresienstadt mußten sie zu Fuß zurücklegen. Sie konnten nicht viel erkennen. »Es gab gerade eine Lichtsperre.«

»Der ganze Transport wurde auf dem Dachboden irgendeines Gebäudes untergebracht. Auf dem Fußboden lagen Matratzen. Wir mußten uns bemühen, so schnell wie möglich von diesem Dachboden herunterzukommen. Wir wußten schon damals, wer dort bleibt, der geht mit einem Transport weiter.«

Die Holzners waren die letzten aus der Verwandtschaft, die nach Theresienstadt geschafft worden waren. »Und irgendwie hat die Familie dafür gesorgt, daß wir schnell von dem Dachboden herunterkamen.«

Die Holzners wurden gleich getrennt. Lydia kam ins »Mädchenheim«. Vera wurde Betreuerin in einem der »Kinderheime« in der »Hamburg-Kaserne«, wo auch ihre Mutter untergebracht war. Der Vater landete in der »Sudetenkaserne«.

Lydia Holznerová war mit Dagmar Fantlová im Haus L 410 untergebracht. Es gab dort drei Räume für die Mädchen des Jahrgangs 1929. In einem von ihm lebten Lydia und Dagmar mit 18 anderen zusammen.

Tagsüber mußten sie in der Gärtnerei arbeiten, wo Kinder im Alter von etwa zwölf bis sechzehn Jahren beschäftigt waren. Die Pflanzen wurden außerhalb des Konzentrationslagers verkauft. Der Ertrag ging an die SS.

Am späten Nachmittag und am Abend fand der illegale Unterricht statt. »Wir wurden sehr musikalisch erzogen. Unsere Betreuerinnen, zwei Schwestern, haben im Chor von Theresienstadt gesungen, auch Greta, unsere Mitbewohnerin.

Im Keller unseres Hauses gab es einen Raum mit einem Harmonium. Dort fanden die Proben des Chores statt. Einer der Sänger von damals ist heute Mitglied des Nationaltheaters in Prag.

Einmal hat er zu uns gesprochen. Das Harmonium haben wir in unser Zimmer getragen, und er hat uns die ganze Oper ›Rusalka‹ von Antonín Dvořák vorgespielt, gesungen und erklärt. Das habe ich nie vergessen. Es war etwas Außergewöhnliches. Wenn ich heute die Oper höre, bekomme ich Schüttelfrost. Ich weiß, was jeder Ton bedeutet. So gut hat er es uns damals erklärt.«

Epidemien

Es gab oft Epidemien unter den Menschen in Theresienstadt, auch im »Mädchenheim«. Einmal war es Gelbsucht, ein anderes Mal Typhus.

»In der Nähe der Toilette war eine Frau, die hat uns Desinfektionsmittel auf die Hände gegeben. Im ersten Stock war eine Ambulanz. Dort war ein Arzt und eine Krankenschwester. Da wurden wir behandelt.«

Als die Typhusepidemie ausbrach, wurde sofort ein Zimmer für die Isolierung der erkrankten Mädchen freigemacht. Ärzte konnten Impfungen durchführen. Es fanden Reihenuntersuchungen bei denen statt, die mit Lebensmitteln in Berührung kamen. So konnte der Kreis der Infizierten eingegrenzt und eine rasche Ausbreitung der Krankheit verhindert werden. Trotzdem starben mehr als zehn Prozent der an Typhus erkrankten Menschen.

Der Tod gehörte zum Alltag in Theresienstadt. »So starben Tausende von alten Leuten, deren Essensration gekürzt worden war, um Kindern und schwer arbeitenden Häftlingen größere Zuteilungen geben zu können.«

»Im Abstand von vielen Jahren läßt sich heute sagen: Man konnte es in Theresienstadt einigermaßen aushalten. Die Familien konnten sich jeden Tag sehen. Es gab ein bißchen Gesundheitsfürsorge, ein gewisses Kulturleben. Wir konnten schreiben und Pakete bekommen. Gewiß, alles war stark reglementiert. Aber die Menschen waren nicht ohne Verbindung nach draußen.« Und die Holzners waren noch in Böhmen. Das zu wissen war für sie außerordentlich wichtig.

»Als wir im Dezember 1942 in Theresienstadt ankamen, war schon eine Schwester meines Vaters nicht mehr dort. Sie ging schon früher in den Osten.«

Was das bedeutete, »in den Osten zu kommen«, das wußte keiner genau, nur, daß es »etwas Schlimmeres als Theresienstadt ist«.

»Ich kann mich an einen Transport Anfang Januar 1943 erinnern. Es war natürlich Ausgangssperre. Aber ich habe aus dem Fenster geschaut und sah Leute vorbeigehen. Im September 1943 waren Bekannte dabei.«

Einmal kam wieder ein Transport in Theresienstadt an. »Es waren polnische Kinder. Alles war streng geheim. Wir durften nicht mit ihnen sprechen. Es wurden einige Betreuerinnen zu ihnen geschickt, darunter auch Magda, die bei uns im ›Mädchenheim‹ war. Damals wurde erzählt, daß die Kinder baden sollten, aber niemand von ihnen wollte. Die haben ›Gas‹ geschrien. Und keiner hat gewußt, warum.«

»Mach, was der Onkel sagt«

Im Dezember 1943 war die Familie Holzner »an der Reihe«. Sie gehörten zu den 2504 Juden, die in Theresienstadt »einwaggoniert« wurden. 981 Männer und Jungen, 1510 Frauen und Mädchen erreichten am 16. Dezember lebend die Endstation Auschwitz-Birkenau.

Die Holzners wurden wie Dagmar Fantlová ins »Familienlager Theresienstadt« getrieben. Das Gepäck durften sie nicht mitnehmen. Emil Holzner wurde in einem anderen Block als seine Frau und seine beiden Töchter gebracht.

Růžena Holznerová sah ihren Schwager und meinte zu ihren Töchtern: »Der wird uns helfen.«

»Auf einmal stand Onkel Max in unserer Baracke. Er brachte uns warmen Tee, den er irgendwo hatte organisieren können.«

Um möglichst viel mitnehmen zu können, hatten sie sich in Theresienstadt alles doppelt angezogen. Jetzt sagte der Onkel: »Zieh die Pullover, die Jacken, die Hosen, die Socken, die Mütze, zieh alles aus und gib es mir.«

Lydia wollte nicht. »Mir wird doch kalt.« Aber ihre Mutter forderte sie auf: »Diskutiere nicht lange, mach, was der Onkel sagt.« Und so machten es auch die anderen.

Was folgte, war eine der Varianten der Aufnahmeprozedur in Birkenau: Sie wurden in die »Sauna« geführt, mußten alles ausziehen und abgeben, wurden tätowiert, Lydia erhielt die Nummer 70988, bekamen Kleidung, die meist nicht paßte, schmutzig und zerrissen war.

Anschließend bekam Lydia ihre Sachen von Onkel Max zurück. Sie hatte vieles doppelt, eine wichtige Voraussetzung, um einen Winter in Auschwitz überleben zu können.

Nach einer Weile kamen Lydia und Vera in eine Baracke, in der vor allem Mädchen und jüngere Frauen zusammengepfercht waren. Ihre Eltern konnten sie fast täglich sehen.

Ihrer Mutter klagte Lydia eines Tages ihr Leid: »Ich habe Hunger.«

»Was soll ich tun? Du weißt, daß ich dir nicht helfen kann. Geh und trink etwas Wasser.«

Gegen Abend kam eine Frau auf Lydia zu und schimpfte mir ihr: »Komm nie wieder mit einer solchen Bitte zu deiner Mutter. Sie hat Sorgen genug. Das ist zuviel.«

Einmal erzählte die Dreizehnjährige ihrer Mutter, daß sie gesehen hatte, wie ein verzweifelter Mann »in den elektrischen Zaun ging«.

»Das ist kein Held«, antwortete sie. »Heldentum ist, zu leben und zu überleben.«

Růžena Holznerová mußte in Birkenau Arbeiten verrichten. Ihr 60jähriger Mann war dazu nicht mehr in der Lage. »Er hat die Verhältnisse in Birkenau kaum ertragen können. Zuerst baute er geistig, dann körperlich ab. Binnen einer sehr kurzen Zeit alterte er zum Greis.«

Lydia hielt sich tagsüber wie ihre Freundin Dagmar Fantlová in den »Kinderblocks« auf. Eine der Betreuerinnen der jüngeren Kinder war Vera Holznerová.

Bis zur Selektion im »Familienlager Theresienstadt« blieben die Schwestern in den »Kinderblocks«. Růžena Holznerová war mittlerweile nicht mehr in diesem Lagerabschnitt, sondern im »Krankenlager«. Sie hatte Lydia vor der Selektion noch sagen können: »Geh dahin, wo Vera hingeht.«

Am 2. Juli stand Lydia mit ihrer 22jährigen Schwester in einer Reihe, schied aber, weil sie zu klein und jung war, in der »ersten Runde« aus.

Vera rief einige junge Frauen. »Die haben mich alle in die Mitte genommen und sind bis zu dem Block gegangen, wo die Selektionen stattfanden. Dort haben sie gewartet, bis alte oder gebrechliche Frauen hineingingen. Und dann haben sie mich hineingeschoben, zwischen zwei alte Frauen. Wir mußten den Kamindurchzug, der quer durch die Baracke lief, überspringen. Als ich an der Reihe war, sagte ich Mengele, der die Selektion durchführte, meine Nummer und sprang. Da die zwei alten Frauen nicht dazu imstande waren, war ich unter den ›zur Arbeit Tauglichen‹. Diesmal kam ich durch.«

Lydia und Vera Holznerová wurden mit rund 1 000 Frauen aus dem »Familien-« in das »Frauenlager« verlegt. »Dort war es sehr schrecklich. Oft mußten wir zum Appell antreten.«

Nach einigen Tagen ging es in die »Sauna«. Die Zivil- wurde gegen gestreifte Häftlingskleidung ausgetauscht.

Auf der Rampe stand ein Zug mit Viehwaggons für sie bereit. Wohin der Transport gehen sollte, blieb im Dunkeln. Sie würden »zur Arbeit fahren«, hieß es.

Auch Růžena Holznerová verließ mit irgendeinem Transport Auschwitz. »Sie kam in der Gaskammer eines anderen Konzentrationslagers ums Leben, wie wir nach dem Krieg erfuhren.«

Ihr Vater ist sehr wahrscheinlich in Auschwitz ermordet worden. Alle Insassen, die sich noch am 10./11. Juli 1944 im »Familienlager Theresienstadt« aufhielten, etwa 7 000 jüdische Kinder, Frauen und Männer, wurden an diesen beiden Tagen vergast.

Gegen statt mit dem Strom

Sie waren offenbar irgendwo vom Zug abgekoppelt worden. Während die anderen, unter ihnen Dagmar Fantlová, nach Hamburg gebracht wurden, kamen 250 jüdische Tschechinnen ganz woanders hin: nach Christianstadt, einem Außenlager von Groß-Rosen. Später trafen hier weitere Transporte mit Frauen aus Ungarn, der Ukraine und dem Getto Łódz ein. Sie hausten alle in Baracken im Wald und mußten für eine Munitionsfabrik arbeiten.

Lydia mußte im Wald mit Bäume fällen und Holz hacken, aus dem Holzgas für den Antrieb von Autos gewonnen werden sollte.

Ihre Schwester war als Hilfskraft bei einem Bagger eingesetzt, wie auch ein Tscheche, der ihnen Hilfe anbot.

Der Mann brachte für Lydia und Vera Briefe zur Post. »So ist aus Christianstadt wieder eine Verbindung nach Hronov geknüpft worden. Der Mann hat sogar erlaubt, daß an seine Adresse Pakete für uns geschickt werden konnten. Zunächst wurde uns eigene Bekleidung von zu Hause geschickt. Organisiert hat das unsere alte Haushälterin. Meine Tante, die Christin, war auch noch da und half uns. Ich bekam eine Brille und etwas zu essen. Und vom Schuster in Hronov haben wir Schuhe geschickt bekommen. Wir hatten unsere Fußmaße auf ein Stück Papier gemalt und nach Hause geschickt.«

Anfang Februar 1945 mußten Lydia und Vera Christianstadt verlassen. »Es war ein Evakuierungs-, ein Todesmarsch.«

Unterwegs übernachteten sie in Scheunen und Ställen. Nach vier, fünf Tagen entschlossen sich einige zur Flucht, unter ihnen Lydia und Vera. »Wir haben uns tief unten im Stroh versteckt und sind nicht mehr herausgekommen.« Einen Tag und eine Nacht verharrten sie dort.

»Zuerst machten sich fünf Mädchen und junge Frauen auf den Weg. Ich war die Jüngste. Auch meine Schwester war dabei. Wir trafen auf einen Strom von Deutschen, die aus Polen oder vor der Roten Armee flüchteten. Wir machten einen Fehler. Wir hätten mit dem Strom laufen sollen.« Aber es zog sie in die entgegengesetzte Richtung. Sie befanden sich an der Oberlausitz, nicht weit von Bautzen entfernt. Böhmen war zum Greifen nahe.

Schon nach einem halben Tag liefen sie Hitlerjugend-Mitgliedern in die Arme. »Ohne langes Reden haben die uns gleich aufgefordert, die Ärmel hochzuziehen. Sie sahen die eintätowierten Nummern und haben gewußt, mit wem sie es zu tun hatten.«

Die Jungen brachten sie auf die nächste Polizeistation. Dort wurde den fünfen gesagt, daß sie erschossen würden. »Und wir haben eine Schaufel und eine Hacke bekommen. Wir haben wirklich geglaubt, wir sollten unser eigenes Grab schaufeln. Aber wir wurden in eine Fabrik geführt. Dort war ein Deutscher, der sich unser annahm. Wir konnten uns waschen, bekamen etwas zu essen. Der Mann wollte uns als Arbeitskräfte behalten. Er verhandelte mit irgend jemandem, aber wir konnten nicht bleiben.«

Am nächsten Tag kam ein Transport mit Polinnen, Ungarinnen und ungefähr zehn Tschechinnen in Bautzen an. Mit ihnen mußten Lydia und Vera in Richtung Dresden marschieren. Das war am 14. Februar 1945, als die Stadt durch englische Bomben völlig zerstört wurde.

»Die Holzners müssen rauskommen«

Die Frauen mußten wieder in die andere Richtung marschieren. Nach zwei Tagen begegneten sie Tschechen, die aus Dresden geflüchtet waren. »Die haben uns aufgefordert, auch zu fliehen. Aber wir hatten Angst. Wir wurden doch von Soldaten bewacht.«

Sie kamen nach Aussig. »Jetzt waren wir in Böhmen. Wir haben gehofft, nach Theresienstadt zu gelangen, wo sich vermutlich noch Verwandte oder Bekannte aufhielten. Dorthin war es ein Katzensprung.« Aber sie mußten Richtung Marienbad (Mariánske Láznč) marschieren.

Auf dem Weg dorthin sollten sie in Pürles (Broložec) übernachten. »Auf einmal kommt meine Schwester und sagt: ›Erinnere dich, was bei uns in der Familie dieser Ortsname bedeutet. Oft wurde bei uns von Pürles gesprochen.‹«

Lydia wußte es nicht.

»Unser Großvater stammt aus diesem Dorf.«

In Pürles fand sich keine Scheune, die groß genug war, alle Frauen aufzunehmen. Die Polinnen, Ungarinnen und Tschechinnen wurden auf verschiedene Gehöfte verteilt.

»Wir kamen zu einem Haus. Es war nicht sehr groß. Hinter dem Tor stand der Bauer. Meine Schwester ging zu ihm und fragte: ›Entschuldigen Sie, haben Sie Holzners gekannt?‹ Der Mann schien wie von einem Schlag getroffen. Vera flüsterte mir zu: ›Das ist entweder unser Ende, oder irgend etwas anderes wird geschehen.‹ Sie wandte sich wieder an den Mann: ›Ich und die Kleine hier, wir sind Holzners‹, worauf er sagte: ›Können Sie das beweisen?‹«

Sie zeigten ihm Fotos ihrer Eltern, die ihnen nach Christianstadt geschickt worden waren.

Die Mädchen und Frauen gingen in die Scheune des Bauern.

Um Mitternacht pochte jemand an die Tür: »Die Holzners müssen rauskommen!«

»Wir wußten nicht, was jetzt passiert. Vera meinte: ›Du bleibst hier. Ich gehe hinaus.‹«

Nach einer Weile kam sie wieder. »Es ist alles in Ordnung.«

Sie wurden in die Küche des Bauern gebracht. Der zeigte auf eine am Tisch sitzende Frau: »Das ist eine Freundin eurer Familie.« Er hatte sie aus Karlsbad (Karlovy Vary) geholt.

Die Frau erzählte: »Wir haben von eurer Inhaftierung nichts gewußt. Wir haben beraten, wie wir euch helfen können. Ich bin eben zu den Aufsehern gegangen. Ich habe versucht, euch freizukaufen. Aber es wurde nicht bewilligt. Aber wir dürfen euch, solange ihr hier in der Gegend seid, helfen.«

Die Schwestern konnten sich waschen und bekamen reichlich Essen mit für den weiteren Weg, auch für die anderen Frauen. »Und wirklich, unterwegs wurde uns immer wieder etwas zu essen gebracht.«

Kurz bevor sie Böhmen wieder verlassen mußten, kam ein alter Mann. Er brachte ihnen einen Laib Brot: »Ich habe mit Ihrem Großvater Karten gespielt. Hier ist etwas für den Weg.«

Zuvor hatten Lydia und Vera in Theusing (Toužim) eine andere »bemerkenswerte Begegnung« gehabt. »In der Stadt hat ein junger SS-Mann Frauen unserer Kolonne gestoßen. Meine Schwester herrschte ihn an: ›Warum stoßen Sie die?‹ Wir hatten Mut, denn wir wußten, daß das Ende der Nazi-Herrschaft nahe war. ›Sie stammen wohl aus Theusing?‹ fragte Vera den SS-Mann. ›Vielleicht haben sie Rudolf Holzer gekannt, das ist mein Cousin, und der marschiert auch mit so einem Transport.‹ Im Weggehen sagte der SS-Mann: ›Das war ein Mitschüler von mir.‹«

Kurz darauf kam er wieder, brachte ihnen Butter und Schinken. »Wir haben es nicht genommen, weil wir nichts von jemandem annehmen wollten, der unsere Kameradinnen schlug und quälte. Wir wollten uns nicht erniedrigen.«

»Wir hätten es nicht viel länger ausgehalten«

Ihre Kolonne wurde schließlich in das Konzentrationslager Flossenbürg in der Oberpfalz dirigiert. Nach drei Tagen ging es mit einem Güterzug weiter nach Bergen-Belsen. Inzwischen war es Anfang April 1945.

Hier trafen sie einige wenige Menschen des Transports, aus dem sie in der Oberlausitz geflüchtet waren. Der alltägliche Hunger und eine Typhusepidemie hatten den meisten das Leben gekostet.

In Bergen-Belsen waren unvorstellbare Zustände. »Unsere Rettung war, daß wir nur kurze Zeit hier waren.« Am 15. April befreiten die Engländer das Lager. »Wir hätten es dort nicht länger aushalten können.«

Lydia und Vera Holznerová konnten im Juli 1945 in ihre Heimatstadt zurückkehren. Wie sich später herausstellte, waren die beiden die einzigen Überlebenden aus ihrer großen Familie.

In dem Haus der Holzners wohnten im Erdgeschoß die alte Haushälterin und ihr Mann. Eine Tante kam mit ihren beiden Kindern nach Hronov. Sie vereinbarten, daß sie zu ihnen ziehen.

Lydia Holznerová war damals 15 Jahre alt, wog 36 Kilogramm. Ihre Haare waren kurzgeschoren, denn in Bergen-Belsen hatte sie Läuse gehabt.

»Ich schämte mich, aus dem Haus zu gehen.«

Die beiden Schwestern wurden im Krankenhaus von Náchod untersucht. »Der Arzt war sehr gut. Die von ihm vorgeschlagene Behandlung hat uns geholfen, und wir kamen langsam wieder zu Kräften.«

Für Lydia und Vera wurde gesorgt. Sie bekamen Bekleidung, Lebensmittelkarten und Möbel für zwei Zimmer. »Mehr haben wir nicht gebraucht, denn wir wußten, daß die Tante mit ihrer ganzen Einrichtung zu uns zieht.«

Lydia und Vera sollten wieder in einer Familie leben. »Die Tante hat zwar nicht meine Mutter ersetzt, aber sie hat alles gewußt, und ich brauchte ihr nichts zu erklären. Das hat für mich die Rückkehr in das neue Leben leichter gemacht. Auch wußte ich von unserer alten Haushälterin, mit wem im Ort ich mich weiter unterhalten konnte, von wem ich nichts zu wissen brauchte und wem ich am besten ins Gesicht spucken sollte.«

Einige Monate nach Kriegsende wurde ihnen eine größere Sendung zugestellt: die Kiste mit Veras Aussteuer, die ihr Vater bei dem deutschen Freund in Dvůr Králové deponiert hatte. Er hatte dafür gesorgt, daß sie wieder zurückkam, obwohl er selbst 1945 nach Deutschland gegangen war.

Bald kam es auch zum Wiedersehen mit Dita Polachová, mit der Lydia in Theresienstadt ein Doppelbett geteilt hatte. Seinerzeit hatten sie sich alles erzählt, und als jetzt die Haushälterin die Tür aufmachte, sagte Dita:

»Sie sind bestimmt Mariechen.« Beim Gang durchs Haus wußte sie genau: »Dort hast du also dein Kinderzimmer gehabt, da war das Wohnzimmer…«

Erfahrungen, die ein Leben lang verbinden

Veras Abitur wurde jetzt anerkannt. Sie ging bald nach Prag, um dort zu studieren, genau wie der ältere Cousin. Lydias Cousine besuchte erfolgreich das Gymnasium in Náchod. Lydia selbst hatte jedoch – trotz des Unterrichts in Theresienstadt und Auschwitz – den Anschluß an ihre früheren Klassenkameradinnen verloren.

In Hronov wurde schließlich ein einjähriger Aufbaukurs für Kinder angeboten, die unter der deutschen Besatzung besonders gelitten hatten. »In der Klasse, in die ich kam, war auch meine beste Freundin, mit der ich seit dem vierten Lebensjahr befreundet war.« Das hat Lydia, wie sie sagt, sehr geholfen. Sie hat den Kurs mit Erfolg beendet.

Danach besuchte Lydia die Handelsakademie, die sie 1950 abschloß. Im September des gleichen Jahres zog sie mit ihrer Tante nach Prag, wo inzwischen auch ihre Cousine studierte.

Dreizehn Jahre war Lydia Holznerová beim Jugendverband tätig. Heute ist sie in der Verwaltung der Wissenschaftlich-Technischen Gesellschaft beschäftigt.

Nach wie vor pflegt Lydia Holznerová enge Kontakte zu den Frauen, die sie in den Lagern kennengelernt hat. Sie treffen sich regelmäßig. Und eines Tages traf sie bei dieser Gelegenheit Dagmar Fantlová wieder.

Am engsten fühlt sich Lydia ihrer Schwester verbunden, die in Prag eine Jugendbibliothek leitet. Die gemeinsamen Erfahrungen haben sie unzertrennlich gemacht.

154

Als Robert Büchler am 1. Januar 1930 in Topolčany zur Welt kam, lebten in der westslowakischen Stadt, 60 Kilometer von Bratislava entfernt, rund 15 000 Menschen. Jeder fünfte Einwohner war, wie die Büchlers, Jude.

70 Prozent der Bevölkerung waren in der Landwirtschaft beschäftigt. Roberts Vater Josef stammte hingegen aus einer Händlerfamilie, die auf Märkten selbstgeschneiderte Anzüge, Hemden und Arbeitskleidung verkaufte. Als einziger unter dreizehn Geschwistern hatte er eine weiterführende Schule besucht. Er wollte eigentlich studieren, aber dann mußte er im Ersten Weltkrieg in die österreichische Armee einrücken. 1918 bekam er eine Anstellung als Prokurist in der Agrarhandelsfirma »Produktiva« in Topolčany. Hier lernte er die Büroangestellte Terezia Weinberger kennen, seine spätere Frau.

Für die Wirtschaft lebenswichtig

1933 kam Roberts Schwester Ruth auf die Welt. Drei Jahre später kam der Junge in die jüdische Volksschule. Unterrichtet wurde in slowakischer, deutscher und hebräischer Sprache.

Für die Juden, aber nicht nur für sie, spitzte sich die Lage Ende 1938, Anfang 1939 zu. Nazi-Deutschland hatte das Sudetengebiet annektiert, war in Böhmen und Mähren einmarschiert. Am 14. März 1939 ließ man in einer »Unabhängigkeitserklärung« den Marionettenstaat Slowakei ausrufen. Nun herrschten auch in Topolčany aus-

»Das einzige, was ich von meinem Vater habe«

Die Geschichte des Robert Büchler

schließlich die Anhänger und Mitglieder der chauvinistischen und judenfeindlichen »Hlinka-Partei«.

In der Jüdischen Gemeinde der Stadt meldeten sich besorgte Stimmen zu Wort. Doch die meisten Juden fühlten sich sicher.

»Große Ängste hatten wir nicht. Es war eine Zeit des Nachdenkens. Bei uns in der Stadt gab es keine größeren antijüdischen Ausschreitungen. Es war relativ still. Sicher, beunruhigt waren wir schon.«

Im Herbst 1939 erschienen Innenminister Mach und Außenminister Durčansky, zwei Köpfe der nazistischen Regierung der Slowakei, in Topolčany. Sie sprachen vom Balkon des Rathauses zu einer großen Menschenmenge. Im Verlauf der Kundgebung deuteten sie auf die jüdischen Läden am Marktplatz und prophezeiten: »Der Tag ist nicht mehr fern, wo all das in slowakischen Händen sein wird.«

In den folgenden Jahren wurden immer schärfere antijüdische Gesetze und Verordnungen erlassen: Einschränkung der Bewegungsfreiheit, Zwangsablieferung von Wertgegenständen, »Arisierung« von Geschäften, Einführung des »Judenkodexes« mit nicht weniger als 300 antijüdischen Bestimmungen, Installierung von Lagern in der Slowakei ... Das alles waren Vorbereitungen zur »Lösung der Judenfrage«, wie es zynisch genannt wurde.

Robert durfte im September 1940 nicht auf das Gymnasium. Juden durften keine öffentlichen Schulen mehr besuchen.

Die Jüdische Gemeinde beschloß, die eigene Volksschule auf acht Klassen aufzustocken. Doch 1942 wurde das Schulgebäude beschlagnahmt.

Die Firma, in der Roberts Vater arbeitete, war »arisiert« und vom Staat übernommen worden. Sie wurde zu einer Monopolgesellschaft mit dem Namen »slovpol«.

Josef Büchler verlor seinen Posten als Prokurist, konnte aber in dem Unternehmen bleiben. »Mein Vater war

für die Wirtschaft der Slowakei wichtig.«

Die Familie lebte etwas außerhalb der Stadt in einem Zweifamilienhaus zur Miete. Die Mitbewohner waren Christen, der Mann Kreishauptmann, ein hoher Beamter.

»Die ganze Zeit waren wir mit dieser Familie eng verbunden. So haben meine Eltern in der Silvesternacht immer eine Party gefeiert, und sie waren selbstverständlich auch dabei. Und zu Weihnachten lag bei diesen Leuten unter dem Christbaum immer ein Geschenk für meine Schwester und mich.«

Mit der gleichaltrigen Tochter der Familie war Robert eng befreundet. Sie waren jeden Tag zusammen, gingen angeln, fuhren sogar gemeinsam

Jüdische Schüler in Topolčany

in die Ferien. »Das war zwar eine Ausnahme, aber das gab es auch.«

1940 wurden die Büchlers aus dem Haus verjagt. »Ein Slowake hat uns einfach dort rausgeschmissen. Er wollte dort wohnen. So einfach war das damals.«

Die Büchlers hatten Glück, fanden in einem Arbeiterviertel eine »feine Wohnung«.

Ein Jahr später, im Herbst 1941, begann die slowakische Regierung, »Arbeitslager« für die aus dem Wirtschaftsleben ausgestoßenen Juden zu installieren. Eines davon, Nováky, befand sich in der Nähe von Topolčany. Viele jüdische Männer im Alter von 16 bis 40 Jahren wurden aus der Stadt dorthin befördert und mußten Zwangsarbeit leisten.

Die Gerüchte von der endgültigen Vertreibung der Juden aus der Slowakei verdichteten sich 1942. Der pronazistische Präsident der Slowakei, der katholische Geistliche Josef Tiso, dementierte entsprechende Pläne. Doch nur wenige Tage später, am 27., 28. und 31. März gingen die ersten Transporte mit jungen Juden aus Topolčany über slowakische Durchgangslager »in den Osten«, wie sich herausstellte, in die Vernichtungslager Majdanek und Auschwitz-Birkenau. »Das schlug ein wie ein Blitz aus heiterem Himmel.«

Darauf waren die Juden nicht vorbereitet gewesen. Es war für sie kaum faßbar, was da geschah. »Die Gemeinde war wie im Schock. Und ehe man zur Besinnung kam, waren schon Hunderte auf Eisenbahnwaggons verladen.«

Mit Lügen versuchten Regierungsorgane, die Gemüter zu beruhigen: Die Vertreibungen sollten aufhören. Angeblich wären die Deutschen nur an jungen Leuten interessiert, die zur Arbeit tauglich seien.

Schon Anfang April sollte sich das als Täuschungsmanöver herausstellen. Die nächste Judenjagd in Topolčany begann. Diesmal wurden ganze Familien abgeholt. »Ein Eisenbahnzug nach dem anderen stand auf dem Bahnhof, und viele Brüder und Schwestern gingen den Weg, von dem es keine Rückkehr gab.«

Bis August war die jüdische Bevölkerung Topolčanys buchstäblich dezimiert worden. Neun Geschwister von Josef Büchler waren mitsamt ihren Familien verschleppt worden, direkt nach Auschwitz-Birkenau. Nur noch 618 Juden, »die für die Wirtschaft als lebenswichtig galten«, waren zurückgeblieben. Und die sahen die Zukunft mit Bangen.

Die Niederschlagung des Aufstandes

»Gegen Ende des Jahres 1943 verbreitete sich unter uns wieder ein Funken Hoffnung. Im neuen Jahr kamen Zweifel am Sieg der Nazis und am Bestand des slowakischen Staates auf.« Ausdruck dafür war das Anwachsen der Opposition.

Am 29. August 1944 brach in der Slowakei ein Aufstand aus. »Wir begrüßten ihn, hatten aber gemischte Gefühle. Die stürmischen Ereignisse spielten sich weit weg ab. Wir in Topol-

157

čany hatten nichts damit zu tun. Bei uns wurde erst am 1. September der Aufstand offiziell ausgerufen. Aber da rückten schon die Truppen Nazi-Deutschlands in das slowakische Gebiet vor, um den Aufstand niederzuschlagen.«

Panzer der SS eroberten nach kurzem Gefecht am 3. September Topolčany. In der Stadt befanden sich ungefähr 1000 Juden, die »Übriggebliebenen« und die von den Aufständischen aus den Lagern Befreiten.

»Im Gefolge der Waffen-SS erschien in Topolčany das ›Einsatzkommando 14‹, das aus Gestapo, Sicherheitspolizei und Sicherheitsdienst formiert worden war. Zunächst wurde Rabbiner Haberfeld vom Führer des Kommandos vorgeladen, der ihm befahl, die Juden zu beruhigen. Er gab auch die Erlaubnis, in der Großen Synagoge Gottesdienste abzuhalten, und versprach, daß den Juden nichts Böses geschehen sollte. Auch die Gemeindevorsteher sprachen mit ihm und waren von der Haltung des Kommandanten überrascht, der die Juden aufforderte, zum normalen Leben und zur Arbeit zu-

Große Synagoge in Topolčany (1920)

rückzukehren. Auch die offiziellen slowakischen Kreise verfuhren nach diesem Muster.«

Wie sich zeigte, wieder ein Täuschungsmanöver: Zusammen mit der »Hlinka-Garde«, das slowakische Pendant zur SS, begann das »Einsatzkommando 14« am 8. September die »Aktion«. »Im Laufe weniger Stunden waren alle Juden verhaftet und zur Eisenbahnstation geschafft worden. Auch meine Eltern, meine kleine Schwester und ich.«

Der Vierzehnjährige

Robert Büchler versucht sich daran zu erinnern, was er in jenen Tagen gedacht und gefühlt hat.

»Wir wußten, daß auch wir früher oder später an die Reihe kommen. Als ich sah, daß meine Verwandten und Freunde aus der Klasse verschwanden, wollte ich auch gehen. Was mich störte, war: Warum müssen wir die letzten sein?

Man sagte, daß die Juden in Arbeitslager kommen. Die Christen meinten, daß es den Juden recht geschehe. ›Dort werdet ihr arbeiten und keine Gänse essen.‹ Macht nichts, essen wir dort Brot mit Schmalz, dachte ich.

Das Lager habe ich mir so vorgestellt, wie ich es in Büchern über die Lager der Goldsucher in Alaska gelesen hatte. Ich war noch nie in meinem Leben in einem Lager. Ich machte mir keine besonderen Sorgen. Es hat mich auch nicht gestört, daß keiner von meinen verschleppten Verwandten geschrieben hat. Es ist Krieg, sie sind irgendwo weit weg. Man sagte, in Polen oder Rußland. ›Die können nicht schreiben.‹

Meine Eltern haben nie mit mir darüber gesprochen. Doch kurz bevor wir verschleppt wurden, kamen vorgedruckte Postkarten aus dem ›Arbeitslager Birkenau‹. Das hat meine Eltern in größte Erregung versetzt. Vorher habe ich nie gehört, daß sie darüber miteinander sprachen. Bis zu diesem Zeitpunkt haben sie uns nie an unsere Verwandten erinnert und daran, daß sie verschleppt worden waren.

Im Schlafzimmer meiner Eltern waren in einer Ecke vier gepackte Rucksäcke. Bereits seit zwei Jahren standen sie da, mit allen Sachen, die man mitnehmen durfte. Als sie kamen, um uns zu holen, schaltete meine Mutter alles aus. Wir nahmen die Rucksäcke. Meine Mutter verschloß die Wohnung und gab dem SS-Mann die Schlüssel. Das Ganze dauerte fünf Minuten.

Zwei Jahre lang haben wir auf diesen Moment gewartet. Wir waren vorbereitet.«

Zunächst wurden die Juden aus Topolčany in das 40 Kilometer entfernte Konzentrationslager Sered gebracht, aber schon bald setzte sich der Transport wieder in Bewegung.

Die Jungen fanden die »Reise« anfangs noch »amüsant«. »Wir lagen auf dem Stroh, das auf dem Boden verstreut war. Wir ärgerten die Leute. Wir lachten, als wir sahen, daß Erwachsene ihre Bedürfnisse in einen Eimer machten. Wir hatten einen besonderen Platz, von wo aus wir alles be-

obachten konnten, ohne das es jemand merkte.«

Nachdem der Zug ungefähr 24 Stunden unterwegs war, fanden die Jungen »das alles« nicht mehr so komisch. Es regnete aufs Dach. Alle waren müde. Es war eng im Waggon. Und immer, wenn der Zug anhielt, sprangen alle auf und drängten sich zu der kleinen mit Stacheldraht verschlossenen Öffnung, die sich nahe der Decke befand. Irgend jemand stieg auf einen Koffer, blickte hinaus und berichtete, was zu sehen war. Und jeder fragte sich: »Sind wir da?«

»Wer sind die?«

»Die Tür des Waggons wurde aufgerissen. Frische, feuchte Luft strömte hinein. Gleichzeitig war ich aufgeregt und auch zufrieden, daß wir endlich am Ziel waren.

Ich sah einen Bahnsteig, von Scheinwerfern beleuchtet, dahinter ein weiteres Gleis und eine Chaussee. Männer in gestreiften Kleidern, Gefangene, wie ich sie aus alten Filmen kannte, näherten sich und stellten eine Trittleiter an die Tür des Waggons.

Ein Soldat mit einem Helm, auf dem ein Totenkopf zu sehen war, näherte sich, betrat die unterste Stufe, worauf die an der Tür Stehenden zurückwichen. Er stand aufrecht da, prüfte uns mit seinem Blick und bellte uns an: ›Alles aussteigen! Das Gepäck bleibt im Wagen!‹

Alle suchten in ihrem Gepäck nach Dingen, die ihnen besonders wichtig waren. Niemand stieg aus. Keiner wollte der erste sein.

Meine Mutter stopfte mir allerhand in die Taschen: etwas zu essen, Seife, Zahnpasta... Ich konnte am Ende des Bahnsteigs eine Reihe Soldaten in grauen Regenmänteln mit Gewehren und Schäferhunden sehen. Ich konnte mir gar nicht vorstellen, was die hier sollten. Sie erinnerten mich an Jäger.

Wieder näherten sich Männer in gestreiften Anzügen dem Zug. ›Wer sind die?‹ Die Frage ließ mir keine Ruhe.

Zwei von ihnen, junge Burschen, stiegen in den Waggon. Alle sahen sie an. Sie forderten uns ruhig auf, auszusteigen und unsere Sachen zurückzulassen.

Keiner hatte es eilig damit. Es gab tausend Fragen, besonders, was das Gepäck betraf.

Die jungen Burschen beruhigten uns. Wir würden das Gepäck später erhalten.

Die ersten stiegen aus.

Ich sah mir die Burschen genauer an. Sie trugen eine Nummer mit dem Davidstern, und ihre Jacke war mit einem roten Streifen gekennzeichnet.

Mein Vater stand neben mir bewegungslos in der Mitte des Waggons. Plötzlich flüsterte mein Vater einem der Burschen zu: ›Junge, sag mal, wo sind wir eigentlich?‹

Die Antwort kam erst nach einigen Augenblicken: ›Im Lager.‹

›Was für ein Lager?‹ wollte mein Vater wissen.

Der Junge schien verwirrt. ›Jetzt steig nur schnell aus, draußen wird man euch schon alles sagen.‹

Ich hielt mich nah bei meinem Vater. Hinter uns standen meine Mutter und meine Schwester. Das Aussteigen ging langsam voran. Es waren alte Leute und kleine Kinder unter uns.

Am Ausgang stand ein zweiter Bursche in gestreiften Kleidern und half den Menschen beim Aussteigen. Als wir neben ihm standen, fragte mein Vater wieder: ›Wo sind wir eigentlich?‹

Ich bekam Angst und wurde ungeduldig. Fast alle waren schon ausgestiegen.

Mein Vater stellte noch einmal die Frage, diesmal mit etwas zitternder Stimme.

Der Bursche musterte meinen Vater, und dann flüsterte er ihm zu: ›Im Konzentrationslager.‹

Mein Vater hielt ihn am Ärmel fest: ›Wie heißt das Lager?‹

Der Bursche schwieg. Er zögerte, doch dann hörte ich ihn in das Ohr meines Vaters flüstern: ›Hast du je von Birkenau gehört?‹

Seine Hand, die mich hielt, fing an zu zittern. So kannte ich meinen Vater gar nicht.

›Ich bin aufgeregt, denn hier im Lager Birkenau sind schon seit langer Zeit zwei Brüder von mir‹, wandte er sich wieder an den Burschen.

›Viele Menschen sind hier im Lager. Wie soll ich gerade deine Brüder kennen?!‹ Der Bursche ging zum Ausgang.

Jetzt konnte ich mich auch entsinnen, daß der Name Birkenau bei uns zu Hause gefallen war. Vor nicht allzu langer Zeit hatten wir von zwei jüngeren Brüdern meines Vaters Postkarten erhalten. Mein Vater hatte die Unter-

Blick vom Hauptwachturm auf die Gleisanlagen im Konzentrationslager Birkenau

schriften genau untersucht, sie mit alten Briefen verglichen und festgestellt, daß sie echt waren.

Nun mußten wir aussteigen. Ich ging voran. Während ich meiner Mutter half, hörte ich noch, wie mein Vater sagte, es sei gut, daß er seine Brüder treffen würde.«

»Ich verstand nicht, was los war«

Robert Büchler sah an der Rampe von Birkenau seine Mutter und seine Schwester zum letzten Mal. »Mir war entgangen, wann wir getrennt worden waren.«

Sie mußten sich in Fünferreihen aufstellen. Robert war sehr müde, wollte seinen Vater etwas fragen, doch der war in Gedanken versunken.

Offiziere erschienen. »Ich verfolgte sie, hatte das Gefühl, daß unser Geschick von ihnen abhängt. Sie sprachen miteinander, ohne uns zu beachten. Dann tauchte eine weitere Gestalt im Ledermantel auf, ein Offizier, er war hochgewachsen. Es folgten ein paar Kommandos, und die Fünferreihe löste sich in eine Schlange auf. Der Offizier stellte sich breitbeinig hin. Einer nach dem anderen ging an ihm vorbei. Mit einem Wink seines Fingers schickte er sie nach links oder rechts.

Ich sah das alles und verstand nicht, was los war. Ich war mit meinen Gedanken in einer anderen Welt. Ich hatte ein seltsames Gefühl, das ich nicht beschreiben kann.

Es waren nicht mehr viele übrig. Mein Vater stand hinter mir, hielt seine Hände auf meine Schultern und flüsterte: ›Wenn man dich fragt, wie alt du bist, sag, sechzehn. Verstanden?!‹

Ich verstand nichts, fragte aber nicht mehr.

Plötzlich stand ich vor dem Offizier. Er sah mich an. Er deutete mit seinen Fingern an, daß ich näher kommen sollte.

Ich konnte mich nicht rühren.

›Junge, wie alt bist du?‹

Meine Kehle war trocken. Ich sah ihn an, er lächelte, aber ich konnte vor Aufregung kein Wort herausbringen.

Er wiederholte seine Frage.

›Ich bin sechzehn‹, quälte ich irgendwie aus mir heraus.

Seine Hand zeigte nach links.

Mein Vater war dran.

Auch er sollte nach links.

Er kam zu mir, legte seine Hände auf meinen Kopf und murmelte ein Gebet.«

Trennung

Es war Mitte September 1944. Robert und Josef Büchler kamen in eine Baracke des ehemaligen »Zigeunerlagers«. Einen Monat zuvor waren die dort inhaftierten Sinti und Roma vergast worden.

Direkt neben dem »Zigeunerlager« befand sich das »Männerlager«, getrennt durch einen elektrischen Zaun.

»Büchler, Büchler, Büchler«, schrie am Tag nach ihrer Ankunft jemand durch den Zaun. Es war Jakub Büchler. Irgendwie hatte er herausbekommen, daß sein älterer Bruder mit einem

162

Transport angekommen war. Ein Wiedersehen nach eineinhalb Jahren.

Jakub Büchler mußte im »Effektenlager« arbeiten, dort, wo die SS das Hab und Gut der ermordeten Menschen aufbewahrte. Das verschaffte ihm die Möglichkeit, Sachen zu »organisieren«, wenn auch unter Gefahren.

Vater und Sohn wurden nach zwei Tagen getrennt. Robert kam in einen Block, in dem rund 600 Kinder und Jugendliche eingesperrt waren.

Es hieß, eine Scharlach-Epidemie wäre ausgebrochen. Alle Kinder und Jugendlichen wurden in einem »Sperrblock« isoliert. Sie kamen aus Polen, Ungarn, Holland, Griechenland, der Tschechei, der Slowakei, der Sowjetunion, aus Deutschland ... Der Block war hermetisch abgeriegelt, »ringsherum Stacheldraht«.

Morgens früh mußten sie zum Appell antreten. Danach bekamen sie eine »schwarze Brühe«, Kaffee genannt, und ein Stück Brot mit Margarine.

Im Block war es so eng, daß sie sich »fast nicht bewegen konnten«. Die meiste Zeit verbrachten sie auf den Pritschen. »Wir lagen dort wie Sardinen in der Büchse.«

Die einzige Beschäftigung: Gespräche. Sie erzählten sich von ihrem Zuhause, sprachen über Sport oder ihre Familienangehörigen. Einige wußten, daß ihre Eltern nicht mehr lebten. Andere hofften, daß sie noch am Leben waren. Robert stellte sich vor, daß er mit seiner Schwester und seinen Eltern wieder in Topolčany sein würde.

Das wichtigste Thema war das Essen. Sie hatten Hunger. Sie stritten sich: »Meine Mutter hat das so gemacht.« – »Nein, so kocht man doch nicht.« – »Ha, meine Mutter, die kann backen!« – Sie redeten über Lieblingsspeisen, Delikatessen, Torten, Restaurants, in die sie gehen würden, wenn sie wieder zu Hause wären. Die sie umgebende Realität spielte in ihren Gesprächen kaum eine Rolle. Sie wollten den Alltag vergessen – für Augenblicke.

Mittags gab es eine dünne Suppe, abends »irgendwas« zum Trinken.

Eines Tages kam ein Installateur in den »Sperrblock«. Er gab vor, irgend etwas reparieren zu müssen.

Er wollte zu Robert.

Als er ihn ausfindig gemacht hatte, übergab er ihm eine »ganze Stange Salami von meinem Vater«, die er in seinem Werkzeugkasten versteckt hatte.

Sein Name war Erich Kulka. Er stammte aus Vsetin in der Tschechoslowakei, war schon seit Herbst 1942 in Auschwitz-Birkenau und gehörte zu einer Gruppe von Handwerkern, die überall im Lager Reparaturen ausführen mußten. Daher konnte er sich relativ frei bewegen und hatte dabei Josef Büchler kennengelernt.

Erich Kulka und seinem Sohn Otto sollte im Januar 1945 die Flucht aus einem der Todestransporte gelingen. Heute sind sie in Israel.

Erich und Robert sind befreundet. Sie treffen sich oft.

Nur jeder fünfte blieb

Mitte Oktober 1944 öffneten sich die Türen des »Sperrblocks«: »Antreten zum Appell.«

»Wir wollten nicht raus, wir hatten Angst. Wir dachten, daß sie uns zu den Krematorien führen.«

Es ging in die entgegengesetzte Richtung ins »Quarantänelager«.

Nach der ersten Nacht wurde eine »Blocksperre« verhängt. Eine Selektion stand bevor.

Die Kinder wußten, was sie erwartete. Sie wollten nicht raus. SS-Männer packten sie und schleppten sie nach draußen. »Die Kinder haben gefleht und geweint, geschrien, die Stiefel der SS-Männer geküßt.«

Nur rund 20 Prozent der Kinder und Jugendlichen überstanden die Selektion, unter ihnen Robert Büchler. Sie wurden ins »Männerlager« überführt, wie es im Amtsdeutsch hieß. Die Bedingungen waren hier etwas besser als im »Zigeunerlager«: In einer Pritschenetage mußten sie zu fünft schlafen. Es gab Trinkwasser und Waschgelegenheiten. Die erwachsenen Häftlinge nahmen Rücksicht auf sie.

Im »Männerlager« mußten die Kinder arbeiten. Robert kam zum »Kartoffel-Kommando«.

»Es gab in Birkenau lange Keller voll mit Kartoffeln. Frauen mußten von den Zügen die Kartoffeln dorthin schleppen. Mir war ein Besen in die Hand gedrückt worden, mit dem ich die heruntergefallenen Kartoffeln zusammenfegen sollte. Ich habe so gut wie nichts gemacht. Aber für die Frauen war es eine schreckliche und schwere Arbeit. Und zum ersten Mal sah ich, wie Frauen von Kapos totgeschlagen wurden. Sie sanken in den Schlamm und blieben dort liegen.«

Am nächsten Morgen ging Robert – »naiv, wie ich war« – zum »Blockältesten« Hans Euringer, einem Deutschen, der »wegen Schwarzhandels« nach Birkenau gekommen war, und erklärte ihm, daß er nicht mehr im »Kartoffel-Kommando« arbeiten wollte. Als der ihn nach dem Grund fragte, antwortete Robert: »Dort werden Frauen geschlagen.« Die Mithäftlinge lachten.

Hans Euringer, »ein anständiger Kerl«, teilte den Jungen in das von ihm geführte »Rollwagen-Kommando« ein, in dem auch andere Kinder arbeiteten. Mit ihren Rollwagen mußten sie Sachen hin und her fahren, kamen auf diese Weise viel im Lager herum.

In diesem »Kommando« waren noch zwei andere Jungen aus Topolčany. Emil Friedmann, ein Jahr jünger als Robert, hatte auch die jüdische Volksschule besucht. Mit Jacob Schwarz war Robert zusammen in eine Klasse gegangen.

Jacob Schwarz sollte die Nazi-Zeit nicht überleben. Später erzählte Robert seiner Schwester und seinem Schwager von ihrem gemeinsamen Weg. Emil Friedmann lebt heute in den USA.

Block 12

Mit etwa 20 anderen Kindern wurde Robert Anfang November 1944 in das

Stammlager Auschwitz I verlegt und bekam erst jetzt, was sehr ungewöhnlich war, die Nummer B 14000 eintätowiert.

Die Jungen kamen in den Block 12, in dem es »viel besser« als in Birkenau war: Jeder hatte für sich eine Pritsche und eine Decke. Es war relativ sauber. Es gab »richtige Waschgelegenheiten«.

Um vier Uhr morgens ging es los. Die Jungen arbeiteten in Pferdeställen, nicht weit entfernt vom Bahnhof Auschwitz. Sie fütterten die Tiere, machten sie sauber, schleppten den Mist raus. Gegen sieben Uhr abends marschierten sie ins Lager zurück. Da sie ausreichend zu essen bekamen und nicht zum Appell antreten mußten, was im Winter schnell den Tod bedeuten konnte, befanden sie sich in einer relativ »günstigen Lage«.

»Alle antreten!« wurde den Jungen des Block 12 am Vormittag des 18. Januar 1945 befohlen. Von den Pferdeställen mußten sie direkt nach Birkenau marschieren. Ihre wenigen Habseligkeiten blieben im Stammlager zurück. Dabei hätten ein zusätzlicher Pullover oder eine Kante Brot unter Umständen den Ausschlag für das Überleben des einen oder anderen gegeben.

»Todesmarsch«

In Birkenau waren Tausende von Häftlingen zum Appell angetreten. Es herrschte ein großes Durcheinander. Robert verlor seine Gruppe aus den Augen, wurde in eine Kolonne von rund 100 erwachsenen Häftlingen gestoßen, die schon aufgebrochen war. Er befand sich in einem der vielen »Todesmärsche«, die in jenen Tagen Auschwitz verließen und deren unbekanntes Ziel viele Menschen nicht mehr erreichen sollten.

Robert kannte niemanden aus der Kolonne. Er war verzweifelt, hatte das Gefühl, »ganz alleine« zu sein. Das Marschtempo war hoch. »Wer einen Schritt zurückblieb, der kriegte eine Kugel.«

Unterwegs trafen sie auf eine Gruppe von Frauen. Robert entdeckte Elsa Rosenthal aus Topolčany; sie war im März 1942 deportiert worden. Die junge Frau zog einen Handwagen hinter sich her. Aus ihm nahm sie einen Laib Brot, brach ihn durch und gab eine Hälfte dem Jungen. Es sollte das einzige sein, was Robert in den nächsten vier, fünf Tagen zu essen hatte.

Nach zwei Tagen Marsch erreichte die Gruppe Loslau. Hier wurden Transporte mit Tausenden von Menschen zusammengestellt. Robert kam in einen offenen Kohlenwaggon, der halb mit Schnee voll war, direkt hinter der Lokomotive.

Der Lokführer gab dem Jungen manchmal heißes Wasser aus dem Kessel zu trinken. Zu essen bekamen die zusammengepferchten Menschen nichts. In ihrer Verzweiflung aßen sie Kohlereste, die sich im Waggon befanden.

Am 23. Januar 1945 erreichte der Zug nach mehrtägiger Fahrt das Konzentrationslager Buchenwald. Von den Tausenden, die ihn in Loslau bestiegen hatten, waren die meisten gestorben. »Aus meinem Waggon kamen weniger als zehn lebendig heraus.« Sie waren vollkommen erschöpft, übermüdet, geschwächt von Hunger und Kälte.

Der »Blockälteste« verlangte Hilfe und Solidarität

Groß war die Überraschung für die Überlebenden über die Art und Weise, wie sie in Buchenwald empfangen wurden. Die »Aufnahme« wurde relativ ruhig und ohne Schläge durchgeführt. Die »alten« Häftlinge begrüßten sie freundlich. Die Neuankömmlinge blieben mißtrauisch. »Einige von uns hatten die Tricks der SS und ihrer Helfer noch gut im Gedächtnis.« Sie machten sich Sorgen über das, was sie erwartete.

Robert hatte gleich zu Beginn eine Begegnung, die einen tiefen Eindruck auf ihn hinterlassen hat:

»Wir standen Schlange vor der Häftlingsschreibstube. Als ich an der Reihe war und hineinging, stand ich einem ungefähr 60 Jahre alten Häftlingsschreiber gegenüber. Wie üblich wurden meine persönlichen Daten abgefragt. Auf die Frage ›Heimatland?‹ sagte ich: ›Tschechoslowakei.‹ Der Mann hob seinen Blick vom Fragebogen und schaute mich verwundert an. Er sprach zu mir in Tschechisch und sagte, es sei das erste Mal, daß ein Häftling sein Heimatland nenne, das damals gar nicht existierte.

Der Mann verbrachte das sechste Jahr im Konzentrationslager. Er schätzte meine ehrliche Antwort sehr. Als der Fragebogen ausgefüllt war, bat er mich um meine Häftlingsmütze. Er stopfte sie mit Lebensmitteln voll. Für mich war es das erste Essen nach vielen Hungertagen.«

Robert kam in den damals leerstehenden Block 57 des »Kleinen Lagers«. Der »Blockälteste«, ein deutscher politischer Häftling, und sein »Personal«, hauptsächlich sowjetische Kriegsgefangene, noch in ihren Uniformen, nahmen sie in Empfang. Er sagte zu ihnen als erstes: »Kameraden, ihr seid nicht mehr in Auschwitz. Hier gibt es keine Gaskammern. Habt keine Angst!«

Diese Sätze beeindruckten Robert. »Sie gaben uns Mut für den weiteren Kampf ums Leben. Der Blockälteste verlangte von uns gegenseitige Hilfe und Solidarität, damit wir gemeinsam den Tag der Freiheit erreichten.«

Ein Transport nach dem anderen erreichte Buchenwald. Der Block 57 war rasch voll. Beim Appell teilte der »Blockälteste« mit, daß alle Kinder und Jugendlichen in einen gesonderten Block kommen sollten. »Wir witterten da eine List. Wir hatten genug Erfahrungen gesammelt. Jeder dachte, daß ist ein Trick, um uns fertig zu machen. Der Blockälteste und seine Gehilfen versuchten uns zu beruhigen.«

Sie wurden vor die Alternative »Kinderblock« oder »Meldung zum Transport« gestellt.

Robert meinte, dem »Blockältesten« vertrauen zu können. Nach einigem Zögern entschied er sich für den »Kinderblock«. Er war enttäuscht, daß nur wenige Jungen die gleiche Wahl trafen.

»Zeltlager«

»In der ersten Gruppe, der ich angehörte und die in den Kinderblock überführt wurde, befanden sich zwölf Jungen. Sie waren zwischen elf und sechzehn Jahren alt. Alle waren vor zwei Tagen mit einem der Transporte aus dem Osten in Buchenwald eingetroffen. Einige von ihnen kannte ich schon aus Auschwitz.«

Die Jungen kamen in einen Abschnitt, »Zeltlager« genannt. Der Begriff stammte aus einer Zeit, als hier Tausende von polnischen Häftlingen isoliert in Zelten untergebracht worden waren – fast alle waren an den Folgen des Hungers, der Kälte und an Typhus gestorben.

Inzwischen waren anstelle der Zelte einige Holzbaracken errichtet worden, durch einen Zaun vom übrigen Lager abgetrennt. Nur mit einer speziellen Genehmigung durfte das »Zeltlager« verlassen werden.

»Der Block 66, in den wir überführt wurden, stand am Rande neben dem Zaun. Normalerweise konnten darin ungefähr 200 Häftlinge Platz finden. Aber in dieser Zeit war die Lage so gespannt, daß dort immer mehr Menschen hineingepfercht wurden.«

Im »Kinderblock« war Gustav Schiller, ein polnischer Jude, der »erste Mann«. Der etwa 35jährige hatte die Funktion eines »Stellvertreters des Blockältesten«. Robert schildert ihn als eine eindrucksvolle Persönlichkeit mit einem tiefen Gefühl für Gerechtigkeit. »Da er die Tagesordnung und das Geschehen im Block bestimmte, sorgte er dafür, daß die Kranken und Schwachen nicht benachteiligt wurden. Er war immer bei der Essensausgabe dabei, um sich davon zu überzeugen, daß das karge Essen gerecht verteilt wurde. Gustav Schiller wußte sich zu beherrschen und meisterte die größten Schwierigkeiten. Seine ganze Energie nutzte er, um die fast katastrophalen Bedingungen im Block für alle zu verbessern.«

Nach einem Monat waren mehr als 500 Kinder und Jugendliche im Block. Es gab nicht genügend Schlafplätze. Die Verpflegung war völlig unzureichend. »Uns quälte unvorstellbarer Hunger. An die Häftlinge, die zur Arbeit ausrückten, wurden zusätzliche Essenszulagen ausgegeben. Und sie konnten manchmal etwas organisieren. Die nichtjüdischen Häftlinge bekamen manchmal Lebensmittelpakete, auch vom Internationalen Roten Kreuz.«

Überraschende Pakete

»Wir konnten kaum glauben, daß auch wir an dem Wunder, von dem wir so viel gehört hatten, teilhaben sollten.« Die Überraschung war groß, als es eines Tages hieß, es sollten Pakete des Roten Kreuzes im »Zeltlager« verteilt werden.

Sechs Jungen erhielten jeweils ein Zwölf-Kilo-Paket mit Lebensmitteln und warmer Wäsche.

»Unsere Freude war noch größer, als wir erfuhren, daß die nichtjüdischen Häftlinge im ›Großen Lager‹ auf einen Teil der Pakete zu unseren Gunsten verzichtet hatten. Wir haben diese Tat als einen großartigen Ausdruck der Solidarität betrachtet. Und moralisch fühlten wir uns durch die Geste gestärkt. Sie hat zur Erhaltung unseres Lebenswillens beigetragen. Jeden Tag war im Lager unsere ganze körperliche und geistige Kraft gefordert.«

Noch zweimal sollte sich das »Wunder« wiederholen.

Die Bedingungen im »Kinderblock« verschlechterten sich indessen weiter. Das Gedränge wurde immer größer. Es war erstaunlich, daß er von Seuchen verschont blieb. »Denn im Lager wütete eine Typhus-Epidemie, die vielen den Tod brachte.«

»Alle Juden antreten!«

Inzwischen war es Anfang April 1945. Die Kinder und Jugendlichen vom Block 66 merkten, daß die Front näherrückte. Kampfflüge der alliierten Luftwaffe waren an der Tagesordnung.

Eines Morgens kam über Lautsprecher plötzlich der Befehl: »Alle Juden sofort auf dem Appellplatz antreten!«

Chaos und Panik brach aus. Der »Blockälteste« und sein Stellvertreter im »Zeltlager« waren von der angeordneten Aktion völlig überrascht. Sie sagten den Kindern und Jugendlichen, sie sollten den Block nicht verlassen und sich jedem Versuch, sie aus dem Block

zu jagen, widersetzen, »auch mit Gewalt«.

Eine größere Gruppe des »Lagerschutzes«, einer von der SS aus Häftlingen zusammengestellten »Ordnertruppe«, erschien und befahl: »Vor dem Block antreten!«

Niemand rührte sich.

Sie versuchten die Kinder und Jugendlichen mit Worten zu überzeugen und, als das nichts half, drohten sie, sie mit Stöcken hinauszutreiben.

Der »Lagerschutz« konnte sie nicht einschüchtern. Er zog wieder ab.

Am 10. April, US-Streitkräfte befanden sich nur noch wenige Kilometer vom Lager entfernt, kam wieder der gefürchtete Befehl: »Alle Juden sofort auf dem Appellplatz antreten!«

Diesmal kamen bewaffnete SS-Männer ins »Zeltlager«. Mit massiver Gewalt gingen sie vor, trieben die Kinder und Jugendlichen aus den Baracken. Wer sich retten wollte, mußte sofort ins Freie laufen. Nur einigen gelang es, sich irgendwo zu verstecken.

Nach 30 Minuten war alles vorbei. Die SS-Männer »eskortierten« sie auf den Appellplatz im »Großen Lager«. Tausende strömten hier zusammen, auch viele nichtjüdische Häftlinge.

Der Platz war von SS-Männern mit Maschinengewehren umstellt. Ein Entkommen war unmöglich.

Gruppen zu jeweils 100 Häftlingen wurden eingeteilt. Unter SS-Bewachung mußten sie aus dem Lager marschieren.

»Vielleicht war es unser Glück, daß wir unter den letzten waren und warten mußten.« Denn plötzlich schossen im Tiefflug US-Kampfflugzeuge über das Lager. Panik brach aus.

»Im ersten Moment begriff ich nicht, was eigentlich los war. Instinktiv lief ich mit den anderen Häftlingen. Hinter mir hörte ich Schüsse. Die SS feuerte auf flüchtende Menschen. Ich lief wie ein Wahnsinniger. Nach einigen Minuten blieb ich stehen und versuchte, mich zu orientieren. Ich befand mich irgendwo zwischen den Wohnblöcken des ›Großen Lagers‹. Ich entschloß mich, zu meinen tschechischen Freunden zu laufen, die dort in einem separaten Block untergebracht waren. Die Tür war verschlossen. Ich mußte eine Weile klopfen, bis mir aufgemacht wurde. Das Zögern war nicht ohne Grund; keiner wollte riskieren, als Fluchthelfer erwischt zu werden.«

Nach kurzer Zeit stürmten SS-Männer in den Block, jagten die Häftlinge zum Appellplatz. Auch sie hatten, zu Hundertschaften formiert, sofort das Lager zu verlassen.

Robert Büchler befand sich in einer Gruppe älterer Häftlinge. Er kannte niemanden. Im Laufschritt, bewacht von SS-Leuten, ging es voran. »Wer zurückblieb, wurde sofort erschossen.«

In der Nacht erreichten sie den Bahnhof von Weimar, wo sie in Viehwaggons gestopft wurden. »Manche fielen in Ohnmacht, sind am Boden liegen geblieben, und die anderen traten auf sie rauf. Das Gedränge war furchtbar.«

In den frühen Morgenstunden setzte sich der Zug in Bewegung, doch er wurde bald gestoppt. Die Lokomotive erhielt einen Volltreffer bei einem US-amerikanischen Luftangriff.

Die Menschen befreiten sich aus den Waggons, wurden jedoch wieder von der SS zusammengetrieben. Sie mußten zu Fuß weitermarschieren.

Es war der 11. April 1945. Etwa zu dieser Zeit wurde das Konzentrationslager Buchenwald befreit.

Flucht

»Wir wußten, daß die Front sehr nahe war, und versuchten den Marsch zu verlangsamen.« Doch die SS-Leute trieben sie im Laufschritt gen Osten. »An diesem traurigen Tag sind viele alte Kameraden, die jahrlange Quälereien überlebt hatten und so nahe vor der Befreiung standen, umgebracht worden, weil sie nicht mehr mitkamen.«

Nach rund 30 Kilometern, es war schon Abend geworden, wollte die SS eine Pause machen. Ein Teil der SS-Männer verschwand in einem einsam im Wald gelegenen Gasthaus.

Robert lag todmüde auf der Straße. Zuerst merkte er gar nicht, was um ihn herum passierte. Seine Kameraden hatten sich in den Wald geschlagen. »Ich handelte automatisch, ohne mich umzuschauen. Ich lief mit allen Kräften, bis ich mich in der Mitte einer Gruppe von Menschen befand. Manchmal fiel jemand vor mir hin. Ich stolperte im Dunkeln über seinen Körper, stürzte, stand auf, lief weiter. Ich habe keine Ahnung, wie lange wir gelaufen sind. Als wir anhielten, brach ich ohnmächtig zusammen.«

Seine Kameraden erzählten ihm später, daß Fliehende von der SS niedergeschossen worden waren. Sie hatten Mühe gehabt, ihn wieder auf die Beine zu bringen.

Die Gruppe von rund 50 Männern beschloß am Morgen, den Wald zu verlassen. Auf einer Straße erreichten sie den Ort Eisenberg. Auf dem Marktplatz warteten unbewaffnete deutsche Soldaten auf die Amerikaner.

Die Männer gingen zur Polizeistation, baten dort um etwas zu essen. Ein Polizist ging mit ihnen bis in das nächste Dorf und sagte dort dem Dorfvorsteher, er solle die Gruppe verpflegen.

Sie wurden in eine Scheune gebracht. In einem großen Waschkessel wurde ein Sack Kartoffeln gekocht. An einem Brunnen konnten sie sich waschen. Nach dem Essen fielen sie ins Stroh und schliefen.

Am nächsten Morgen standen US-Soldaten mit Panzern auf der Hauptstraße des Dorfes. Die Männer gingen zu ihnen, erklärten, daß sie befreite Buchenwald-Häftlinge sind. Ein paar Telefonate wurden geführt. Zwei Lastwagen kamen und brachten die Gruppe in die Glasfabrik von Jena.

Hier wurden sie von US-Sanitätern untersucht und desinfiziert. Sie erhielten neue Kleidung und wurden in einem einstigen Ferienlager der Hitlerjugend direkt an der Saale untergebracht.

Überlebende jüdische Häftlinge feiern am 18. Mai 1945 in Buchenwald den Schawuot-Feiertag: zugleich Fest der Gesetzgebung am Sinai und Fest der »ersten Früchte«; unter den Anwesenden Robert Büchler (X)

Mit dem ehemaligen Häftling und jüdischen Arzt Dr. Fritz Berl, dem es irgendwie gelungen war, von den US-Amerikanern ein Auto zu bekommen, fuhr Robert Büchler einige Male nach Buchenwald. Ungefähr 500 Kinder und Jugendliche aus dem Block 66 hatten den Tag der Befreiung erlebt. Von den 200, die am Vorabend verschleppt worden waren, hatten nur ganz wenige überlebt.

Anfang Mai fragte Fritz Berl den Jungen, ob er bereit sei, zu einer Gruppe von Lehrlingen der Zeiss-Werke zu sprechen. Robert war einverstanden. Vor rund 100 von ihnen sprach er im Speisesaal des Betriebes über seine Zeit in den Konzentrationslagern. »Aber ich hatte den Eindruck, daß sie mir nicht so recht glauben wollten.«

Robert Büchler erhielt verschiedene Angebote für Genesungsaufenthalte. Eine Gruppe sollte nach Schweden geschickt werden. Dr. Winter, ein Arzt der US-Armee, wollte ihn in ein Sanatorium nach Frankreich schicken. Aber Robert wollte seine Eltern sehen. Er war überzeugt, daß zumindest sein Vater noch lebte.

Anfang Juli fuhr Robert Büchler mit dem Bus von Jena nach Prag.

»Dein Vater ist zu Hause«

In Prag schlief Robert Büchler im »Haus der Ärzte«. Täglich ging er in das jüdische Gemeindehaus. Er aß in der »Volksküche«. Und hier traf er einen Mann aus Topolčany, der ihm erzählte: »Dein Vater ist zu Hause.«

Nun gab es für Robert kein Halten mehr. Er mußte in seine Heimatstadt. Aber das war in jenen Tagen leichter gesagt als getan. Zugverbindungen waren teilweise unterbrochen, Gleise defekt, wichtige Brücken gesprengt … Es dauerte einige Zeit, bis er sich nach Topolčany durchgeschlagen hatte.

Hier mußte er von Onkeln erfahren, daß sein Vater noch nicht zurückgekommen war. Nur zwei seiner Brüder hatten das Konzentrationslager überlebt. Der Mann in Prag schien sie mit seinem Vater verwechselt zu haben.

Robert wurde von einem Onkel aufgenommen, der mit seiner Frau und zwei Kindern in einer provisorischen Wohnung in sehr beengten Verhältnissen lebte. Er hatte einen Platz zum Schlafen, Kleidung und Essen. Aber er fand nicht das, was er suchte. »Ich brauchte einen Halt, jemanden, der mit mir über die Perspektiven meines zukünftigen Lebens sprach. Und das habe ich dort nicht gefunden.« Schon eher in der zionistisch-sozialistischen Jugendorganisation »Hashomer Hatzair«, der er beigetreten war.

Im Herbst 1946 entschloß sich Robert Büchler, in Bratislava die Handelsschule zu besuchen. Ein Onkel hatte ihm dies ermöglicht und angeboten, er könne bei ihm wohnen. Doch es war kaum Platz für ihn vorhanden, und in der Schule listete man auf, was alles anzuschaffen sei. »Wer soll das bezahlen?« fragte sich Robert. »Was soll ich jetzt machen?«

Die Freunde von »Hashomer Hatzair« sagten ihm: »Was machst du dir für Probleme. Du bist selbständig und kannst machen, was du willst. Komm doch zu uns ins Jugendheim. Du gehörst zu uns.«

»Hashomer Hatzair« hatte gleich nach Kriegsende überall im Land Kinder- und Jugendheime gegründet für Waisen, die aus den Lagern zurückgekehrt waren.

Zum Unverständnis seines Onkels zog Robert zu den Freunden der Jugendorganisation, die sich die Aufgabe gestellt hatte, möglichst vielen ihrer Mitglieder den Weg nach Palästina beziehungsweise später nach Israel zu ebnen und dort in Kibbuzis zu leben.

Robert Büchler sah darin für sich eine sinnvolle Lebensperspektive. Zusammen mit anderen bereitete er sich intensiv darauf vor, einen Kibbuz zu gründen. »Lahavot Haviva« sollte er heißen. Damit wollten sie der Fallschirmspringerin Haviva Reik gedenken, die aus der Slowakei stammte, 1939 nach Palästina geflüchtet war, sich 1942 freiwillig zur britischen Armee gemeldet hatte und hinter den deutschen Reihen abgesprungen war, um den jüdischen Widerstand in der Slowakei zu organisieren. Sie wurde von der SS festgenommen und im November 1944 von der Gestapo hingerichtet.

Zwei Postkarten

1949 wanderte Robert Büchler nach Israel aus. Seine Freunde und er arbeiteten einige Monate in einem schon bestehenden Kibbuz. Sie wollten praktische Erfahrungen sammeln, möglichst viel lernen. Zusammen mit rund 100 Frauen und Männern – fast alle waren während der Nazi-Zeit in KZ verschleppt worden – gründete Robert Büchler dann im Oktober 1949 den Kibbuz »Lahavot Haviva«.

»Damals hat uns das zunächst überhaupt nicht beschäftigt. Aber in unserem Unterbewußtsein hat die Tatsache, daß wir in Lagern gewesen waren, doch eine Rolle gespielt. Wir haben ein Kollektiv, eine Gemeinschaft gesucht. Denn Gemeinschaft gibt mehr Sicherheit. Deshalb wollten wir im Kibbuz leben. Wir wollten etwas aufbauen. Aber die Arbeits- und Lebensbedingungen waren schwer. Nur wenige aus meiner Gruppe sind im Kibbuz geblieben. Davon waren viele Überlebende aus Konzentrationslagern. Heute denke ich manchmal, wir hätten mehr eine gemischte Gruppe sein sollen. Vielleicht wären dann nicht so viele gegangen.«

Im Kibbuz hat Robert Büchler Esther Herz geheiratet. Er kannte sie schon aus der Tschechoslowakei.

Esther Herz war als Zwölfjährige nach Auschwitz verschleppt worden. Nur ein Bruder, der in Frankfurt am Main wohnt, und eine Schwester, die vor einigen Jahren in Israel starb, hatten die Nazi-Zeit überlebt.

Von seinen Eltern und seiner Schwester hat Robert Büchler nie mehr etwas gehört. Überall hat er hingeschrieben, auch an das Deutsche Rote Kreuz. Ohne Erfolg. Nur zwei Postkarten hat er von einer Frau bekommen, die er zufällig in Israel kennengelernt hatte. Josef Büchler hatte 1942 die beiden

Eine von Josef Büchlers Karten. Er schreibt unter anderem: »Leider ist mir das traurige Los zugefallen, Euch mitzuteilen, daß Ihre letzten drei Karten die liebe René mit Familie hier nicht mehr erreicht hat…«

Karten an ihre Familie geschickt. »Es ist das einzige, was ich von meinem Vater habe.«

Robert und Esther Büchler haben zwei Töchter und einen Sohn. Ruth, geboren 1954 und benannt nach seiner Schwester, und die fünf Jahre jüngere Anat, benannt nach ihrer Mutter, sind verheiratet, haben jeweils zwei Kinder und leben im Kibbuz. Joséf, 1967 zur Welt gekommen, ist beim Militär.

Robert Büchler – er hatte im Kibbuz zunächst als Bauarbeiter, dann in der Landwirtschaft und die letzten 20 Jahre als Schreiner gearbeitet – führt heute nur noch an ein oder zwei Tagen in der Woche Reparaturen aus.

Nur Frieden hat einen wirklichen Wert

Die meiste Zeit arbeitet Robert Büchler in den »Moreshet Archives« des nahegelegenen »Givat Haviva Institute«, eines großen Dokumentations-, Forschungs- und Unterrichtszentrums der linken Kibbuzbewegung in Israel. Hier ist er als Archivar mit der Dokumentation des Holocaust und der Geschichte der Jugendorganisation »Hashomer Hatzair« beschäftigt. 1976 erschien sein Buch über die »Geschichte und das Schicksal der Jüdischen Gemeinde von Topolčany«.

Robert Büchler ist Mitbegründer des »Internationalen Buchenwald-Komitees«. Er hat in Israel mehrere Treffen der ehemals im Block 66 Inhaftierten organisiert. Seit einigen Jahren engagiert er sich darüber hinaus im »Public Committee of Auschwitz Survivers« und in der Friedensbewegung »Peace Now«.

Daß es keinen Krieg und keinen Haß mehr gibt, ist für ihn die »Hauptsache«. »Und darum habe ich diesen Weg gewählt, darum lebe ich in diesem Kibbuz, in einem Kollektiv, ohne Geld und ohne Besitz. Denn das ist nichts wert. Nur der Frieden hat einen wirklichen Wert.«

Noch bevor die Deutschen 1938 in die Tschechoslowakei einmarschierten, waren dem kleinen Yehuda Bacon, geboren am 28. Juli 1929 in Ostrava, die Veränderungen, die sich in Europa abzeichneten, nicht verborgen geblieben. Er erinnert sich daran, daß nach dem »Anschluß« Österreichs an das »Reich« im März 1938 von dort Juden über Ostrava nach Polen flüchteten. Einer von ihnen war in die Lederfabrik seines Vaters gekommen und hatte um eine Spende gebeten. Er erzählte von dem »grausamen Vorgehen der deutschen und österreichischen Nazis« und wollte mit seinen Schilderungen »die Augen zur Wirklichkeit« öffnen.

In der Jüdischen Gemeinde erhielt die Familie Bacon Anschriften von Menschen, die nach Polen geflüchtet waren und denen Pakete geschickt werden sollten. Die Frau eines Rabbis, denen die Bacons Lebensmittel gesandt hatten, schrieb zurück, das Paket sei ihr vorgekommen »wie ein Strohhalm in einem Ozean, an dem sie sich vor dem Untergehen festhält«. Und ein Bekannter teilte den Bacons aus Polen mit: »Unser Schrank besteht aus einem Nagel, an dem ich mein ganzes Eigentum aufhängen kann.«

»Ja, das ist die Lage in Polen«, dachte die Familie, »bei uns kann so etwas nicht passieren. Das war ungefähr die Atmosphäre während dieser Zeit.«

Der Einmarsch

»Wie weit wir seelisch unvorbereitet waren, bezeugt der Umstand, daß

»Meine Bilder haben mich gerettet«

Die Geschichte des Yehuda Bacon

beim Einmarsch der deutschen Truppen und der Einfahrt der Panzer wir Kinder am Straßenrand standen und bei jeder Gelegenheit die Panzer anfaßten, denn wir hatten zu Hause gehört, daß es Kartontanks waren. Außerdem machte die feierliche Stimmung – wie es uns schien – und das Meer der Hakenkreuzfahnen auf uns einen tiefen Eindruck, und wir waren sehr darauf erpicht, bei der Post auf unsere frankierten Kuverts den Stempel zu bekommen, auf dem stand: ›Die Stadt der schwarzen Diamanten dankt dem Führer für ihre Befreiung!‹«

Was dann folgte, ist bekannt. Die Rechte der jüdischen Bevölkerung wurden Stück für Stück beschnitten und schließlich völlig beseitigt.

Yehuda Bacons Familie hatte große Angst vor Razzien. »Es wurde in den Häusern der Juden geschnüffelt, und jeder Vorwand, eine Wohnung zu betreten und zu kontrollieren, wurde ausgenutzt.«

Als die Bacons einmal Früchte aßen, spritzten einige Tropfen auf den Boden. Sofort wurde alles aufgewischt, »denn es war uns Juden verboten, Früchte zu kaufen«. »Arische« Freunde hatten der Familie Obst besorgt.

Eines Tages führte die Gestapo in der Wohnung der Bacons eine Durch-

Die Familie Bacon um das Jahr 1933; in der Mitte Yehuda

suchung durch. Sie fand ein Stück Butter, »das uns von einem polnischen Lokomotivführer gebracht worden war«. Der Eisenbahner hatte seinen Mantel vergessen. Geistesgegenwärtig nahm ihn Yehudas Mutter und hängte ihn sich um die Schultern, so daß er nicht auffiel.

Wegen der Butter bekam Yehudas Vater Isidor eine Vorladung. Er ging zur Jüdischen Gemeinde und bat um Unterstützung. Die intervenierte bei der Gestapo.

Nach einer Weile konnte Isidor Bacon wieder gehen. Er war von zwei Gestapo-Männern streng verhört worden. Aber als er mit dem einen allein war, hatte er zu Yehudas Vater gesagt:

»Beruhigen Sie sich, ein Dreck wird Ihnen passieren!«

Der 14. Juni 1940, der Tag, an dem deutsche Truppen in Paris einmarschierten, ist Yehuda besonders im Gedächtnis geblieben: Da seine Eltern keiner Beschäftigung mehr nachgehen durften, waren sie gezwungen, einen Teil ihrer Wohnung unterzuvermieten. Frau Florian, ihre Untermieterin, bekam an diesem Tag von ihrem Sohn, der bei der deutschen Wehrmacht war, Besuch. »Er kam besoffen herein, sah uns plötzlich schief an und sagte: ›Ja, ihr werdet mit der Zeit alle kaputtgehen, so wie man es dort im Osten macht ... Wenn ich will, brauche ich bloß ein Wort zu sagen, und

176

man schmeißt euch sofort aus eurer Wohnung raus. Aber ich bin nicht so.‹ Dann schaute er mich etwas mitleidig an und sagte: ›Du, du tust mir leid. Du siehst ja nicht so jüdisch aus. Deinetwegen tut es mir leid.‹«

Yehuda durfte, wie andere jüdische Kinder, keine öffentliche Schule mehr besuchen. Die jüdische Volksschule bot deshalb zusätzlich weiterführende Klassen an. Und als das verboten wurde, organisierte man auch in Ostrava private Unterrichtszirkel.

Greuelgeschichten

Um die Jahreswende 1941/42 kamen zwei »Chalutzim« aus Prag nach Ostrava. Sie wollten in die Slowakei flüch-

Yehuda mit seiner Schwester Hanne 1941/42

ten und erzählten, in Prag würden alle Juden auf gepackten Koffern sitzen, denn jeden Augenblick rechneten sie mit ihrer »Einberufung« zum Transport. »Sie forderten uns auf, auch zu flüchten. Wir glaubten, die Greuelgeschichten, die sie uns berichteten, seien nicht wahr. Vielleicht wollten wir es auch nicht wahrhaben.«

Zwei Lehrer von Yehuda, Sissi Eisinger und Jakov Wurzel, beide 24, kamen aus Brünn. »Und plötzlich bekamen sie ihre Einberufung zum Transport, weil die Brünner schon früher fuhren.« An ihre Verabschiedung kann sich Yehuda gut erinnern. »Jakov Wurzel erzählte uns eine chassidische Geschichte: Daß in jedem Menschen ein ›Nitzotz‹, ein Funke, sei und daß einmal in jedem Menschen dieser Funke in Flammen aufgehe. Damit wollte er, glaube ich, andeuten, daß ein jeder zu einem gewissen Punkt in seinem Leben eine seelische und moralische Größe zeigen könne.«

Die Schüler waren so ergriffen, daß sie weinten, »damals nur ahnend, was die Parabel bedeutete«.

Eine gespenstische Atmosphäre

Die »Einberufung zum Transport« nach Theresienstadt kam im September 1942. Es herrschte eine »schreckliche Unruhe«. Jeder versuchte zu »arisieren«, das heißt, »die wertvollen Sachen an arische Freunde zum Aufbewahren zu geben«.

Der 18jährige Yehuda Bacon hat das 1947 in einem Bericht so beschrieben:

»Am 18. September 1942 fuhr der erste Judentransport von Ostrau. Bei uns zu Hause, und vielleicht überall, herrschte Chaos. Wo sollen wir unser Eigentum verstecken? Was meinst du, wird uns diese Frau die Sachen zurückgeben? Sollen wir uns etwas Geld mitnehmen? Um Himmels willen, ich habe doch vergessen, Vitamine zu kaufen! Was ist nur mit mir los? Haben Sie mehr als 50 Kilogramm Gepäck? Wo sind meine Ausweise? Mutti, Herr Novotný ist für den Eisschrank gekommen. Lauf mir nicht immer in den Weg, verflixter Lausbub, wie oft soll ich's dir noch sagen, geh, geh spielen – kugerln! Die Tasche mit dem Essen nehmen wir in die Hand. Du meine Güte, wie legst du die Sachen zusammen, sie werden dir beim Marsch auf dem Rücken drücken. Mutti, was soll ich für die Reise anziehen? Also, heute baden wir zum letztenmal in dieser Wohnung und legen uns in unsere Betten. Wer weiß, worauf wir morgen schlafen werden?!«

Einige der »Einberufenen« beginnen, keinen Ausweg wissend, Selbstmord. Eine erschütternde Erfahrung für Kinder wie Yehuda. Alles, was vor dem Transport geschah, fand in einer »gespenstischen Atmosphäre« statt.

Lastwagen fuhren vor. Ein Bezirk nach dem anderen wurde in Ostrava »geräumt«. Die Juden wurden in ein »Sammellager« gebracht.

In seinen Notizen hat Yehuda Bacon 1947 die Zeit im »Sammellager« protokolliert:

»Also, das ist das Sammellager. Weißt du, Mutti, wie ich im Sommerlager war, dort hat es so ähnlich ausgeschaut. Bei uns kochte man draußen Kaffee, unter freiem Himmel, und wir standen mit der Menageschüssel in der Schlange. Das war Klasse! Mir gefällt es hier nicht, es ist zuviel Lärm, und die Leute schreien so. Warum weint die Frau, die das Kind hält, ein Baby im Arm? Ist das wahr, daß sich unser Schuldirektor Eberson vergiften wollte? Mutti, ›Jetzt alle Ordner zum Appell antreten‹, was ist Appell? Was schreit und regt sich der Mann auf, der am Ärmel die Binde mit der Aufschrift ›Leitung‹ hat? Frau Rawitz, haben Sie schon gehört, daß wir nicht einmal in Theresienstadt halten sollen? Wir werden gleich weiterfahren bis nach Polen. Kennen Sie Herrn Edelstein? Der soll dort Leiter sein; wenn er will, kann er uns herausreklamieren. Ich kenne ihn zwar nicht, aber es kennen ihn Tausende; wie kann er Ihnen helfen? Aber, Papa, ich kenne seinen Sohn aus der Moschawah, dem Sommerlager, und Frau Mirjam Edelstein auch, du wirst sehen, daß sie uns herausziehen werden. Red keine Dummheiten, du kommst nicht bis zu ihm, du wirst keine Zeit haben, mit ihm zu reden. Still! Ruhe! Zum Teufel, wird hier Ruhe herrschen oder nicht?! Was ist los? Ist jemand gekommen? Fahren wir jetzt? Alle Mann müssen einsteigen. Wir nehmen das Gepäck, das wir nicht tragen können, und reichen es weiter. Der Zug ist schon da, bereitet euch alle vor! Wie lange werden wir hier noch stehen? Halt's Maul, siehst du denn nicht diesen Soldaten, wie er herschaut?! Mann, geht schon! Brr, ist das schrecklich, schau mal, wie sie die Gewehre gegen uns richten! Schneller, schneller, du jüdische Sau! Willst du nicht tragen? Mir wird schlecht! Du mußt es aushalten. Siehst du, dort ist der Bahnhof! Frau Procházka, sehen Sie? Was sagen Sie dazu? Schauen Sie, wie ihm der Schweiß von der Stirn rinnt. So ein kleines Kind! Schneller, schneller! Endlich: der Bahnhof. Drängt euch nicht, alle haben dort Platz.«

Der Zug setzte sich am 18. September 1942 in Bewegung. In dem Transport befanden sich der 13jährige Yehuda Bacon, sein Vater Isidor, seine Mutter Ethel und seine 19jährige Schwester Hanne. Rella, Yehudas zweite Schwester, war 1939 nach Palästina »ausgewandert«.

Batz, batz ... bumm ...

Wenn im Zug ein deutscher Soldat vorbeikam, standen alle auf, nahmen die Kopfbedeckung ab. Yehuda Bacon erinnert sich:

»Was ist hier los? Wie heißt du? Joachim Krummholz. Batz, batz. Wie? Joachim Israel Krummholz. Wie? Du weißt es nicht? Bumm. Stinkjude Israel Krummholz, verstanden?! Jawohl, ich heiße Stinkjude Israel Krummholz. Hier können wir ersticken, geh die Fenster aufmachen! Wehe, wenn jemand die Fenster aufmacht, verstanden?! Hast du Wasser? Ich halt das schon nicht mehr aus...«

Nach ungefähr 24 Stunden waren sie in Theresienstadt, in einer »ganz neuen, fremden Welt«. Empfangen wurden sie von Menschen mit Armbinden, »halben Militärkäppchen« mit gelben Streifen, Metallnummern auf der Brust und »GW« für »Getto-Wache«. Sie sagten ihnen, sie sollten nur das Nötigste nehmen und das andere im Zug zurücklassen; sie würden später alles bekommen. Nur wenige trauten ihnen, schleppten so viel mit, wie sie konnten.

»Ich hatte alles Neue an, und das doppelt und dreifach. Drei Paar Strümpfe, zwei Hemden, Sweater, Röcke, Wintermantel, und überall besondere Taschen, in denen ich alles mögliche hatte. In einer eine Taschenapotheke, Vitamine, in einer anderen Nähzeug, Bleistifte, Papier, Zucker, Trockenspiritus, ein Adressenverzeichnis, eine ganze Menge Taschentücher, eine Wasserflasche. Ich glaube, es hat nichts gefehlt. Und genauso sahen alle rings um mich herum aus.«

Das letzte Stück des Weges mußten sie so bepackt zu Fuß zurücklegen. Sie waren hin- und hergerissen zwischen bedrückter Stimmung und der Erwartung, es werde schon nicht so schlimm kommen. Gleich würden sie in dieser »komischen Stadt« sein, »jetzt weiß ich, sie schaut aus wie eine Festung, wie Kasernen«. In der Ferne ein Schlagbaum, ein niedriges Gebäude, davor ein ganzer »Wall aus Holzschachteln«. Beim Näherkommen bemerkte Yehuda die Zettel an ihnen. Name und Jahrgang waren vermerkt. Ihm wurde schlagartig klar: »Es sind Särge!«

»Magdeburger Kaserne«

Die Bacons mußten auf den Dachboden der »Magdeburger Kaserne«. Die Leute kamen und gingen. Sie suchten nach Gepäck. Eltern und Kinder wurden, wenn auch nur für kurze Zeit, getrennt. Menschen fühlten sich verloren … Manche warteten schon auf den Transport »in den Osten«. Schon am ersten Abend mußte sich Yehuda von Freunden verabschieden, die er nie wieder sehen sollte. Auch seine ehemalige Oberlehrerin Fanni Ziffer saß abfahrbereit auf ihrem Koffer.

Auf einmal stand Herschl Bacon da, ein Onkel von Yehuda, der schon vor geraumer Zeit nach Theresienstadt verschleppt worden war. »Wir glaubten, daß er bestimmt schon in Polen

Eine der frühen Zeichnungen von Yehuda Bacon

ist.« Er hatte hier eine »gute Stellung«, er war in der »Magdeburger Kaserne« Kantor, »Chazan«.

Herschl Bacon versuchte seinen Verwandten die Angst zu nehmen. »Er sagte uns gleich, wir sollten uns nicht fürchten, daß er den Judenältesten kenne, daß wir nicht nach Polen kämen, daß er uns gut einreihen (zu einer guten Arbeit verhelfen; d. Verf.) würde, daß wir bei ihm wohnen könnten und dann in eine Kaserne kämen, wo wir ein Bett haben sollten, und daß wir nicht hungern müßten. So tröstete er uns. Und wir fragten ihn nach tausenderlei Dingen.« Die Bacons beruhigten sich ein wenig.

Yehuda Bacon kam zunächst ins »Lehrlingsheim«, dann in »L 417, das tschechische Jugendheim«. Hier waren Zehn- bis Sechzehnjährige untergebracht, die nicht arbeiten mußten, besser verpflegt wurden und ein »kulturelles Leben« führen konnten. Sie erhielten illegal vormittags Unterricht, weshalb immer zwei Schüler Wache schoben.

Nach dem Mittagessen war bis zwei Uhr frei. In dieser Zeit konnten sie, wenn sie wollten, die Eltern sehen. Danach wurde der Unterricht fortgesetzt, oder man ging Fußball oder Tischtennis spielen, turnte, veranstaltete Wettbewerbe, zum Beispiel Schachturniere … »Abends hatten wir etwa zwischen sechs und acht Uhr frei und gingen, wohin wir wollten.« Danach wurde wieder gespielt, gesungen, vorgelesen …

Samstags hatten sie keinen Unterricht. Zwischen zehn und elf Uhr fand ein »Zimmer-Appell« statt. Danach ging es zum »großen Appell« der »Heime«. »Man hörte Lob für Sauberkeit und Ordnung, dann folgten Tadel, weil ein Heim Unordnung hatte, ein verstopftes Klosett oder weil sich Lehrer beschwert hatten.«

Yehuda Bacon gehörte zu den »Jungen von Nr. 5«, wie ihr Zimmer genannt wurde. Sie selbst gaben sich den Gruppennamen »Dror«, hebräisch: Schwalbe. Und sie hatten eine eigene Hymne, die ein »Chawer«, ein Kamerad, von ihnen verfaßt hatte:

Dreißig sind wir in einem Raum;
Jeder ist anders;
Klug, gut und ehrlich,
Schlecht und faul.
Und dennoch leben wir gemeinsam
    gut,
Wir müssen hoffen und auch
    Hoffnung haben.
Die Sonne geht in der Ferne auf,
Ein lichter Tag wird wieder sein,
Wir werden lernen und dabei
    arbeiten,
Die Vergangenheit wird nur ein
    Traum sein.
Arbeiten, kämpfen, das Vaterland
    aufbauen.
Die Vergangenheit wird nur ein
    Traum sein.

»Von Zeit zu Zeit gingen Kollegen aus dem Jugendheim in den Osten, und zwar mit ihren Familien. Man war der Meinung, in ein Arbeitslager überführt zu werden, das zwar ärger als Theresienstadt war, aber doch ein Arbeitslager.«

»Lieber Moti!«

Ende 1943 erlebte Yehuda Bacon mit seiner Familie das, was als »Einwaggonieren« bezeichnet wurde. Sie wurden in Züge verfrachtet, die versiegelt wurden, »wie die Versiegelung eines Lebendigen in einem Sarg«. Sie wurden wie »Vieh« behandelt, »das zum Schlachten gebracht wurde«.

Über diesen Transport heißt es im »Kalendarium der Ereignisse im Konzentrationslager Auschwitz-Birkenau« unter dem Datum 16. Dezember 1943: »Mit einem Transport RSHA (Reichssicherheitshauptamt; d.Verf.) sind 2 491 Juden aus Theresienstadt eingetroffen. Mit dem Transport sind 981 Männer und Jungen, die die Nummer 168154 bis 169134 erhalten, sowie 1 510 Frauen und Mädchen, die mit den Nummern 70513 bis 72019 und 72028 bis 72030 gekennzeichnet werden, angekommen. Man bringt sie ohne Selektion im Familienlager Theresienstadt, im Abschnitt B II B, in Birkenau unter.«

Yehuda Bacon verbrachte die erste Nacht in einem Block mit fast 1000 Häftlingen. Hier traf er Bekannte aus Theresienstadt. Sie sagten ihm: »Hier kommt keiner raus, nur durch den Kamin.«

Am nächsten Tag folgte die übliche Aufnahmeprozedur in der »Sauna«. Hier begegnete Yehuda erstmals Häftlingen aus anderen Lagerabschnitten Birkenaus. Von ihnen erfuhr er, was sich im Lager tatsächlich abspielte und zu welchem Zweck es installiert worden war.

B II B – das »Familienlager« – diente den Nazis zur Täuschung der internationalen Öffentlichkeit. Die hier Inhaftierten wurden bei ihrer Ankunft keiner Selektion unterzogen. Familien waren zwar nach Geschlecht getrennt in unterschiedlichen Baracken untergebracht, aber in einem Abschnitt, so daß sie sich weiter sehen konnten. Während es sonst Juden im Vernichtungslager verboten war, Briefe zu schreiben, sollten sie es hier sogar. Yehuda erhielt eine vordatierte Postkarte, auf die er – sinngemäß – schreiben mußte: »Mir geht es gut. Wie geht es Dir? Schickt uns Pakete.« Doch eine Gruppe, die aus dem »Jugendheim L 417« in Theresienstadt gekommen war, nutzte die Gelegenheit. Sie begannen alle mit: »Lieber Moti!« (»Moti« bedeutet im Hebräischen »mein Tod«) und hörten mit dem Satz auf: »Und das, lieber Moti, ist das Ende!« Später erfuhr Yehuda Bacon, daß »unser Wink verstanden worden war«.

Gleich zu Beginn beobachtete der 14jährige folgende Szene: »Ich sah einen Russen, der eine Wurst gestohlen hatte und in sie hineinbiß. Ein SS-Wärter schlug mit einem Knüppel auf ihn ein und brüllte: ›Spuck aus, laß die Wurst!‹ Er riß sie ihm weg. Aber das Stück, in das der Mann schon hineingebissen hatte, ließ er nicht los und zog die Schläge dem Verlust der Wurst vor.« Das konnte Yehuda seinerzeit nicht verstehen.

Der Junge kam zunächst mit ungefähr 40 anderen Kindern in einen Block, in dem sich sonst nur alte Menschen befanden. Viele von ihnen verhungerten oder starben vor Schwäche. »In meinem Block gab es jeden Tag zehn bis zwanzig Tote.« Man habe sie einfach ein bis zwei Tage liegen gelassen, um so ihre Essensrationen zu bekommen.

Mit rund 500 Menschen war der Block zu diesem Zeitpunkt belegt. Sieben Kinder mußten jeweils in einer Koje schlafen. »Ich weiß, daß es kalt war, daß immer die, die an den Ecken schliefen, alle zwei Stunden mit denen, die in der Mitte lagen, tauschten.«

Fredy Hirsch

Ein Name, der in den Schilderungen der »Kinder von Auschwitz« immer wieder auftaucht, ist Fredy Hirsch. Er hatte sich schon in Theresienstadt als Häftling für die Kinder eingesetzt, war dort Leiter der »Jugendfürsorge« gewesen. Auch in Birkenau unternahm er alles, um die Haftbedingungen der Kinder zu verbessern.

Auf seine Initiative ist es zurückzuführen, daß Kleinkinder – unter Aufsicht einiger Frauen – im Block 29 und Acht- bis Sechzehnjährige im Block 31 des »Familienlagers« untergebracht wurden. Wie in Theresienstadt waren sie in Gruppen unter einem »Madrich«, einem Erzieher, zusammengefaßt, der sie unterrichtete, Geschichten erzählte und Lieder beibrachte.

Yehuda kam in den Block 31. Der von der SS angeordnete Zählappell durfte im Block abgehalten werden. Das war im Winter oder bei Regen oft ein lebensrettender Vorteil.

182

Zeichnung von Yehuda Bacon – wie auch die folgenden in diesem Kapitel

Fredy Hirsch war es irgendwie gelungen, im Block 31 eine kleine Bibliothek einzurichten, obwohl es in Auschwitz verboten war, Bücher zu besitzen. Die Auswahl war klein. Die Kinder lasen die Bände mehrmals. »H. G. Wells Weltgeschichte, die Einführung zur Psychoanalyse und Traumdeutung von Freud und noch ein paar Kinderbücher.«

Yehuda war gelegentlich »Heizer«, das heißt, er bereitete aus »Sonderrationen« irgend etwas zu essen. Fredy Hirsch hatte erreicht, daß Pakete, allerdings des kostbarsten Inhalts beraubt, die an inzwischen umgekommene oder ermordete Häftlinge adressiert waren, den Kindern zugeteilt wurden. Und so gab es manchmal etwas extra, auch wenn es nur eine Suppe aus einem »halbverschimmelten Kuchen« war.

Einmal kam es beim Kochen zu folgendem Wortwechsel:

»Ach, die erste Suppe ist schon fertig!«

Aus dem Fenster zum Krematorium schauend: »Die erste Portion ist dort auch schon fertig.«

Yehuda: »Wir sahen den Rauch und wußten ganz genau, was das bedeutete.«

Ein anderes Mal fand Yehuda in einem Brotlaib aus einem der Pakete »einige Glasröhrchen mit Reichsmark«. Mit ihnen konnten sie sich etwas zu essen organisieren.

Yehuda konnte auch seinen Eltern etwas zukommen lassen. »Manchmal brachte ich ihnen Suppe. Aber mein Vater wollte nichts nehmen und sagte immer: ›Du mußt essen, wir sind sowieso verloren.‹« Selbst ein paar Würfel Zucker wollte er nicht akzeptieren.

»Jungs, ihr könnt euch ein bißchen wärmen, geht in die Gaskammer!«

Anfang Juli 1944: Lagersperre. Selektion im »Familienlager«. »Arbeitsfähige Frauen ohne Kinder und arbeitsfähige Jungen und Männer von 16 bis 45 Jahren wurden ausgewählt.«

Yehudas Schwester Hanne wurde in die Gruppe der »Arbeitsfähigen« eingeordnet, seine Mutter nicht. Yehuda und Hanne überredeten sie, sich erneut der Selektion zu stellen. Es gelang ihr, sich unbemerkt von der SS wieder in die Reihe zu stellen. »Und sie kam diesmal durch.«

Mitte der fünfziger Jahre hat Yehuda Bacon von einer Frau erfahren, die zusammen mit seiner Schwester und Mutter in das Lager Stutthof bei Danzig deportiert worden war, daß beide dort zwei Monate vor der Befreiung an Typhus erkrankt und daran gestorben waren.

Yehudas Vater Isidor war zum Zeitpunkt der Selektion 52 Jahre alt. Er blieb Anfang Juli 1944 im »Familienlager« zurück, wie auch Frauen mit Kindern, Ältere, Kranke und andere nicht für arbeitstauglich befundene, darunter der zu junge Yehuda. Er wurde kurz darauf mit rund 80 anderen im Alter von zwölf bis sechzehn aus einer größeren Kindergruppe »aussortiert« und ins »Männerlager« gebracht. Die Zurückgebliebenen wur-

den am 10./11. Juli 1944 alle abgeführt und vergast.

»Als man uns von unseren Eltern weggenommen hatte und wir den Tag genau wußten, wann sie ins Krematorium gehen würden, da konnte niemand von uns weinen. Viele haben dabei ihre Eltern, Geschwister, Tanten, Onkel, meist die ganze Familie verloren. Aber das Verhältnis unter uns zurückgebliebenen Kindern und Jugendlichen wurde auf einmal anders. Wir wurden ganz enge Freunde. Ich konnte meine letzte Ration für meinen Freund geben, und dasselbe hat er auch für mich getan.«

Die Jungen wurden im »Männerlager« besonders behandelt. Ihr Essen war reichlicher. Sie bekamen bessere Wäsche. Sie mußten zunächst nicht arbeiten.

Nach zwei Wochen wurde Yehuda dem »Rollwagen-Kommando« zugeordnet. Mit zwanzig anderen Kindern und Jugendlichen mußten sie Decken, Wäsche oder Holz transportieren. Sie kamen im Lager herum.

Eines Tages sollten sie von den Krematorien Holz zum Heizen in das »Männerlager« holen. Es war Winter, und einer der Häftlinge vom »Sonderkommando« für die Krematorien sagte zu ihnen: »Jungs, weil ihr so schnell aufgeladen habt, könnt ihr euch ein bißchen wärmen, geht in die Gaskammer. Jetzt ist niemand da.«

Die Jungen schauten sich die Gaskammern, die Öfen, und die »ganze Einrichtung« im Krematorium II an.

Yehuda fragte die Häftlinge vom »Sonderkommando«, was hier genau passierte. »Erzählen Sie es mir doch!

Vielleicht komme ich einmal heraus, und dann werde ich über euch schreiben.«

Sie lachten und sagten: »Niemand von uns kommt hier heraus.«

Die »Liquidierung« des Lagers

Im Herbst 1944 begann die SS mit der stufenweisen »Liquidierung« von Auschwitz-Birkenau. »Nicht-produktive Elemente« wurden in den Gaskammern ermordet, »arbeitsfähige« Häftlinge ins »Innere des Reiches« abtransportiert, und ab Oktober 1944 folgte die Demontage, später die Sprengung von Krematorien.

Yehuda und den anderen Jungen blieb das nicht verborgen. Die Hoffnung, Birkenau zu überleben, wuchs.

Am 18. Januar 1945 mußten sich die Jungen auf den »Evakuierungsmarsch« machen. Yehuda dachte: »Nur durchhalten, durchhalten, nicht stehenbleiben, nicht einschlafen!«

Nach mehreren Tagen erreichten sie das 70 Kilometer entfernte Außenlager Blechhammer. Hier wurden sie »einwaggoniert«. »Zum Glück kam ich in einen geschlossenen Wagen.«

Unterwegs wurde der Zug bombardiert. Der erste Waggon wurde getroffen. Viele kamen dabei ums Leben.

Sie hatten kaum etwas zu essen mit. Wasser gab es nicht.

Der Weg führte über Yehudas Heimatstadt Ostrava. Dort wurden die Türen geöffnet. Von »irgendeiner tschechischen Hilfsorganisation« erhielten sie Brot und etwas zum Trinken.

Nach mehrtägiger Fahrt wurden die Zustände im Waggon »schlimmer und schlimmer«. Die Notdurft hatten sie in abgerissenen Teilen der aus Birkenau mitgenommenen Decken verrichtet und aus der Luke geworfen. Als sie keine Decken mehr hatten, »machten wir alles auf den Fußboden in einer Ecke des Waggons«. »Es stank fürchterlich.«

Nach mehr als zweiwöchiger Irrfahrt erreichte der Transport Mauthausen in Österreich. Das Konzentrationslager war überfüllt. Immer mehr Menschen kamen an. Die Essensrationen waren kleiner als in Birkenau. Es gab nur wenig Wasser. »Alles war verlaust, und wir schliefen wie die Sardinen auf dem Boden der Baracke.«

Die Erwachsenen mußten »ausrücken« und Gleise, die von Luftangriffen beschädigt worden waren, reparieren. »Viele kamen dabei ums Leben.«

Die Jungen blieben im Lager. Sie hatten die Fußböden der Baracken sauber zu halten.

Nur noch Haut und Knochen

In der zweiten Aprilhälfte wurden sie wieder in Marsch gesetzt, Richtung Wels. »Der Marsch von Birkenau nach Blechhammer war nichts im Vergleich mit diesem Todesmarsch.« Viele erreichten das Lager Gunskirchen, das noch überfüllter als Mauthausen war, nicht.

Als US-Soldaten wenige Tage nach ihrer Ankunft Gunskirchen befreiten, bestand Yehuda nur noch aus Haut

187

und Knochen. Er wog 34 Kilogramm. Der Junge ging zurück in die Tschechoslowakei. »Ich dachte, vielleicht finde ich meine Mutter oder Schwester wieder.«

Er kam in ein provisorisches Jugendheim im Schlößchen Stirin, 30 Kilometer südlich von Prag. Einer der Lehrer der aus den Lagern gekommenen Kinder war hier H. G. Adler, selbst Auschwitz-Überlebender, der sich später Jahrzehnte der Erforschung der Judenverfolgung durch den NS-Staat widmete. Er erinnerte sich 1982 daran, wie er Yehuda Bacon kurz vor dessen 16. Geburtstag im Juli 1945 kennenlernte:

»Mir wurde eine Gruppe tschechisch sprechender Halbwüchsiger zugewiesen, meist Buben, die fast alle einige Jahre in Theresienstadt, Auschwitz und Mauthausen zugebracht hatten und sich zumeist seit 1942/43 in Theresienstadt kannten. Yehuda fiel mir unter ihnen am meisten auf: ein ausdrucksstark jugendliches, fast noch kindliches Antlitz, mit fast greisenhaften Zügen und dazu ein verstörter Blick.

Anfänglich hielt sich Yehuda zurück, doch bald kamen wir einander sehr nahe. Besonders berührte mich sein Wissensdrang ohnegleichen, der die verschiedensten, doch besonders philosophische, theologische und religiöse Fragen betraf. Dieser Gesprächsstoff gesellte sich einem elementaren Drang nach intimster Mitteilung nicht nur mannigfacher Tatsachen einer schlimmen Verfolgungszeit, sondern auch einem Strom subtiler Reflexionen, die ein überaus tiefes, doch verletztes Gemüt über das schillernde Spektrum seiner Erlebnisse angestellt hatte.«

Yehuda Bacon war von den Lagerjahren geprägt. Gleich nach dem Krieg sah er ein Begräbnis mit einem großen Sarg und Musik. Er mußte fast lachen und dachte: »Sind denn die Leute wahnsinnig, um eines Leichnams willen solche Geschichten zu machen?« Oder beim Besuch eines Konzerts oder im Theater berechnete er unwillkürlich, wie lange es dauern würde, die Zuschauer zu vergasen. Er versuchte sich vorzustellen, wie viele Kleider, Goldzähne und Säcke mit Haar von ihnen übrigbleiben würden.

Er mußte lernen, das Leben aus einer anderen Pespektive als der des Lagers zu sehen. Er erinnert sich, daß er das erste Mal wieder weinen konnte, als einer seiner Lehrer starb.

»Ich war ein Hungerkünstler«

Fast alle verfügbare Zeit verwendete Yehuda Bacon zum Malen. Schon als Kind war sein Talent aufgefallen. Und auch in Theresienstadt und Auschwitz hat er illegal Zeichnungen vom Alltag im Lager angefertigt. Jetzt schuf er sie alle aus dem Gedächtnis noch einmal. Seine Werke beschäftigten sich mit Vernichtungsanlagen, den Verbrennungsöfen, der Stacheldrahtumzäunung, den Wachtürmen, den SS-Männern, dem Leiden der Häftlinge. Er zeichnete halbverhungerte Gestalten, die »Muselmänner« genannt wurden,

Mütter mit ihren Kindern und viele Selbstbildnisse.

H. G. Adler suchte im Herbst 1945 den Maler und Akademieprofessor Willy Nowak mit einigen Arbeiten von Yehuda Bacon in Prag auf. »Nowak erklärte sich sofort bereit, ihn als Privatschüler zu unterweisen.«

Willy Nowak schrieb an den in Tel Aviv lebenden Schriftsteller und Dramaturgen Max Brod und machte ihn auf Yehuda Bacon aufmerksam. Max Brod und Hugo Bergmann, der an der Hebräischen Universität Philosophie lehrte, setzten sich für den jungen Künstler ein. Yehuda Bacon bekam ein Stipendium für das Studium an der Bezalel-Kunstakademie in Jerusalem.

Als er 1946 dorthin ging, mußte Yehuda Bacon keine Studiengebühren bezahlen. »Alles andere war nicht geregelt.«

Viele halfen ihm. Seine Schwester Rella, die 1939 ins Land gekommen war und in einem Kibbuz lebte, verschaffte ihm einen Schlafplatz. Von der »Jugend-Alijah« (Alijah = Einwanderung nach Palästina; d.Verf.) bekam er Kleidung. Über einen »weitläufigen Verwandten« konnte er in einem Kinderheim »auf den kleinen Stühlchen« zu Mittag essen ... »Das war sehr schwer. Ich war ein Hungerkünstler.«

Aber er war froh, Kunst studieren zu können. Auschwitz blieb das Zentrum seines bildnerischen Schaffens. Er wollte all das, was ihm als Kind zugestoßen war, ausdrücken. Seine Bilder unterzeichnete er nicht mit seinem Namen, sondern mit der Nummer, die man ihm in Auschwitz auf den linken Unterarm eintätowiert hatte: 168194.

Während der ersten Jahre nach der Befreiung habe er sich gedanklich meist noch im Konzentrationslager aufgehalten. »Nur eine Innenschau lockte mich, doch ihr Ergebnis wirkte auf andere Menschen symbolisch, und da verwandelte sich mein Schaffen in Kunst, wie ich hoffe, weil ihre Aussage stark genug und aufrichtig war, um Mitmenschen etwas zu bedeuten.«

»Ich wollte nicht nur mit diesem einen identifiziert werden«

1955 beendete Yehuda Bacon sein Studium an der Bezalel-Kunstakademie. Danach setzte er seine Studien drei Jahre lang in London, Paris und Florenz fort. Kurz nach seiner Rückkehr nach Israel wurde er als Lehrer und Dozent an die Bezalel-Kunstakademie berufen, wo er heute Professor für Grafik und Zeichnen ist.

Studienaufenthalte haben ihn wieder nach London und nach New York geführt. Seine Werke wurden in aller Welt ausgestellt: in Antwerpen, Kopenhagen, Wien, Oslo, Stockholm, Helsinki, Princeton (USA), London und Berlin, um nur einige Städte zu nennen.

Aus erster Ehe hat Yehuda Bacon eine Tochter. Sie heißt Hanna, benannt nach seiner in Stutthof umgekommenen Schwester.

1970 heiratete er Leah. Sie ist Doktor für Literatur an der Universität in Jerusalem.

Zusammen haben sie zwei Söhne, Benjamin Israel – »er wurde nach unseren Vätern benannt« – und Hannan Brachiahu; »Hannan war der Wunsch der Mutter meiner Frau, in ihrer Familie hatte ein Verstorbener einen ähnlichen Namen.«

Die beiden Jungen waren viele Jahre sehr krank. Leah Bacon gab eine Zeitlang ihre Berufstätigkeit auf, um sich ganz den Kindern widmen zu können.

Yehuda Bacon wollte seinen Söhnen nicht verschweigen, daß er im Konzentrationslager gewesen war. »Meine Frau und ich hatten uns vorgenommen, ihnen alles zu erzählen, sobald sie fragen. Als sie noch klein waren, haben wir natürlich nichts erzählt. Danach gab es dann eine Zeit, in der sie sehr viel Interesse daran hatten. Sie wollten wissen, wie es war. Ich habe es ihnen, so wie ich es für richtig hielt, erzählt. Sie haben auch Bücher zum Thema gelesen, die sie sich selbst aus dem Bücherregal genommen hatten.«

Heute befaßt sich Yehuda Bacon in seinen Bildern nicht mehr unmittelbar mit Auschwitz. Er unterzeichnet sie jetzt mit seinem Namen, nicht mehr mit der Lagernummer.

»Es gab einen Moment, da spürte ich, daß ich zum Thema Auschwitz das Meinige getan hatte. Ich wollte etwas anderes schaffen und kein ›Berufs-KZler‹ werden. Ich wollte nicht mehr nur mit diesem einen identifiziert werden. In vielen meiner Bilder von heute sind zwar Andeutungen zur Lagerthematik enthalten, aber ganz verschlossen, ganz versteckt. Wer in die Bilder schaut, kann es sehen, aber es ist ganz anders.«

Nach wie vor gibt er seinen Werken keine Titel. Er meint, Kunst solle jedem Menschen eine individuelle Erfahrung mit seinem eigenen Leben vermitteln. Das würden plakative Bezeichnungen eher verhindern.

Yehuda Bacon hat sich den Weg in ein sinnerfülltes Leben hart erkämpfen müssen. Das sei ihm vor allem durch seine künstlerische Arbeit gelungen. »Meine Bilder haben mich gerettet.«

Vor dem Ersten Weltkrieg gehörte er zu Ungarn, danach zur Tschechoslowakei, 1939 wieder zu Ungarn und seit dem Zweiten Weltkrieg zur Sowjetunion. Die Rede ist von dem Ort Iršava in den Karpaten, wo am 29. April 1928 Hanna Markowicz auf die Welt kam.

Zu Hause wurde jiddisch gesprochen. »Wenn wir sie nicht verstehen sollten«, erzählt Hanna, redeten die Eltern miteinander ungarisch. Ein Grund für sie und ihre vier Brüder Schmuel, Jakov, Herschel und Josel, diese Sprache zu lernen.

Die beiden älteren Brüder besuchten eine tschechische Mittelschule. Der Unterricht wurde in Tschechisch und Deutsch abgehalten. »Damit sie alles schafften, kam zu uns nach Hause ein Lehrer, der Deutsch lehrte.« Hanna lernte mit.

Sie selbst ging in eine russische Schule; Unterrichtssprachen: Russisch und Tschechisch.

Die Familie hatte Land- und Waldbesitz. »Auch wir Kinder haben auf den Feldern mitgearbeitet. Das haben wir gern getan, nicht, weil wir es machen mußten.« In den Markowicz'schen Wäldern wurde Holz geschlagen und meist ins Ausland, auch nach Deutschland, exportiert.

In Iršava gab es eine große Jüdische Gemeinde. Ungefähr die Hälfte der 10 000 Einwohner gehörte ihr an.

Die Familie Markowicz aß nur koscheres Essen. Sie hielt die jüdischen Feiertage ein. Hanna bezeichnet sie als fromm, aber nicht orthodox. Ihr Vater wäre »modern angezogen« gewesen.

»Ich habe keinen Glauben mehr«

Die Geschichte der Hanna Loewenstein

Zu Weihnachten wurden sie immer von einer christlichen Familie eingeladen. Ihr Vater ging meist mit den Kindern zur Feier, ihre Mutter nicht immer, »die machte das nicht so gern«. Umgekehrt besuchte die christliche Familie die Markowicz an jüdischen Feiertagen.

»Ich habe zunächst keinen Antisemitismus gespürt. Es gab zwar Streit in der Schule, aber der hatte mit Antisemitismus nichts zu tun. Jedenfalls kann ich mich nicht daran erinnern. Ich hatte sowohl russische als auch jüdische Freundinnen. Das war nichts Außergewöhnliches.«

Vernichtung im Eiltempo

Zeit seines Lebens war Hannas Vater ein politisch stark interessierter Mensch. Die Entwicklungen im Europa der dreißiger Jahre beunruhigten ihn.

»Es muß schon 1938 gewesen sein, da wollte er mit uns nach Rußland oder Amerika auswandern.« Er sah für sich und seine Familie keine Zukunft mehr in Iršava. Aber seine Frau wollte nicht. »Ich gehe nirgendwohin, solange meine Mutter hier lebt«, hatte sie gesagt.

Ungarn annektierte von der Tschechoslowakei die Karpatenukraine, zu der Iršava gehört. Die ungarische Regierung erließ 1939 antijüdische Gesetze. Juden, die nicht beweisen konnten, daß ihre Vorfahren »bereits seit mindestens 1867 in jener Provinz ansässig« waren, waren besonders bedroht. Auch auf Verwandte der Familie Markowicz, die aus Polen eingewandert waren, traf dies zu.

Im Herbst 1941 wurden mehr als 10 000 Juden, vor allem aus der Karpatenukraine über die Grenze in das von Deutschland besetzte Kamenez-Podolskij verschleppt und von der SS ermordet.

»Von unseren Verwandten wurden die ersten im Jahre 1942 deportiert. Damals haben wir geglaubt, daß es nicht noch schlimmer werden kann, als es ohnehin schon war.«

Sie täuschten sich.

Obwohl schon viele Juden aus Ungarn ermordet worden waren, hatte die Regierung in Budapest den deutschen Aufforderungen zu ihrer Deportation nicht entsprochen.

Die Lage für die 750 000 Juden im Land änderte sich schlagartig, als deutsche Truppen Ungarn am 19. März 1944 besetzten. Ab Mitte April begannen die Nazis mit der systematischen »Konzentration« der Juden aus Iršava und der gesamten Karpatenukraine. Hanna, ihre Eltern und drei ihrer vier Brüder wurden nach Muncás in eine Ziegelei gebracht, die zum »Durchgangslager« umfunktioniert worden war. Schmuel, der älteste Bruder, war schon einige Zeit vorher in ein »Arbeitsbatallion« der ungarischen Armee beordert worden.

»Mein Vater gab sich optimistisch. Er zeigte nicht, daß er Angst hatte. Er besaß Münzen und Geld, darunter viel deutsches aus der Inflationszeit. Er nahm es mit und verteilte es in Muncás an die Kinder.«

Mitte Mai begannen die Transporte. Einen Monat später waren bereits 285 000 jüdische Menschen aus der Karpatenukraine und aus Nord-Transilvania (Nord-Siebenbürgen) nach Birkenau deportiert worden. Die Nazis betrieben mit größter Eile die Vernichtung der jüdischen Gemeinde in Ungarn. Die Transporte waren noch im Gange, als am 6. Juni 1944 britische und US-amerikanische Soldaten an den Stränden der Normandie in Frankreich landeten. Sowjetische Truppen waren fast bis nach Ostgalizien vorgerückt. Bald würden sie den Osten Ungarns erreichen.

»Sie ist verrückt, dachten wir«

Die Familie Markowicz kam im Sommer 1944 in Auschwitz-Birkenau an. Männer und Frauen wurden sofort getrennt. »Meine Brüder gingen mit meinem Vater, ich ging mit meiner Mutter. Als wir auf einer Art Kreuzung ankamen, schickte Mengele, den Namen habe ich später erfahren, meine Mutter auf die linke und mich auf die rechte Seite. Ich sagte zu ihr: ›Komm zu mir!‹ Aber sie wollte nicht. Ich sagte noch einmal: ›Komm doch rüber, Mutti.‹ Sie wollte nicht, weil man ihr ›Nach links!‹ gesagt hatte. Zum dritten Mal rief ich: ›Komm doch schon rüber, Mutti!‹ Der Mengele hatte das gehört. Er ging zu meiner Mutter und packte sie mit einem krummen Gehstock am Hals und warf sie auf den Boden.«

Seitdem erinnert sich Hanna immer wieder an dieses Erlebnis. »Ich hätte eigentlich zu meiner Mutter gehen und sie nicht rufen sollen. Das wäre das Naheliegendste gewesen. Ich habe es nicht gemacht. Dabei wußte ich doch gar nicht, wohin meine Mutter geht und wohin ich gehe.«

Mit vielen Mädchen aus Iršava – darunter eine Cousine und ihre beste Freundin mit deren zwei großen Schwestern – wurde Hanna in ein »großes Lager« gesteckt. »Wir hielten zusammen.«

Ihnen wurde der Kopf kahlgeschoren. Sie mußten sich nackt ausziehen und in einer Reihe Aufstellung nehmen. Wer das nicht wollte, wurde mit einem Knüppel geschlagen. Danach gingen sie ins »Bad« und kamen in »gestreiften Kleidern« wieder heraus.

»Als wir draußen waren, suchte ich meine Freundin. Ich fragte ihre Schwester, wo sie geblieben ist. Alle fingen an zu lachen, weil sie neben mir stand. Ich hatte sie in dieser Kleidung und ohne Haare nicht erkannt.«

Das Lachen der Mädchen war kaum verklungen, da kam eine junge Frau auf sie zu. »Sie schrie uns an: ›Ihr Idioten, wie die Schafe hat man euch hierher gebracht.‹ Sie war sehr böse. Wir blickten uns verwundert an. Sie schimpfte weiter: ›Guckt nur in die Krematorien dort, da brennen eure Eltern!‹ – ›Sie ist verrückt‹, dachten wir, ›wie kann sie nur so reden?!‹ Wir haben nicht geglaubt, daß so etwas wahr sein kann.«

Hanna und ihre Freundinnen kamen in eine Baracke, in der rund 1 000 Mädchen und Frauen hausen mußten. »Wie die Heringe haben wir in den Kojen geschlafen, Kopf an Fuß an Kopf an Fuß…« Umdrehen konnten sie sich nur gemeinsam.

Beim Appell mußte die »Belegstärke« abgezählt werden. Wenn sich jemand verzählt hatte oder am Schluß nicht die richtige Zahl herauskam, mußte die Prozedur wiederholt werden. Das dauerte manchmal vier Stunden. Die ganze Zeit mußten sie stillstehen. Keine durfte austreten gehen. Erledigte eine jedoch auf dem Appellplatz ihr Bedürfnis, »bekam sie Schläge oder wurde umgebracht«.

Es gab sehr wenig zu essen. Die Suppen, die fast nur aus Wasser bestanden, konnte Hanna nicht essen. So blieben ihr für den Tag ein Stück Brot und ein bißchen Margarine. Davon wurde immer etwas »für später« aufbewahrt.

»In unserem Block war eine hochschwangere Frau. Zum Glück hatten wir als Blockälteste eine brave Jüdin aus der Tschechoslowakei, die ihr half. Die Frau bekam das Kind. Da es verboten war, ein Kind zu haben, sollte möglichst niemand etwas von der Geburt und dem Kind mitbekommen.«

Das Bild der Mutter

Hanna konnte vieles, was um sie herum in Birkenau passierte, nicht aufnehmen. Sie war voller Schmerz über den Verlust ihrer Eltern und Brüder. Besonders an ihre Mutter mußte sie immer wieder denken. Schlimm war für das Mädchen, daß sie sich nicht mehr an das Aussehen ihrer Mutter entsinnen konnte. »Darüber habe ich die ganze Zeit nachgedacht.« Aber sie sah das »Bild der Mutter« nicht.

Von Anfang an hatte Hanna »gefühlt«, daß sie aus diesem Lager wieder »raus mußte«. Sie versuchte mehrmals, in die »Arbeitstransporte« zu kommen, vergebens.

»Unsere Mädchen und jungen Frauen aus Iršava wurden bald zur Arbeit bestimmt. Mich hatte man zurückgewiesen, weil ich zu jung und zu mager war. Aber ich bin zu ihnen rübergelaufen. Sie standen vor einer Baracke. Wir wurden ins Bad geführt und mußten uns wieder ganz ausziehen. Da standen SS-Leute, und jede mußte einzeln zwischen ihnen durchmarschieren.

Mich nahmen sie aus der Reihe. Ich weinte sehr und wollte wieder zu den anderen laufen. Zwei SS-Frauen zogen mich zur Seite und hielten mich fest.

In dieser Baracke wurde eine Blocksperre verhängt und ich in eine andere Baracke gebracht. Ich bekam einen hysterischen Anfall. Das war mir zuvor und ist mir nie wieder passiert.

Eigentlich war alles eine Glücksache. In der Baracke war eine anständige Blockälteste. Die hielt mich fest und sagte: ›Wenn du rausläufst, bist du gleich tot!‹

Aber ich begriff das alles nicht. Ich wollte rausgehen.

Kurze Zeit später wurde noch ein Transport zusammengestellt. Ich lief hin und wurde wieder zurückgewiesen. So blieb ich in dieser Baracke.

Eines Tages saßen wir draußen vor dem Block und aßen etwas. Es war gerade wieder ein Transport zusammengestellt worden. Einige der auserwählten Mädchen gingen unter Bewachung austreten. Sie gingen an uns vorbei. Und als sie wieder rauskamen, sagte eine zu uns in einem unbeobachteten Moment: ›Wer will tauschen?‹ Und sie hatte noch gar nicht richtig fertig gesprochen, da war ich schon in der Reihe.

Das Mädchen ist dort geblieben, weil ihre Schwestern noch im Lager waren. Ich weiß nicht, was aus ihnen geworden ist.

So kam ich nach ungefähr drei Monaten raus aus Auschwitz-Birkenau.«

Bombenangriffe

In Viehwaggons wurden sie nach Hamburg gebracht.

Im Hafengebiet kamen sie »irgendwo« in eine Unterkunft, wo es »viel besser« als in Birkenau war. Es gab Wassertoiletten und Duschen. Sie schliefen in Doppelbetten. Jede hatte eine eigene Schlafstelle. Über dem Bett ein Fach, in dem sich »für jede persönlich« ein Blechteller befand. Morgens bekamen sie eine heiße

»dicke Suppe«. Das alles war »außergewöhnlich.«

Überall im Stadtgebiet mußten sie nach Bombenangriffen Aufräumarbeiten leisten, meistens in zerstörten Fabrikanlagen, zum Beispiel in Eidelstedt und in Wedel.

Nach Wedel fuhren sie mit einem Schiff. Sie erhielten weiße Arbeitskittel und ein großes blaues Taschentuch, das sie um den Kopf trugen. »So haben wir, ohne gestreifte Kleidung, schon wieder mehr wie Menschen ausgesehen.«

Bewacht wurden sie von einem älteren Wehrmachtssoldaten. Die jüngeren unter ihnen sammelte er in einer extra Gruppe. »Obwohl er auch nicht viel hatte«, gab er ihnen öfters etwas von seinem Brot ab.

Als sie in der Nähe eines Rübenfeldes arbeiteten, durften sie hingehen und sich welche holen. Und wenn es regnete, durften sich Hanna und ihre Kameradinnen unterstellen.

Bei ihm mußten sie »nicht viel« arbeiten. Nur wenn ein SS-Mann zur Kontrolle erschien, war es anders.

Hanna erlebte viele Bombardierungen. Sie durften als Häftlinge nie in die Bunker gehen. Einmal befanden sie sich auf einem Fabrikgelände, als es Fliegeralarm gab. Hanna hatte unter einem Baum Platz genommen, da schoß ihr plötzlich durch den Kopf: »Nein, hier bleibe ich nicht.« Sie stand auf, ging zu einer anderen Baumgruppe, und schon krachte eine Bombe dorthin, wo sie gesessen hatte.

Ein anderes Mal waren sie mitten in Hamburg. »Dort war ein großer Bunker.« Als die Sirenen heulten, durften sie wieder nicht hinein. – Der Bunker bekam einen Volltreffer. Sie blieben unversehrt.

Innerhalb der Stadt benutzen sie die Straßenbahn, um zu ihren Einsatzorten zu gelangen. Als sie gerade an einem zerstörten Haus vorbeifuhren, stürzte eine Wand auf die Bahn. Es gab viele Tote und Verletzte. Hanna war am Kopf und am Rückgrat verletzt worden. Sofort wurde Erste Hilfe geleistet. Später wurde sie von Häftlingsärzten operiert.

»So habe ich bei alledem irgendwo noch Glück gehabt.«

Tote über Tote

1945, kurz vor Ende des Krieges: Sie wurden nach Bergen-Belsen in die Lüneburger Heide »verlegt«.

»Überall lagen die halbtoten Menschen. Alle waren vollkommen verlaust. Ständig wurden Tote weggetragen. Wie Holz wurden sie im Wald gestapelt: in Fünferreihen gerade und dann über Kreuz geschichtet. Zu essen gab es kaum etwas. Wie haben wir das eigentlich überlebt?«

Untersuchungen zufolge starben allein im März 1945 über 18 000 Menschen in Bergen-Belsen.

Die Engländer befreiten das Lager am 15. April. Die Häftlinge brachen die Vorratslager mit den Lebensmitteln auf. Hanna griff sich einige Konserven. Aber es entbrannte »ein Kampf« um die Vorräte. Sie ließ die Dosen fallen. »Zum Glück«, wie sich herausstellen sollte, »denn viele bekamen nach dem Essen Durchfall und starben daran.«

Nach der Befreiung des Konzentrationslagers kamen weitere 14 000 Menschen ums Leben.

Wie viele andere erkrankte Hanna an Typhus. Sie kam in ein von den Engländern errichtetes Lazarett. Ihre Augen waren geschwollen und rot unterlaufen. Und sie litt noch unter den Folgen des Hamburger Straßenbahn-Unfalls. »Wenn ich zurückdenke, wie ich aussah ...«

Schmuel und Jakov hatten überlebt

Hanna wurde zusammen mit anderen jungen Frauen nach Schweden gebracht. Manche kamen in Krankenhäuser, andere in ein Sanatorium in Malmö. Die erste Zeit war fast ausschließlich mit ihrer medizinischen Betreuung ausgefüllt.

Sie erhielten zwar genug zu essen, hatten aber immer das Gefühl, es sei zu wenig. »Erst später haben wir begriffen, daß es in unserem Zustand nicht gut war, zu viel zu essen.«

Die Bevölkerung kümmerte sich »vorbildlich« und »rührend« um sie. »Wir sahen wie Tiere aus. Trotzdem kamen sie und haben für uns Süßigkeiten und andere Sachen gebracht.«

Nachdem sich Hannas Gesundheitszustand verbessert hatte, wurde sie von einer Familie aufgenommen. Sie besuchte eine Schule. In ihrer Klasse waren nur ehemalige Häftlinge. Sie lernten in Englisch, Schwedisch und

Hebräisch. »Das Niveau war nicht gut.« Aber es reichte zum Abschluß der Volksschule.

Hanna hatte mit Hilfe des Roten Kreuzes herausgefunden, daß ihre beiden älteren Brüder Schmuel und Jakov am Leben waren. Sie wollte so schnell wie möglich zu ihnen fahren. »Meine Brüder wollten aber nicht, daß ich komme. Sie schrieben nicht, warum.«

Erst viele Jahre später – genauer gesagt, 1964, als sie ihre Brüder, die heute in Israel leben, besuchte, erfuhr sie den Grund.

Iršava gehörte seit dem Ende des Zweiten Weltkrieges zur Sowjetunion. »Meine Brüder waren 1945 zurück nach Hause gegangen. Sie zogen bald zu meinem Onkel, der in der Gegend die größte Autowerkstatt hatte. Er war nicht deportiert worden. Während des Krieges hatte er für die Front gearbeitet. Er mußte Autos und Flugzeuge reparieren. Er hatte großen Einfluß. Es gelang ihm, einen Zug Juden zurückzuhalten. Er hatte die Gendarmerie mit Geld bestochen.

Nach dem Krieg arbeiteten Schmuel und Jakov in seiner Werkstatt. Damals sollte ich nicht kommen, weil die Situation zu Hause überhaupt nicht gut war. Denn viele der aus den Lagern zurückgekehrten Menschen hatte man gleich nach Sibirien geschickt.«

»Ich gehe in kein anderes Land«

Hanna und ihre Kameradinnen bekamen nach Absolvierung der Schule in Schweden eine Stelle in einer Schoko-

Hanna Loewenstein (Anfang der fünfziger Jahre)

ladenfabrik. Das Unternehmen stellte ihnen eine Wohnung.

Es war wie in einem »kleinen Paradies«. Sie wohnten gut, hatten genug zu essen, konnten sich etwas kaufen. Alle, die mit Hanna befreundet waren, wurden von ihr mit Schokoladepaketen bedacht.

Für sie alle stand jedoch fest, daß sie nicht in Schweden bleiben wollten. Ihr Ziel war Palästina. Zwar hatte Hanna von ihrem Onkel Einwanderungspapiere für die USA erhalten, aber als sie Näheres über das zukünftige Israel erfahren hatte, war klar: »Ich gehe in kein anderes Land, nur nach Israel und nur in einen Kibbuz. Ich will das Land mit aufbauen.«

Da die Briten Palästina kontrollierten, reiste Hanna mit einem schwedischen Paß als Touristin ins Land. Das war am 29. April 1948, ihrem 20. Geburtstag.

Sie entschied sich, in den Kibbuz Dorot im Süden zu gehen. Dieser Kibbuz lebte damals von der Landwirtschaft. Hanna arbeitete zuerst in der Küche, später als Pflegerin in den Kinderhäusern.

Im Kibbuz gab es ein Radio, und ein Programm verpaßte Hanna nie: die Suchmeldungen mit Namen, Geburtsdaten und -orten der »verschwundenen« Menschen. Jeden Tag kam die Sendung; sie dauerte mehrere Stunden. Hanna hoffte, etwas von ihrer Familie zu hören. Sie schrieb sich die Finger wund ... Später veröffentlichten die Zeitungen lange Listen mit den Namen der Vermißten. »Aber ich habe niemanden gefunden.«

Kibbuz Yad Hanna: Hanna-Senesh-Denkmal

Yad Hanna

Schon bald, nachdem sie ins Land gekommen war, hatte Hanna Markowicz ihren späteren Mann kennengelernt, Jürgen Loewenstein. Er stammte
aus Berlin, war Häftling in Auschwitz
gewesen.

1951 ging das Ehepaar in den neuge-
gründeten Kibbuz Yad Hanna. Durch
den Namen soll an Hanna Senesh erinnert werden, eine ungarische Jüdin,
eine Dichterin, die in Palästina gelebt
und sich während des Zweiten Weltkrieges einer jüdischen Brigade im an-
tifaschistischen Widerstand in Europa
angeschlossen hatte. Sie war von den
Nazis verhaftet und ermordet worden.

Der Kibbuz Yad Hanna hatte unter
sehr schwierigen Bedingungen begonnen. Sie hatten nur wenig zu essen,
»weil es im ganzen Land nicht viel
gab«. Wenn sie zum Frühstück ein
paar Oliven und ein halbes Ei bekamen, war das schon ein »Feiertag«. Da
es keinen Zucker gab, süßten sie ihren
Tee mit Marmelade. An ein Huhn war
nicht zu denken, Äpfel unbezahlbar.

Als Hanna von ihrem in Schweden ver-
dienten Geld für zweieinhalb Pfund
ein Paar Schuhe kaufte, sahen sie alle
kopfschüttelnd an. »Wie konnte sie
nur so viel Geld ausgeben?!«

Hanna arbeitete auf dem Feld. Es
wurde Gemüse angebaut. Dadurch bekam der Kibbuz seine Einkünfte.

Viele Jahre hatten sie keinen Traktor, nur ein Pferd. Der Kibbuz besaß
nur wenige Kühe, die per Hand gemol-
ken wurden. Bei jedem Wetter wurde
acht Stunden ohne Pause gearbeitet.
Die Wäsche mußte mit der Hand ge-
waschen werden. Das Essen wurde auf
Petroleumkochern zubereitet.

1953 begann Hanna Loewenstein,
als Pflegerin in den Kinderhäusern zu
arbeiten. Sie hatte bereits zwei Töchter, Noomi, 1949 geboren, und Noga,
1952 zur Welt gekommen. »Ich habe
Kinder schon immer sehr geliebt.«

Hanna Loewenstein mit ihrem Mann und den
drei Töchtern (1964)

Über 30 Jahre hat sie diese Arbeit geleistet und 1959 ihrer dritten Tochter Naawa das Leben geschenkt.

Heute ist sie fünffache Großmutter. Ihre älteste Tochter Noomi, die als Lehrerin in ihrem Kibbuz gearbeitet hat, ist 1988 gestorben.

Eine sehr schöne Zeit

Hanna Loewenstein hat das Töpferhandwerk und das Modellieren von Skulpturen erlernt. Seit einigen Jahren gibt sie ihre gestalterischen Fähigkeiten in Kursen weiter.

»Aus Ton kann jeder etwas machen, egal, ob die Menschen ein Jahr oder 120 Jahre alt sind.«

Sie hat immer im Kibbuz gelebt und gearbeitet. Sie wollte nie in die Stadt ziehen. Zum Idealismus der frühen Jahre ist im Laufe der Zeit eine große Portion Skepsis hinzugekommen. »Heute kommen die Leute in den Kibbuz, weil hier das Leben bequemer ist als in der Stadt. Alles ist mehr materiell ausgerichtet, als wir, die den Kibbuz gegründet und aufgebaut haben, das wollten. Aber mir ist auch klar, daß der Kibbuz keine Oase ist, sondern auch vom Leben draußen beeinflußt wird.«

Rückblickend meint sie, die Zeit im Kibbuz »war die schönste in unserem Leben«. Nirgendwo sonst hätte sie »so eine Gemeinschaft« erleben können.

Für Hanna und Jürgen Loewenstein ist ein »Traum« in Erfüllung gegangen, trotz aller ökonomischen und anderen Probleme, die der Kibbuz hatte und

hat. Sie genießen, in einer schönen Wohnung zu leben. »Als wir in das Land gekommen sind, lebten wir in Blechbaracken. In Holzbaracken zu leben, das war schon etwas Besonderes. Heute haben wir Steinhäuser mit allem Komfort. Jeder hat ein Radio und einen Fernseher. Sogar studieren kann man.«

Nach Auschwitz hat Hanna Loewenstein, wie sie sagt, »sehr vieles« vergessen, auch aus der Geschichte ihrer eigenen Familie.

Sie erzählt, wie eines Tages jemand in den Kibbuz kam, sie umarmte und sagte: »Du bist meine Cousine.« Sie sah ihn an und dachte: »Ich kenne ihn nicht. Was will der von mir?«

Der Mann fuhr fort: »Kannst du dich denn nicht an deine Tante erinnern, die Schwester deines Vaters?«

Sie konnte sich an »gar nichts« erinnern.

Ihr Cousin mußte lange und geduldig berichten, bis sich Hanna an die Tante, die nach dem Krieg nach Belgien gezogen war, entsinnen konnte. Aber ihren Cousin, der vor ihr stand, konnte sie nicht wiedererkennen.

»Wo war er denn?

Hanna Loewenstein hat nach Auschwitz den Glauben an Gott verloren. »Wo war er denn damals?«

Sie gesteht, daß es ihr schwer fällt, ohne den Glauben an Gott leben zu müssen.

»Das einzige, woran ich glaube, ist an das Schicksal.«

202

Jürgen und seine Familie lebten in sehr armen Verhältnissen. Seine Mutter Paula war geschieden und als Schreibhilfe beschäftigt, schrieb Adressen auf Kuverts, in denen Reklame verschickt wurde. Sie heiratete später Walter Loewenstein, der als Chemiker in der Parfümerieabteilung eines großen Warenhauses beschäftigt war. Zuerst wohnten sie mit den Großeltern Berthold und Agathe Sochaczewer in der Gipsstraße, dann in der Kaiserstraße. Als die Nazis sie aus dieser Wohnung »verwiesen«, zogen sie ins Scheunenviertel im Zentrum Berlins, und zwar in die Grenadierstraße 4a (heute Almstadtstraße 87).

»In der Grenadierstraße wohnten vor allem Juden, die aus Polen gekommen waren. Die meisten waren kleine Händler, Schneider oder Schuster. Überall gab es kleine Stuben, die als Synagogen dienten. Die Leute waren anders als wir angezogen und sprachen jiddisch, wovon ich kaum etwas verstand. Die Juden im Scheunenviertel waren unvorstellbar arm. Damals hieß es, die Juden seien an allem schuld und alle Juden reich. Das stand in krassem Gegensatz zu den sozialen Bedingungen, in denen meine und die anderen Familien im Scheunenviertel lebten.«

Jürgen, am 28. März 1925 geboren, hatte einen evangelischen Kindergarten besucht, dann die jüdische Knabenschule in der Kaiserstraße 29/30 (heute Jacobystraße) und anschließend die jüdische Mittelschule in der Großen Hamburger Straße 27.

Jürgen war dreizehn, als er das erste Mal vom Konzentrationslager Sach-

»Mein ganzer Hintergrund ist deutsch«

Die Geschichte des Jürgen Loewenstein

senhausen, 35 Kilometer nördlich von Berlin gelegen, erfuhr. Hierhin wurden viele Berliner Juden nach ihrer Verhaftung in der Pogromnacht vom 9. auf den 10. November 1938 gebracht.

Anfang Dezember 1938 wurde es Juden untersagt, viele Straßen und Plätze zu betreten. Hierfür wurde der Ausdruck »Judenbann« geprägt. Das Leben der Familie spielte sich fast nur noch in der eigenen Wohnung ab.

Natürlich haben sie über Auswanderung diskutiert. Aber sie scheiterte »vor allem« am nicht vorhandenen Geld.

Die Familie wollte wenigstens Jürgen den Weggang aus Nazi-Deutschland ermöglichen. Der Junge wurde auf die »Hachschara« geschickt, eine landwirtschaftliche Vorbereitungsschule für die Einwanderung nach Palästina.

Hachschara

Am 1. September 1939 stand Jürgen auf dem Bahnhof in Sommerfeld (Niederlausitz) und wartete auf die Schmalspurbahn, die ihn in das nahegelegene Schniebinchen bringen sollte. Seine Habseligkeiten trug er in einem Pappkarton verschnürt bei sich.

»He, Kleiner, wo willst du denn hin?« fragte ihn ein Mann.

»Nach Schniebinchen.«

»Aha, du willst nach Palästina. Na, da gehört ihr ja auch alle hin.«

Jürgen war froh, aus Berlin raus zu sein. Er wollte »etwas Neues beginnen,

anfangen zu arbeiten und dabei noch lernen«. Und: »Vielleicht habe ich Glück und komme doch noch aus Deutschland weg.«

Nicht weit vom Dorf Schniebinchen befand sich auf einer Anhöhe das jüdische Jugendlager. In drei Häusern lebten rund 150 Kinder und Jugendliche ab 14 Jahren. Die eine Hälfte des Tages war ausgefüllt mit der landwirtschaftlichen Ausbildung. In der anderen sprachen sie über Zionismus, Arbeiterbewegung, Kibbuz, hatten Palästina-Kunde, machten Theater und Musik, lasen deutsche Literatur, mußten in der Küche helfen...

»Schniebinchen war ein in sich abgeschlossener Platz, und wir hörten nicht viele Neuigkeiten von draußen. Jeder wartete und hoffte auf eine baldige Alijah«, Einwanderung nach Palästina.

Eines Tages gab es für Jürgen eine »grausame Überraschung«. Die Leitung teilte ihm mit: »Für dich ist kein Platz bei uns. Du bist für das Gemeinschaftsleben nicht geeignet.«

Dem Jungen war diese Entscheidung völlig unverständlich. Aber es halfen weder Tränen noch Geschrei.

»Meiner Meinung nach war der Hachschara-Leitung damals nicht klar, daß viele Kinder hätten gerettet werden können, wenn man sie dabehalten hätte. Aber man ging soweit, zu fragen, ob dieses oder jenes Kind fähig sei, in einem Kollektiv in Palästina zu leben. Hier fällten die Lehrer negative Urteile und schickten die Kinder zu ihren Familien zurück, ohne zu bedenken, welcher Gefahr sie damit ausgesetzt wurden.«

Jürgen hatte Glück. Zum Zeitpunkt seiner Ablehnung war die Hachschara-Lehrerin Therese Hemmerdinger aus Rüdnitz in Schniebinchen zu Besuch. Sie erklärte sich bereit, den Jungen in ihrer Gruppe aufzunehmen.

»In Rüdnitz bei Bernau lebte eine kleine Gruppe jüdischer Mädchen und Jungen. Sie waren fest davon überzeugt, daß sie eines Tages nach Erez Israel gehen würden. Die Arbeit im Gemüsegarten war nicht schwer und brachte zusätzliche Verpflegung. Erste Freundschaften wurden geschlossen, Zukunftspläne geschmiedet. Wir vergaßen, was sich in der Welt abspielte. Der Krieg mit all seinen Schrecken schien so weit weg zu sein.«

Die ersten Nachrichten über »Verschickungen in den Osten« erreichten Rüdnitz. »Einige Kameraden, deren Eltern auf der Liste standen, wußten nicht, wie sie sich verhalten sollten: sich den Angehörigen anschließen oder auf Hachschara bleiben. Es wurde beschlossen, daß wir alle zusammenbleiben.«

Ein Hachschara-Stützpunkt nach dem anderen wurde 1940/41 aufgelöst, auch Rüdnitz. »Alles war uns so selbstverständlich. Wir kamen in einen neuen Ort, setzten die Arbeit derer fort, die nicht mehr dort waren, und fragten nicht einmal: ›Wo sind sie geblieben?‹«

Jürgens nächste Stationen waren Ellguth in Schlesien und Eichow-Mühle im Spreewald. »Wir waren schon kein Vorbereitungslager mehr, sondern einfach ein Arbeitslager. Wir arbeiteten auf einem Gut zusammen mit französischen und polnischen Kriegsgefangenen. Wir wurden gezwungen, den ›Judenstern‹ an unsere Kleidung zu nähen. Aber uns machte das nichts aus. Solange wir noch zusammen waren, würde alles schon gut gehen.«

Alle Wege nach Palästina waren inzwischen verschlossen. Jürgen und seine Kameraden hofften, wenigstens in Deutschland bleiben zu können.

»Aber nun ist ja alles vorbei«

Über Ahrensdorf bei Luckenwalde ging es Ende 1941/Anfang 1942 nach Paderborn. Dort hauste die etwa 100köpfige Gruppe in einem Barakkenlager am Grünen Weg 86. Sie mußten für die Stadt Zwangsarbeit leisten. Jürgen war als Straßenkehrer und bei der Müllabfuhr eingesetzt. Ab und zu steckten ihnen Paderborner Lebensmittel zu.

»Trotz der schweren körperlichen Arbeit wurde die kulturelle Seite unseres Lebens nicht vergessen. Natürlich feierten wir alle jüdischen Feste und lernten fleißig Hebräisch. Wir saßen in Gruppen zusammen und hörten Gedichte und Musik. Fritz Schäfer, einer unserer Madrichim, hielt Vorträge, über die wir viel diskutierten. ›Ein Gespenst geht um in Europa, das Gespenst des Kommunismus.‹ Er fragte, wie viele wüßten, daß so das Manifest beginnt. ›Wenn wir nach Erez Israel kommen, muß uns klar sein, daß uns der arabische Fellache näher steht als der jüdische Bourgois.‹ Fanny Bergas, eine andere Madricha, sprach über das Thema ›Wenn wir alleine auf einer einsamen Insel sind und nur ein Buch mitnehmen können, welches wird es sein?‹«

Die Gruppe konnte Briefe schreiben und empfangen. Sie durfte auch Pakete von Bekannten und Verwandten bekommen.

Die Briefe und Karten, die Jürgen Loewenstein aus Paderborn an Ernst Gross, einen Freund der Familie, in die Chausseestraße 125 in Berlin geschickt hat, sind erhalten geblieben. Nach dem Krieg haben sich die beiden wieder gefunden, und Jürgen Loewenstein hat seine Schreiben zurückbekommen.

Am 23. Dezember 1942 hatte der Junge unter anderem folgende Zeilen zu Papier gebracht:

»Sie wissen doch sicherlich, daß meine Eltern nicht mehr da sind. Sie wurden am 3. dieses Monats abgeholt. Seitdem habe ich keine Nachricht. Ich hatte nicht einmal einen Brief, nur eine Mitteilung von Leuten, die ich nicht kenne. Da sitze ich nun und merke, daß man doch ganz allein ist, daß man keine Verwandten mehr hat, und morgen ist Weihnachten, und Chanukka war auch schon, und kein Brief kam, kein Päckchen mit Liebesgaben, die doch sonst immer kamen, und man ist einsam und verlassen. Aber das hilft ja alles nichts. Kopf hoch und nicht denken, und hoffen, hoffen.

Hier ist alles beim Alten. Die Arbeit ist schwer (ich bin jetzt bei der Müllabfuhr), und das Essen ist mäßig. Daß wir kein Fleisch, keine Eier, keine Kuchenkarte usw. bekommen, wissen Sie ja

wohl. Aber es muß gehen. Manchmal hat man ganz schönen Kohldampf…

Also, morgen ist Heiligabend, und da wünsche ich Euch allen alles Gute. Möge es Ihnen immer so gehen, wie Sie es sich wünschen … Bis jetzt war ich jedes Jahr zu Weihnachten zu Hause und, ich glaube, auch bei Ihnen. Aber nun ist ja alles vorbei…«

In Jürgens Brief vom 7. Februar 1943 heißt es:

»Wir sind insgesamt 100 Leute, davon drei Kinder. In meinem Zimmer wohnen sechs Jungen in meinem Alter und mit dem gleichen Ziel. Sie sind alle prima Kerls, und wir leben sehr gut zusammen. Wenn ein Paket kommt oder einer in der Stadt was bekommt, wird alles geteilt…

Ein Freund hat am 20.2. Geburtstag. Könnten Sie da nicht ein kleines Päckchen zusammenstellen? Ein kleines Geschenk mit einem netten Brief. Er wird sich bestimmt riesig freuen … Er ist ganz allein, ohne Eltern. Erscheint Ihnen die Bitte zuviel verlangt, weil es nicht für mich ist? … Sein Name ist Alfred Ohnhaus.«

Am 23. Februar schrieb Jürgen: »Der Geburtstag von Onny war sehr nett, und es war sehr gemütlich. Man hat für ein paar Stunden alles vergessen können.«

Die Jungen vom Grünen Weg in Paderborn hatten immer noch die Hoffnung, den Krieg zu überleben. Viele von ihnen dachten: »Wir sind unabkömmlich, und so wird es wohl auch bleiben. Das Leben geht weiter. Wir sind jung und halten fest zusammen.«

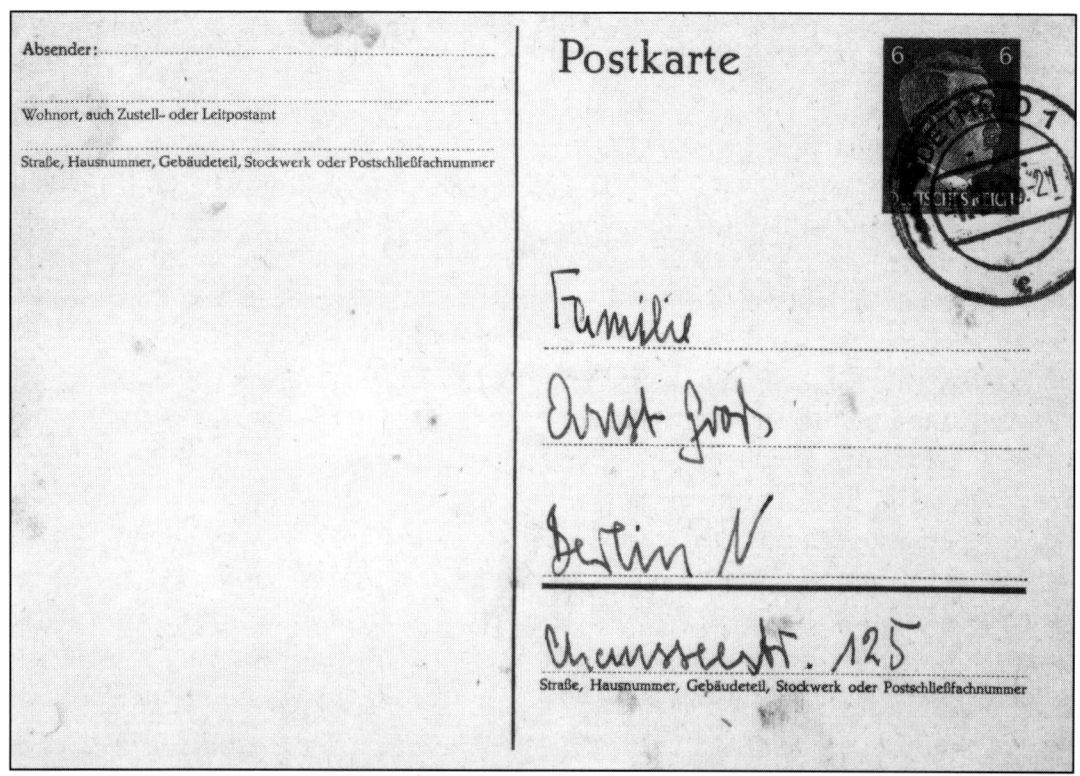

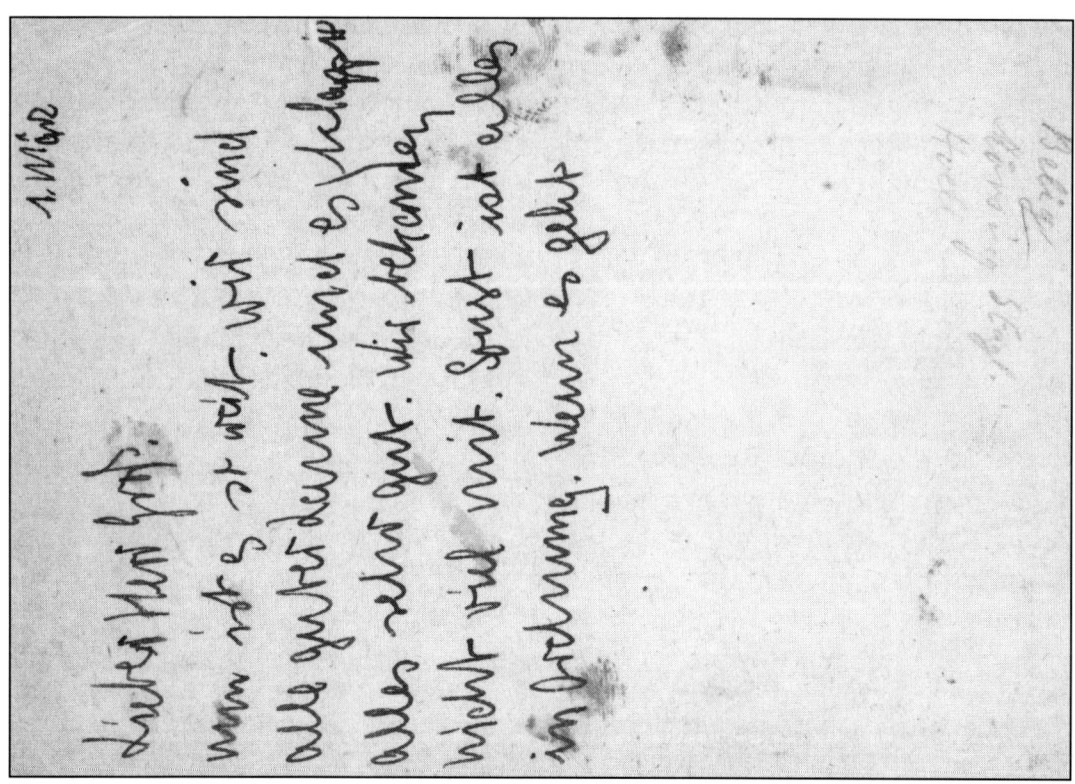

Postkarte vom 1. März 1943 (Vorder- und Rückseite)

Ende Februar 1943 wurde der Gruppe mitgeteilt: »Das Arbeitslager Paderborn wird geschlossen, und ihr werdet in ein anderes Arbeitslager im Osten transportiert.«

»Na, dann kommen wir eben wieder woanders hin und werden dort arbeiten«, dachte Jürgen.

»Nun ist es soweit, wir sind alle guter Laune, und es klappt alles sehr gut. Wir bekamen nicht viel mit. Sonst ist alles in Ordnung. Wenn es geht...« Und hier hört der Satz abrupt auf.

Worte, die Jürgen am 1. März, dem Tag seines Abtransports auf eine Postkarte geschrieben hatte, schon frankiert und adressiert an Ernst Gross. Er hatte sie ohne Absender aus der Luke des fahrenden Viehwaggons geworfen. »Ein ordnungsliebender Deutscher hob sie auf, und da sie, wie es sich gehört, mit Adresse versehen und frankiert war, warf er sie in den Briefkasten.« Sie war noch am selben Tag auf dem Postamt in Detmold abgestempelt worden.

»Arbeitsgruppe Paderborn«

Am Mittwoch, den 3. März 1943, erreichte der Transport Auschwitz-Birkenau. Das läßt sich aus den erhalten gebliebenen Lagerdokumenten feststellen.

Die Gruppe stieg selbstbewußt aus dem Waggon. »Wir formierten uns, die Madrichim, die viel älter als wir waren, in die Mitte nehmend, marschierten wir dem Ende der Rampe entgegen.« Als sie eine Gruppe von SS-Män-

nern erreichten, rief jemand zackig: »Arbeitsgruppe Paderborn.« »Wir wurden alle auf Lastwagen geladen, keiner wurde ausgesondert.«

Die SS brachte sie zu den Bunawerken der IG-Farbenindustrie in Auschwitz-Monowitz. Dort wurden sie beim Aufbau einer Fabrik für synthetischen Gummi und Benzin eingesetzt. Dafür kassierte die SS vom Konzern den Lohn: vier Reichsmark am Tag für einen Facharbeiter, drei Reichsmark für einen Hilfsarbeiter.

Die ersten Tage im »Sonderlager« Monowitz waren für Jürgen und seine Kameraden, wie er sagt, »wohl die schwersten«.

»Wir erkannten kaum einer den anderen, nackt und kahlrasiert in der Kälte stehend.«

Beim »Zählappell« morgens um fünf fehlte am zweiten Tag Benny Stein, einer ihrer Madrichim. »Unter seiner Koje fanden wir ein Paar Lederschuhe mit einem Zettel: ›Ich war in Sachsenhausen. Dies halte ich nicht durch. Gebt die Schuhe dem, der sie am nötigsten hat. Verzeiht...‹«

Benny Stein war in der Nacht barfuß in den elektrisch geladenen Zaun gegangen.

Bald wurden die ersten krank. Aber die Jungen versuchten, als Gruppe durchzukommen. »Es war ein großer Vorteil, daß wir uns schon kannten.« Den Kranken gaben sie einen Teil ihrer Brotration, damit sie bald wieder zu Kräften kamen.

Nach ungefähr einem Monat bekam Jürgen Loewenstein sehr hohes Fieber. Er wurde in das »Stammlager«

Auschwitz I in einen der dortigen »Häftlingskrankenbaublocks« »verlegt«. Als er wieder halbwegs gesund war, blieb er im »Stammlager« und wurde in der nähren Umgebung bei der Straßenplanierung eingesetzt. Die anderen aus der Paderborner Gruppe waren alle in Monowitz geblieben.

Eines Tages schnappte Jürgen einige Brocken eines Gesprächs zwischen zwei SS-Männern auf: Für ein Nebenlager würden Arbeitskräfte für den »Metallbau« gesucht.

»Ich meldete mich und wurde genommen.«

Nach rund eineinhalb Monaten kam er in die 30 Kilometer entfernte »Eintrachthütte« in Świetochłowice. Er mußte bei der Montage von Flakgeschützen helfen. Obwohl er zwölf Stunden am Tag arbeitete, waren die Bedingungen besser als im »Stammlager«. Entscheidend war, daß es dort keine Hungerrationen gab.

Jürgen bekam in der Hütte Kontakt mit den dort beschäftigten zivilen Arbeitskräften. Einmal sprach er mit einem deutschen Meister, der von ihm wissen wollte, warum er im Lager sei. Jürgens Antwort: »Weil ich Jude bin«, worauf der Mann entgegnete: »Erzähl doch keinen Quatsch! Was hast du verbrochen? Wen hast du ermordet? Was hast du gestohlen?« Jürgen wiederholte: »Aber ich bin hier nur, weil ich Jude bin, genauso wie viele andere.« Der Mann erwiderte: »Ach, das kannst du mir doch nicht erzählen!«

»Selbst Leute, die dort mit uns gearbeitet haben, konnten und wollten die Tatsachen nicht glauben. Sie waren der Meinung, daß die in den Konzentrationslagern eingesperrten Menschen Berufsverbrecher sind.«

Überleben Glückssache

Anfang 1945 wurde Jürgen Loewenstein direkt aus dem Auschwitzer Nebenlager »Eintrachthütte« mit einem Transport in Viehwaggons nach Mauthausen in Österreich gebracht. Das Lager war vollkommen überfüllt.

Hier wurden sie gefragt: »Was bist du? Was kannst du?«

Nur einen Augenblick überlegte Jürgen und sagte: »Ein Fachmann, ein Schlosser.«

»Na gut, komm mit!«

Mit einer kleinen Gruppe konnten sie das Lager verlassen. Sie mußten für einige Wochen in Wien in den »Saurerwerken«, einer Autofabrik, arbeiten.

»Das Überleben in Auschwitz, Mauthausen, überall, war reine Glücksache. Denn viele aus unserem Transport waren in Mauthausen sofort mit eiskaltem Wasser abgespritzt worden. Es war Winter, und sie hatten keine Möglichkeit, sich abzutrocknen.«

Dann mußten sie Wien wieder Richtung Mauthausen verlassen. Nur einen Laib Brot bekamen sie auf die mehr als 150 Kilometer lange Strecke mit. Sie lebten von Wasser, Sauerampfer und Gras. Die Bevölkerung half ihnen nicht. »In unserer gestreiften Kleidung sahen wir wie Zuchthäusler aus. Dazu waren wir noch bis auf die Knochen abgemagert. Mit solchen Verbrechern wollte niemand etwas zu tun haben.«

Sie übernachteten im Freien oder in Scheunen. Alle waren übersät mit Läusen. An jedem Halte- oder Übernachtungspunkt zogen sie sich aus und »knackten« erst einmal Läuse.

Bewacht wurden die Häftlinge von Soldaten der Wehrmacht. Am Ende der Kolonne befand sich SS. »Jeder, der zurückblieb, wurde abgeknallt.«

Sie hatten nicht einmal richtige Schuhe, nur Holzpantinen. Das Laufen wurde zur unvorstellbaren Qual. Ein Kamerad von Jürgen sagte immer wieder: »Komm, durchhalten! Wir müssen durchhalten. Nur immer weiter, weiter, weiter.«

Es dauerte Wochen, bis sie das Lager Gusen, fünf Kilometer von Mauthausen entfernt, erreichten. »Fast keiner hat den Todesmarsch überlebt.«

Wenig später, am 5. Mai 1945, wurden sie von US-amerikanischen Truppen befreit.

Jürgen Loewenstein war körperlich am Ende. »Die Lunge war vollkommen hin.« Ein Jahr mußte er in einer Klinik bei Wien verbringen.

»Wir wollten etwas Gemeinsames aufbauen«

Nach seiner Genesung arbeitete Jürgen Loewenstein in Wien in einer Auffangstelle für Flüchtlinge, die in einer Schule untergebracht war. »Damals fing es an, daß die Juden aus Rumänien, Ungarn und Polen flüchteten. Viele kamen nach Wien. In dieser Schule haben wir die Leute aufgenommen und vor allem nach Italien weitergeleitet. Von dort wurden sie nach Palästina gebracht.

Er wollte selbst nach Palästina. Sein Ziel war, in einem Kibbuz zu leben und zu arbeiten. Am liebsten wäre er sofort gefahren, aber seine gesundheitlichen Probleme hinderten ihn. Er sorgte sich um das Klima in Palästina und wollte im Kibbuz keinem zur Last fallen. Hinzu kam, daß er seine Arbeit in Wien gut schaffte und sie für sinnvoll hielt.

1947 lernte er bei einem Seminar in Italien junge Frauen und Männer kennen, mit denen er einige Jahre später den Kibbuz Yad Hanna gründen sollte. In der Nähe von Rom erlebten sie während eines anderen Seminars am 14. Mai 1948 die Gründung des Staates Israel.

Mit dem Schiff fuhr Jürgen Loewenstein 1949 nach Israel. Kurz nach seiner Ankunft lernte er seine spätere Frau Hanna Markowicz kennen. Mit ihr zusammen folgte er 1951 dem Ruf der Freunde, den Kibbuz Yad Hanna aufzubauen. Seine Gründer kamen größtenteils aus Ungarn und Österreich. Alle hatten die schrecklichen Erfahrungen der Deportationen und Konzentrationslager hinter sich. Und fast alle ihre Familienangehörigen waren von Deutschen ermordet worden.

»Von der Vergangenheit sprachen wir, um uns gegenseitig näher kennenzulernen. Aber meistens sprachen wir von unseren Hoffnungen für die Zukunft. Wir wollten zusammen leben und etwas Gemeinsames aufbauen: einer für alle und alle für einen. Als

Kibbuz sahen wir die Zukunft auf sozialistischer Basis, weil dort alles gemeinschaftlich ist und keiner privates Einkommen hat. Wir wollten ein völlig neues Land aufbauen und als Volk in einem eigenen Staat leben, in dem wir sicher sind, damit das, was mit uns und unseren Familien wenige Jahre zuvor geschehen war, nie mehr passieren konnte.«

Wieder in Auschwitz und in Berlin

1965 war Jürgen Loewenstein zum ersten und einzigen Mal wieder in Auschwitz. Er nahm als Delegierter des »Internationalen Auschwitz-Komitees« an den Feierlichkeiten zum 20. Jahrestag der Befreiung des Lagers teil. Tausende von ehemaligen Häftlingen aus aller Welt waren aus diesem Anlaß in die Gedenkstätte gekommen. Für Jürgen Loewenstein ein beeindruckendes Erlebnis, zumal er Menschen wiedersah, mit denen er zusammen im Lager gewesen war.

Jürgen Loewenstein ging zu dem Block, in dem er eingesperrt gewesen war. Aber alles war voller Menschen. Da war kein Platz, sich mit der eigenen Vergangenheit zu befassen.

1965 reiste er in die DDR, um an den Feierlichkeiten zum 20. Jahrestag der Befreiung von Sachsenhausen teilzunehmen. Anschließend ist er durch Ost-Berlin gegangen, durch die Straßen des ehemaligen Scheunenviertels, hat sich das Haus angesehen, in dem seine Familie zuletzt gewohnt hatte. Er suchte und fand das Grab seines

Ende 1939 verstorbenen Großvaters auf dem Jüdischen Friedhof in Weißensee.

Bei der Begegnung mit älteren Leuten fragte er sich immer: »Wer ist das? Was hat der damals gemacht?«

Er wollte eine Frau besuchen, die er bei einem land- und forstwirtschaftlichen Kongreß in Rumänien kennengelernt hatte. Als er in der Chausseestraße an ihre Wohnungstür klopfte, öffnete ein junger Mann:

»Guten Abend, ich bin der Jürgen.«

»Wer?«

»Ich bin der Jürgen aus Israel.«

»Was, Sie sind der Jürgen?«

»Ja, was ist denn?«

»Ich habe Sie mir ganz anders vorgestellt.«

»Ja, wie denn?«

»Ja, mit Schläfenlocken, Kaftan und so einem großen Hut.«

»Wieso?«

»Ja, ich habe meine Schwiegermutter nie verstanden, daß sie mit einem Juden Verbindung hat.«

»Haben Sie denn mal einen Juden gesehen?«

»Nee, niemals. Na, wo auch? Sie müssen verstehen, aber in der Hitlerjugend ist mir das eingeimpft worden...«

Bei einer anderen Gelegenheit bekam Jürgen Loewenstein zu hören: »Was, Sie machen Feldarbeit?« Der Mann betrachtete die Hände von ihm und fuhr fort: »In einem Kibbuz, da arbeiten Sie? Ja, Juden arbeiten?«

Für Jürgen Loewenstein wird es immer »unbegreiflich« bleiben, wie es zu »solchen Vorstellungen über Juden kommen konnte und kann«. »Die absurdesten Gedankengänge sind noch drin in den Menschen.«

Die Suche nach den eigenen Wurzeln

Jürgen Loewenstein war zwar immer bewußt gewesen, daß »mein ganzer Hintergrund deutsch war und vieles an die ersten 15 Jahre meines Lebens anknüpfte«. Aber ihn hatte nichts mehr direkt mit Berlin verbunden.

Mit zunehmendem Alter wurde für ihn das »Suchen nach den eigenen Wurzeln« und die »Auseinandersetzung mit der Vergangenheit« immer dringlicher. Dieser Wunsch wurde verstärkt durch Begegnungen und Gespräche in Yad Hanna und Berlin.

In den sechziger Jahren kam erstmals eine Anfrage an den Kibbuz, ob er bereit sei, eine Gruppe deutscher Vikare zu empfangen.

»Es wurde eine Vollversammlung im Kibbuz einberufen. Wir hatten eine sehr große Diskussion. Und zum Schluß faßten wir doch den Entschluß, die Kontakte zu Deutschen wieder aufzunehmen, um sich gegenseitig kennen- und verstehen zu lernen.

Die deutsche Gruppe kam, und wir führten das erste Gespräch in englisch. Auch saß der eine dem anderen noch nicht im Kreis gegenüber, sondern Rücken an Rücken. Aber ein Anfang war gemacht.«

Im Gymnasium, das seine Tochter Noga besuchte, wurde über einen Schüleraustausch mit einem deutschen Gymnasium beraten. »Meine

Tochter und noch ein Junge aus Yad Hanna waren dagegen. Sie wußten, daß wir für solche Kontakte sind, die Kinder waren in diesem Sinne von uns erzogen worden. Aber sie verhinderten den Austausch zwischen den Schulen.« Er kam erst zustande, als Noga und der Junge das Gymnasium beendet hatten.

Mit ihren Kindern haben die Eltern »nicht im Detail« über ihre Zeit in den Lagern gesprochen. Sie wollten die Töchter »schützen«.

»Wir wollten die Kinder nicht belasten. Sie sollten bessere Startbedingungen als wir für das Leben haben. Nichts sollte sie behindern. Oft wurde und wird gesagt: ›Seid ihr überhaupt normal, ihr, die ihr das erlebt habt? Kann man da überhaupt normal sein?‹ Auch ich habe mir überlegt: ›Du bist einer von Tausenden, der durchgekommen ist, wie kommt das?‹ Es geht soweit, daß man sich selber beschuldigt, weil man als einziger überlebt hat, und sich schließlich fragt: ›Bist du überhaupt normal?‹

Also, wir haben versucht, unsere Kinder ›normal‹ zu erziehen. Sie sollten nicht ständig mit dem Gefühl herumlaufen müssen, ich bin das Kind von Leuten, die das und das durchgemacht haben. Vielleicht hätten sie dann gefragt: ›Habe ich davon auch einen Knacks abbekommen?‹«

Wieder in Paderborn

Auf Einladung der Stadt hat das Ehepaar Loewenstein 1980 West-Berlin besucht. Sie sind natürlich in den Ost-teil gefahren, denn Jürgen wollte Hanna »sein Berlin«, oder besser, was davon noch übrig war, zeigen. An diesem Tag überwogen die positiven Erinnerungen. »Der Mensch versucht immer, die schlimmen Erinnerungen beiseite zu schieben.«

Die Stadt, in der er 1942/43 Zwangsarbeit hatte leisten müssen, besuchte das Ehepaar Loewenstein im Sommer 1989. Von den rund 100 Mitgliedern der »Paderborner Gruppe« haben nur zehn die Nazi-Zeit überlebt.

Der Aufenthalt in Paderborn wurde für Jürgen und Hanna Loewenstein zu einem »großartigen Erlebnis«: »Nicht nur über die Vergangenheit haben wir dort gesprochen. Es war für uns sehr wichtig, die Menschen, die heute in Paderborn leben, kennenzulernen, um sich mit ihnen über heutige und frühere Probleme des Lebens und besonders über das Verhältnis von Deutschen und Juden zu unterhalten und Dinge klarzustellen. Ich glaube, ich habe dort neue Freunde gefunden.«

Bis heute weiß Jürgen Loewenstein nicht, wo seine Eltern geblieben sind. Es hat sich nur bestätigt, daß Paula und Walter Loewenstein am 3. Dezember 1942 abgeholt worden waren.

Jürgen durchsuchte unter anderem die »Karthothek von Theresienstadt«, die es im Kibbuz Givat Chaim gibt. Darin fand er den Namen seiner Groß-mutter Agathe Sochaczewer. Sie war in Theresienstadt umgekommen.

Angst vor der Zukunft

»Wie lange kann man gewinnen?« fragt Jürgen Loewenstein besorgt. Die Lage im Nahen Osten bereitet ihm Angst. »Ein verlorener Krieg würde für Israel das Aus bedeuten.«

»Die Bemühungen für einen gerechten Frieden werden von den Extremisten beider Lager verhindert. In den arabischen Ländern sind unter anderem auch gemäßigte PLO-Führer ermordet worden.«

Seiner Meinung nach gäbe es schon längst eine friedliche Lösung für Juden und die »schon immer unter fremder Herrschaft« lebenden Palästinenser, wenn es die Großmächte gewollt hätten.

Den Entschluß, nach Israel in einen Kibbuz zu gehen, hat er nie bereut. »In dem alten Milieu wäre ich verloren gegangen. Israel ist für uns ein neues Land, das von uns, die wir aus der Vernichtung kamen, aufgebaut wurde. Wir sind nicht als Herrscher hierhergekommen. Wir haben hier etwas aufgebaut, was uns die Möglichkeit gab und gibt, um zu existieren, wieder eine Familie zu gründen, in einem selbständigen jüdischen Staat zu leben. Wenn es einen Judenstaat zur Hitler-Zeit gegeben hätte, wäre es nie zum Holocaust gekommen.«

Er ist ein echter Berliner, besser gesagt, er war es. Das Haus, in dem er am 23. November 1926 zur Welt kam, steht noch, in der Duisburger Straße 13 in Wilmersdorf.

Seine Eltern nannten ihn Wolfgang.

Sein Vater Siegmund kam gebürtig aus Lübben aus dem Spreewald. Der Großvater Wolf Wermuth liegt auf dem Jüdischen Friedhof in Weißensee begraben.

Seine Mutter Käthe ist gebürtige Berlinerin. Sein Großvater mütterlicherseits war 1892 aus Polen zugewandert und wurde um 1910 »bevorzugter Ehrenbürger deutscher Staatsangehörigkeit, weil er Hoflieferant des Kaisers für Uhren war«; die Großmutter kam aus Altenkirchen im Westerwald, wo ihre Familie über 300 Jahre ansässig war.

Wolfgangs Vater Siegmund war Mitinhaber eines Antiquariats und an einem Stummfilmkino beteiligt, »das leider 1928 durch den Tonfilm verdrängt wurde«.

Die Wirtschaftskrise traf auch die Wermuths. Sie mußten ihre Wohnung in der Duisburger Straße aufgeben und nach Charlottenburg in die Sybelstraße 29 ziehen. Auch dieses Haus steht noch.

Im damaligen Berlin gab es über 30 Synagogen. Die Wermuths beteiligten sich am jüdischen Gemeindeleben, gingen in die Synagoge und hielten die Feiertage ein. »Meine Mutter war sehr freidenkend, mehr noch als mein Vater. Der kam aus einer orthodoxen Familie. Der Schabbat war für meine Familie ein Ruhetag, was nicht bedeuten

»Charlottenburg, das ist meine Gegend«

Die Geschichte des William Wermuth

mußte, daß er ganz ohne Arbeit war. Die hohen und auch die weniger hohen Feiertage haben wir eingehalten. Die Religionszugehörigkeit war da, spielte jedoch im täglichen Leben nicht die dominante Rolle. Man war sich aber immer seiner Identität bewußt, die hat man nie verleugnet.«

Silvester 1929: Käthe (links) und Siegmund Wermuth (hinten Mitte) mit Schwägerin und Schwager

Käthe und Siegmund Wermuth mit ihren
Kindern Wolfgang und Ursula Brigitte 1929

»Die Strömungen der Zeit«

Unmittelbar nach der Machtübertragung an Hitler verordneten die Nazis zahlreiche »Beschränkungen« des jüdischen Lebens. Im April 1933 begann der Boykott von Geschäften, die sich »im Besitz deutscher Staatsbürger jüdischen Glaubens und jüdischer Abstammung« befanden. Siegmund Wermuth, im Ersten Weltkrieg verwundeter und dekorierter deutscher Soldat, durfte vielen seiner Tätigkeiten nicht mehr nachgehen.

Die Familie hatte viele Kontakte zu Nicht-Juden. Käthe Wermuth, als gute Klavierspielerin bekannt, wurde in der Nachbarschaft gebeten, zu Weihnachten Lieder auf dem Klavier zu begleiten. »Meine Mutter fand diese Festlichkeiten einfach schön. Das hatte nichts mit der Unterdrückung der eigenen Religiosität zu tun.« Solche Einladungen waren gang und gäbe.

Käthe Wermuth war mit der Frau eines ehemaligen Offiziers befreundet. Deren Tochter war so alt wie Ursula Brigitte, Wolfgangs Schwester, die 1919 geboren worden war. 1935 erhielt Käthe Wermuth von dieser Frau einen Brief, in dem es sinngemäß hieß: »Der Kontakt zu Ihnen ist nicht mehr zuträglich in meiner Position. Ich bitte um Entschuldigung, aber die Strömungen der Zeit haben auch persönliche Konsequenzen. Bitte, nehmen Sie in Zukunft Abstand von weiterem persönlichem Verkehr mit mir.«

Wolfgang Wermuth war 1933 in die öffentliche Volksschule in der Sybelstraße eingeschult worden. Als die Familie zunächst in die Bismarckstraße 66 und 1935 in die Fritschestraße 55 – beides in Charlottenburg – umzog, wechselte der Junge in die öffentliche Volksschule in der Witzlebenstraße. »In meiner Klasse waren damals sieben jüdische Kinder von insgesamt 28 Schülern. Unsere Klassenlehrerin war einmalig. Sie bevorzugte uns jüdische Schüler nicht, hatte aber eine besondere Sympathie für uns.«

Zweimal in der Woche hatten die jüdischen Kinder Religionsunterricht. »Vom christlichen waren wir befreit. Und sogar an der öffentlichen Volksschule gab es eine sehr gute Religionslehrerin, Fräulein Kaspari.«

Die christlichen Mitschüler zeigten eine gewissen Neugier, stellten Fragen zum jüdischen Glauben. »Ich erinnere mich an die Pessach-Zeit, da habe ich selbstverständlich Mazze gegessen, und die Kinder zeigten natürlich Interesse an dem, was ich da esse. So gut ich konnte, habe ich ihnen den Ursprung und die Bedeutung dieses Feiertages erklärt.«

In der Fritschestraße lebten sehr wenig Juden. Wolfgang freundete sich auf der Straße mit den Kindern aus der Nachbarschaft an. »Sie sind zu uns in die Wohnung gekommen. Wir haben zusammen Geburtstag gefeiert. Ich war auch bei ihnen. Das war selbstverständlich.«

Wolfgangs Vater als Soldat

Wolfgangs Vater war Mitglied im »Reichsbund Jüdischer Frontsoldaten«. Diese Vereinigung konnte 1936 eine »Verschickung« ins Ausland organisierten. »Ich kam nach Dänemark, als die Olympiade lief. Da gaben sich die Nazis gemäßigt. Es sollte doch dem Ausland gezeigt werden, wie wunderbar alles in Deutschland ist. Die Judenbänke und die ›Juden unerwünscht‹-Zeichen wurden alle weggemacht.«

Nach der Olympiade ging die Diskriminierung der jüdischen Bevölkerung ungehemmt weiter. 1938 fingen die ersten an, hinter Wolfgang »Jude – Itzig – Lebertran« herzurufen. »Ich wurde geschnitten. Wenn ich in meinem kindlichen Unverstand auf dieselben Jungen zugegangen bin, die bei uns in der Wohnung zu Besuch gewesen waren, dann haben sie sich abgewendet. Ich hatte ja keinen Grund, sie nicht mehr zu mögen.«

Wolfgang wollte das Gymnasium besuchen. »Die Aufnahme klappte prima.« Kurz darauf erhielten seine Eltern ein Schreiben, es sei aus »rassischen Gründen« derzeit nicht erwünscht, daß ihr Sohn das Gymnasium besuche.

Im November 1938 wurde jüdischen Kindern der Besuch öffentlicher Schulen verboten. Wolfgang kam in eine der mehr als 20 jüdischen Schulen in Berlin, und zwar in die Klopstockstraße 58 im Hansaviertel. Später wechselte er in die Joachimsthaler Straße, dort, wo heute die Jüdische Gemeinde zu Berlin ihren Sitz hat.

Beliebter Treffpunkt nach der Schule war das Jüdische Lehrhaus in der Marburger Straße 5, unweit vom Bahnhof Zoo. Dort gab es eine Bibliothek mit Jugendbüchern, die Wolfgang gerne aufsuchte. Nach dem Lesen spielten die Kinder Tischtennis, Dame oder Schach.

»In diesem Haus befand sich ein jüdischer Mittagstisch. Die Besitzer hießen Kugel.« In der Nacht des staatlich organisierten Pogroms vom 9. auf den 10. November 1938, in der jüdische Bürger verhaftet und ermordet, fast alle Synagogen in Deutschland verwüstet und niedergebrannt wurden, schlugen Nazis auch die Fenster der Pension Kugel ein, schmissen die Stühle auf die Straße und verwüsteten die Bibliothek.

Es war die Zeit, in der die Kinder in der Fritschestraße begannen, ihrem ehemaligen Klassenkameraden Wolfgang Wermuth Kohlenstücke und Steine nachzuwerfen.

»Da gab es eine Familie, der Mann war irgendwo als Beamter tätig, die drei Söhne hatte. Der jüngste, Dieter Neugebauer, ist noch heimlich zu mir gekommen, obwohl ihm die Eltern strengstens den Umgang mit mir verboten hatten. Seine Mutter ging nicht ins Geschäft, wenn meine Mutter einkaufte. Sie wartete so lange draußen, bis meine Mutter den Laden verlassen hatte.«

Der Portier in ihrem Haus äußerte sich inzwischen unverhohlen. Er schimpfte über die »Juden mit ihren dreckigen Füßen«. Unmittelbare Nachbarn machten im Treppenhaus unüberhörbare Bemerkungen. Niemand in der Straße wollte mit den Wermuths und den anderen dort lebenden Juden noch etwas zu tun haben. Keiner wollte sie kennen, jemals gekannt haben.

»Hoffen, daß der Spuk vorbeigeht«

Im Dezember 1938 wurde den Juden unter anderem der Besuch von Theatern, Kinos, Kabaretts, öffentlichen Konzerten und Museen verboten. Dieser Ausschluß vom Kulturleben traf die Wermuths sehr. »Meine Eltern kannten viele Leute vom Theater und vom Film. Sie waren mit vielen bekannt, die im Romanischen Café verkehrten. Mit Ernst Lubitsch hat mein Vater sogar Skat gespielt.«

Siegmund Wermuth mußte 1938 seine Arbeit ganz aufgeben und wurde zur Müllabfuhr zwangsverpflichtet. Zeitweilig durfte er für Siemens noch in den Außenbezirken als Staubsaugervertreter arbeiten, aber im November 1938 war auch das vorbei.

»Sehr nobel« fand Siegmund Wermuth, daß er um die Weihnachtszeit nachträglich von Siemens eine Gratifikation erhielt, ein großes Radio.

»Mein Vater wägte sich noch lange in Sicherheit. Er war doch als Frontsoldat ausgezeichnet worden. Die Juden hatten ihre Knochen hingehalten und für dieses Land ihr Blut vergossen. Sollte das nichts mehr gelten? Mein Vater dachte, daß man die Juden vielleicht staatenlos machen wollte, aber von vielem fühlte er sich noch nicht direkt betroffen. Es war so, als ob das Nachbarhaus brennt, mein Haus aber nicht unbedingt auch von diesem Brand betroffen sein muß. So dachte man nun einmal, bis einem selbst das Wasser bis zum Halse stand.«

Für die Eltern von Wolfgang Wermuth war kaum faßbar, was um sie herum und mit ihnen geschah. Sie nahmen vieles in Kauf, weil sie sich sagten: »Soweit geht es, aber nicht weiter.«

Sie erkannten die Menschen, die sie geglaubt hatten zu kennen, nicht mehr wieder. Eine Welt brach zusammen. Buchstäblich alles entglitt ihnen. Doch: »Sie hatten die Hoffnung, daß der Spuk vorbeigeht.«

Wolfgang hatte mittlerweile ausschließlich Kontakt zu jüdischen Kindern. Zum Hauptgesprächsthema wurde »Auswanderung«. »Soll man gehen? Wenn man geht, wohin? Wie ist es mit der Visabeschaffung? ... «

Plötzlich ging alles sehr schnell. »Aus einer Gruppe von zirka 30 Schülern waren auf einmal nur noch 16 da.« Das machte die Zurückgebliebenen unsicher und ratlos. Sie beneideten die »Emigranten«. »Zu Hause wurde ich damit beruhigt, daß eine Auswanderung eine sehr ungewisse Sache sei. Und vielleicht würde es besser.«

Auch aus der Verwandtschaft der Wermuths waren einige Familien ins Ausland geflohen.

Hatten im Januar 1933 noch 160 000 Juden in Berlin gelebt, waren es im September 1939 aufgrund von Flucht und Tod, Verschleppung und Ermordung nur noch 80 000.

Aufgrund von Schülermangel mußte die jüdische Schule in der Joachimsthaler Straße schließen. Wolfgang kam 1940 in die jüdische Oberschule in der Wilsnacker Straße 3.

Wolfgang gab sich im Unterricht große Mühe, wollte alles mitbekommen. Im Hintergrund stand immer die große Frage: Wann kann das Gelernte jemals angewendet werden? »Dieser Schatten überlagerte alles.«

Im April 1941 hatten Wolfgang seinen Schulabschluß »in der Tasche«.

»Der große Knall«

Der Präsident der Reichsanstalt für Arbeitsvermittlung verfügte per Verordnung vom 4. März 1939, daß arbeitslose Juden unter »Absonderung« gegenüber nichtjüdischen Arbeitern »dienstzuverpflichten« seien. Am 7. März 1941 war generell die Zwangsarbeit für deutsche Juden eingeführt worden.

Für Wolfgang Wermuth war es der »große Knall«: Er wurde zwangsverpflichtet. Er hatte in den Deutschen Waffen- und Munitionswerken in Berlin-Borsigwalde zu arbeiten. Stundenlohn: 27 Pfennig.

Morgens um sechs mußte er da sein. »Ich fuhr mit der S-Bahn bis Friedrichstraße, stieg dort um und mußte zum Schluß noch 20 bis 25 Minuten zu Fuß laufen.«

Sie arbeiteten getrennt von den nichtjüdischen Beschäftigten in »großen, abgesperrten, käfigartigen Dingern«. Sie mußten eine blaue Armbinde mit einem roten Punkt darauf tragen. Nur in »Zehnerkolonnen« durften sie auf die Toilette gehen.

Wolfgang mußte hergestellte Geschosse auf Risse hin überprüfen. »Viele kleine Fehler ließen wir absichtlich durchgehen. Wir wußten ja ganz genau, wofür die Munition bestimmt war. Die vorgenommene Inspektion konnte oft nicht genau zurückverfolgt werden. Wirkliche Sabotage konnten wir nicht begehen.« Doch ohne Risiko war es nicht, Defekte durchgehen zu lassen. Wer dabei erwischt wurde, dem drohte gleich die Verschleppung.

Hin und wieder hatten sie Kontakt zu nichtjüdischen Arbeitern. Es gab einige junge Frauen, die ihnen heimlich in Zeitungspapier eingewickelte Stullen zusteckten. »Wir hatten ja nur begrenzte Bezugsscheine und Lebensmittelkarten.«

Eines Tages flog Wolfgang ein Metallsplitter ins Auge. »Durch ein Gesuch meines Vaters kam ich aus der Waffenfabrik raus.«

Jetzt mußte er in einer kleinen Schreibmaschinenfabrik in der Nähe des Landwehrkanals arbeiten, »wo es ganz anständig zuging«. Wolfgang hatte immer Spätschicht von zwei Uhr mittags bis elf Uhr abends. »Ich kam immer häufiger in die Bombenalarme beziehungsweise -angriffe hinein.«

In der Fabrik durften die Juden nicht in der Kantine essen. Die war nur für »Deutsche« da. Nur wenig Kontakte konnten so zustande kommen. Wolfgang erinnert sich an eine junge Frau im Lohnbüro, die »immer ganz nett zu mir war«. Einmal spendierte sie ihm eine Limonade, die sie hinter einem Stein versteckt hatte. Die leere Pfandflasche stellte er heimlich wieder zurück.

Der Junge fuhr mit der S-Bahn zur Arbeit. Nur für diese Strecke galt der Fahrausweis. »Wich man von der Strecke ab, und es wurde oft kontrolliert, gab es Probleme.«

Eines Nachts, auf dem Weg nach Hause, saß Wolfgang einer Frau gegenüber. Sie sah den gelben Stern an seiner Kleidung. »Sie fragte mich, ob ich den Stern wirklich tragen müßte und ob ich Hunger hätte. Wir bekamen nicht gerade reichlich zu essen, aber Hunger quälte uns nicht.« Die Frau legte ihm ein Paket hin, das er mitnehmen sollte. »Sie hatte sicherlich selbst nicht viel.« In dem Paket befand sich ein fertig gebratener »falscher Hase«. Als er seiner Mutter davon erzählte, meinte sie: »Siehst du, es gibt immer noch gute Menschen.« Sie schöpfte daraus wieder etwas Hoffnung.

»Umgang mit Kriegsgefangenen«

Wolfgangs Schwester Ursula Brigitte war zur Arbeit in der Batteriefabrik Petrix in Oberschöneweide zwangsverpflichtet worden. Im Juli 1942 wurde sie zusammen mit vier anderen Frauen vom »Werkschutz« wegen angeblichen »Umgangs mit Kriegsgefangenen« verhaftet. Ihr »Vergehen«: Sie hatten ihnen Rasierpinsel und Zahnpasta zukommen lassen.

Einen Tag nach der Verhaftung stand ein Wehrmachtsleutnant vor der Tür der Familie. Er hielt Käthe Wermuth vor: »Wie konnte sich Ihre

Tochter nur mit solchen Zigeunern abgeben?!«

»Wissen Sie, diese Leute in Uniform haben ihrem Land genauso gedient wie Sie«, erwiderte sie.

Der Leutnant war völlig verdutzt, von einer Jüdin keine duckmäuserische Antwort zu bekommen.

Es kam zum Prozeß, der mit Freispruch endete. Vor dem Gerichtsgebäude wartete die Gestapo. »Die haben sie gleich kassiert.«

»Nach drei, vier Tagen bekamen wir einen anonymen Brief. Der war drei Seiten lang und stammte offensichtlich von einem der Gestapo-Beamten, die meine Schwester verhört hatten. Erinnern kann ich mich an einige Sätze, die etwa so lauteten: ›Wir haben Ihre Tochter verhört. Es tut mir persönlich leid, aber die Welt ist jetzt nun einmal so. Auch für Sie wird eines Tages vielleicht eine Dämmerung kommen.‹«

Wenige Tage später erhielten die Wermuths einen offiziellen Brief, in dem mitgeteilt wurde, Ursula Brigitte befände sich im Frauengefängnis in der Lehrter Straße in Moabit. Besuch sei nur mit einer Sprecherlaubnis möglich.

Käthe Wermuth fuhr einfach los mit einem Paket voll Wäsche und Stullen. »An der Gefängnispforte meinte eine Wärterin zu meiner Mutter, es sei eine Frechheit, ohne Sprecherlaubnis der Gestapo zu kommen.«

Zufällig bemerkte Käthe Wermuth ihre Tochter hinter einem vergitterten Fenster winken. Es war das letzte Mal, daß sie sich gesehen haben.

Nach dem Krieg fand William Wermuth heraus, daß seine Schwester von Berlin zunächst in das Frauen-Konzentrationslager Ravensbrück verschleppt worden war, dann nach Riga, wo sie in Rumbala bei einer Massenexekution erschossen wurde.

Ursula Brigitte Wermuth

Deportationen

66 000 Juden lebten noch in Berlin, als im Oktober 1941 die ersten Massendeportationen begannen.

Siegmund Wermuths einzige Schwester Lina Steinberg und ihr Mann Jakob – sie wohnten ebenfalls in der Fritschestraße 55 – mußten sich im »Sammellager« in Moabit einfinden: in der ehemaligen Synagoge in der Levetzowstraße 7–8.

Das Ehepaar schickte später eine vorgedruckte Karte mit dem Poststempel »Litzmannstadt – Generalgouvernement«. Die Wermuths wußten nun, daß sie im Getto Łódź waren. Die deutschen Besatzer hatten die polnische Stadt in »Litzmannstadt« umbenannt.

Die Wermuths schrieben ihren Verwandten, erhielten aber nur einmal eine Bestätigung zurück. Nach drei Monaten bekamen sie die eigene Korrespondenz mit dem Vermerk »Wegen Flecktyphus – Epidemiegefahr unzustellbar« zurück. Seitdem haben sie nichts mehr von Lina und Jakob Steinberg gehört.

»Im Oktober 1942 ereilte uns Zurückgebliebene das Schicksal der Verschleppung.« Es war am fünften, als gegen 5.30 Uhr jemand bei den Wermuths klopfte. »Wir waren schon aufgestanden, weil mein Vater um 6.00 Uhr bei der Müllabfuhr sein mußte.« Als Siegmund Wermuth die Tür öffnete, stand ein in Zivil gekleideter Mann vor ihm und sagte: »Ich bin von der Geheimen Staatspolizei. Ziehen Sie sich sofort an und kommen Sie mit! Ihre Schwiegereltern sind schon unten im Wagen.«

Wolfgangs Großeltern Willi und Mathilde Davidowitz, zuletzt wohnten sie in der Rosenheimer Straße in Schöneberg, waren von einem Regierungsrat namens Neumann denunziert worden. »Mein Großvater hatte zwei Häuser in Berlin. Er war gezwungen worden, sie an Neumann zu verkaufen. Alles geschah natürlich ganz ›legal‹, mit Kaufverträgen und so weiter. Von dem Geld, das auf ein Sperr-konto ging, sahen sie nie etwas. Mein Großvater hatte diesem Neumann einige Papiere nicht gegeben, obgleich dieser ihm gedroht hatte, falls er ihm nicht alles aushändigen würde, täte man ihm etwas an. Er hatte die Papiere zu meinem Vater gebracht, der sie ins Wäschefach legte. Neumann hetzte meinem Großvater die Gestapo auf den Hals. Diese erschien bei ihm und setzte ihn unter Druck. Er sagte dann, wo sich die Papiere befanden.«

Die Großeltern und Siegmund Wermuth wurden verhaftet. Zehn Tage warteten Mutter und Sohn auf eine Nachricht. Dann erfuhren sie, daß sich die drei in einem ehemaligen jüdischen Altersheim in der Großen Hamburger Straße befanden. Die Gestapo war 1942 in das Haus eingezogen und hatte dort das berüchtigte »Judenlager« installiert.

Am 19. Oktober 1942 bekamen Wolfgang und Käthe Wermuth den Befehl, sich ebenfalls in der Großen Hamburger Straße »einzufinden«. Sie durften nur wenig Gepäck mitnehmen und hatten keine Zeit mehr, Sachen weiterzugeben. Fast alles mußten sie in der Wohnung zurücklassen. Bevor sie sie verließen, »zerschnitt ich noch alle Polstermöbel und alle Bilder mit einem Messer«. Wolfgang wollte seinen Peinigern möglichst wenig Brauchbares hinterlassen.

»Das größte Glück« war für ihn an diesem Tag, seinen Vater wiederzusehen.

Die Familie wurde in einem »relativ kleinen Transport mit einem normalen Personenzug« am 30. Oktober

1942 nach Theresienstadt befördert. »Wir fuhren morgens ab und waren abends da.«

»Wir fühlten uns wie Tiere«

Bei ihrer Ankunft wurden die Wermuths sofort getrennt, die großen Gepäckstücke beschlagnahmt. Nur das Handgepäck konnten sie behalten. Es wurde durchsucht. Zigaretten, Uhren und andere Wertgegenstände wurden herausgenommen.

Wolfgang kam in eines der »Jugendheime«, sein Vater in eine »Krankenträgergruppe«; seine Mutter arbeitete in der Wäscherei.

»Dann kam der große Bluff. Es gab Geschäfte im Lager.« Sie wurden »Verschleißstellen« genannt.

Auf Befehl der SS mußten für Propagandazwecke die Auslagen stets gefüllt sein. Die angebotene Ware stammte zum größten Teil aus dem beschlagnahmten Gepäck der inhaftierten beziehungsweise der im Lager gestorbenen Menschen.

Etwas erwerben durften die Häftlinge nur nach einem viele Wochen oder auch Monate dauernden »Einkaufsturnus«. »Nach gut einem Jahr erstand meine Mutter ihr eigenes Kleid wieder, das beschlagnahmt worden war.«

Nach vier Wochen Lager erkrankte Wolfgang an Scharlach. Er mußte in eine Isolierstation.

Nachdem er sich erholt hatte, erlitt er einen Rückfall. Auf der Scharlachstation war er mit Typhus infiziert worden, und das bedeutete erneut Isolierstation. Hier blieb er bis zum April 1943. Etwa zu dieser Zeit starben seine Großeltern Willi und Mathilde Davidowitz.

Im »Jugendheim« war Wolfgang in einer Gruppe mit zehn anderen Jungen seines Alters; die meisten stammten aus Berlin. Ihr wichtigstes Thema: Wie überleben?

1943 war für sie ein Ende des Krieges nicht vorstellbar. Aber sie träumten von einem heißen Bad, einem frisch bezogenen weißen Federbett und einem reich gedeckten Tisch. »Wieder einmal richtig satt werden.«

Ihr »Madrich«, Betreuer und Lehrer, war der Prager Louis Loewy. Er war sehr schmächtig. Die anderen mußten ihm immer etwas von ihren Lebensmitteln abgeben, »sonst hätte er nicht überlebt«. »Er hielt uns auf Trab.« Alle nahmen am heimlichen Unterricht teil, der ein Stück Normalität bedeutete, aber auch »eine Art Flucht« vor der sie umgebenden Realität. – Loewy überlebte, wurde Professor für Soziologie in Massachusetts (USA).

Alle Jungen, die im Alter von Wolfgang waren, mußten morgens früh zur Arbeit antreten. Wolfgang hatte Planierungs- und Straßenbauarbeiten zu leisten wie auch Luftschutz- und Splittergräben außerhalb des Lagers auszuheben.

In der Nähe ihres Einsatzortes befand sich in einer alten Turnhalle ein Notlazarett der deutschen Wehrmacht. »Die Wehrmachtsangehörigen, die sich bewegen konnten, kamen oft an und sahen uns bei der Arbeit zu. Ab und zu ließ einer von ihnen eine Zigarettenkippe fallen. Für sie waren wir Gefangene. Wir fühlten uns wie Tiere.«

Im Lazarett gab es einen Obergefreiten, verantwortlich für die Kleiderkammer. »Er war Akademiker, aber nie in der NSDAP gewesen und hatte daher die Offizierslaufbahn nicht einschlagen können. Er kam aus der Nähe Berlins und war mir wohlgesonnen. Ich freundete mich mit ihm an.«

Der Mann half Wolfgang, einen Brief von Siegmund Wermuth aus dem Lager zu schmuggeln und abzuschicken. Das Schreiben war an Alice Mannheimer in Berlin adressiert. Sie hatte im Uhrengeschäft des Großvaters gearbeitet und war Christin. Ihr jüdischer Mann war bereits 1935 an Leukämie gestorben.

»Diese Frau hat immer stark zur Seite ihres jüdischen Mannes gehalten. Sie hat Sachen von denen versteckt, die fliehen mußten oder deportiert wurden. Und auch zu uns hat sie eisern gehalten.« Sie schickte den Wermuths Pakete mit Gries, Zucker, Reis, das, was sie sich selbst von dem wenigen, was sie auf Lebensmittelkarten bekam, hatte absparen können. – 1957 hat William Wermuth sie in Berlin wiedergetroffen. Sie starb 1966 im Alter von 87 Jahren.

Nachrichten von draußen

Durch den Obergefreiten hatte Wolfgang etwas Kontakt zur Außenwelt. Der Mann half ihm und anderen. Er besorgte ihnen beispielsweise Knobelbecher, die sie mit Dreck beschmieren mußten, damit sie nicht neu aussahen.

Wenn Sondermeldungen im Radio liefen, stellte der Obergefreite das Gerät lauter, so daß Wolfgang und seine Kameraden etwas mitbekamen. Immer häufiger wurde vom Oberkommando der Wehrmacht gemeldet, man hätte sich »erfolgreich vom Feind abgesetzt«. »Dies bedeutete, daß sie Dresche bekommen hatten und getürmt waren.«

In der Kantine des Lazaretts wurde für die Soldaten gekocht. Die tschechischen Frauen, die dort arbeiteten, gaben den Jungen heimlich Konservendosen. »So hatten wir genug zu essen.« Wolfgang konnte die Rationen, die er im Lager bekam, seinen Eltern geben.

Während der Arbeitspausen hielten sie sich oft in einem Verschlag auf, in dem das Brennholz für das Lazarett gesägt und zerkleinert wurde. Der dafür Verantwortliche war ein Tscheche. Er erzählte Wolfgang im Juli 1944 von dem mißlungenen Attentat auf Hitler. »Dies gab uns wieder ein bißchen Auftrieb.« Unter der SS verbreitete sich »große Unruhe«.

Im »Jugendheim« ging die Angst vor dem »Weitertransport« um. Immer wieder »verschwanden liebgewonnene Freunde, auch aus meinem Zimmer«.

»Langsam verbreitete sich die Nachricht, daß weitere Transporte bevorstünden und auch wir nicht hierbleiben würden.«

Ende September 1944 mußte sich Wolfgang »zum Transport stellen«. Seine Eltern standen nicht auf der

Häftlingsbaracke in Birkenau

Liste. »Für sie und mich war das ein großer Schock.«

»Danach wären wir krepiert«

Anfang Oktober 1944: Bei ihrer Ankunft in Auschwitz-Birkenau wurden die Häftlinge einer Selektion unterworfen. Wolfgang Wermuth kam auf die »gute Seite«. Wenig später fand die »Desinfizierung« statt. »Mit dem Maurerpinsel bestrichen sie uns überall mit einem sehr scharfen Mittel. Dann bekamen wir unter anderem sogenannte Unterwäsche zugeschmissen, die aus jüdischen Gebetstüchern genäht worden war.«

Wolfgang gehörte – was ihm nicht bekannt war – zu den »Durchgangs-

juden«. Sie sollten nur für kurze Zeit im Lager bleiben, kamen ins »Ungarische Lager«, ins ehemalige »Zigeunerlager« oder in das von den Häftlingen »Mexico« genannte Lager, daß für Frauen bestimmt war, sich noch im Bau befand und nie fertig werden sollte.

Mit ungefähr 150 Jungen und Männern war Wolfgang in eine Baracke des ehemaligen »Zigeunerlagers« gesteckt worden. »Wir waren völlig isoliert.«

Die Menschen aus seinem Transport, die nicht für das »Durchgangslager« ausgewählt worden waren, wurden vergast. »Wir bekamen das mit, als wir in die Baracken kamen. Lastautos – mit dem Roten Kreuz versehen – holten sie ab. Die lodernden Kamine, die Asche durch die Gegend schleuderten,

RADA ŽIDOVSKÝCH NÁBOŽENSKÝCH OBCÍ V ČESKÉ SOCIALISTICKÉ REPUBLICE

110 01 PRAHA 1 - STARÉ MĚSTO, MAISELOVA 18

Uveďte laskavě v odpovědi: E 14/80-B   Vaše značka   Praha dne 21.1.1980.
166/80
Odd.
C.:

Herrn
William Wermuth,
Lindauerstr. 30,
7750 Konstanz-Bodensee,
West Deutschland.

Sehr geehrter Herr Wermuth,

zu Ihrer Anfrage teilen wir mit, dass Ihre Eltern am 4.10.1944
mit dem Transport Nr.En von Terezín nach Auschwitz deportiert
wurden.
Die Adresse von MUDr.Erik Springer ist: Dvořákova 11,408 01 Rum-
burk, ČSSR.
Wir danken Ihnen bestens für die Fotokopie Theresienstadt Reunion,
die wir mit grossem Interesse gelesen haben.

                       Hochachtend:
              Rat der jüdischen Religionsgemeinden
              in der Tschechischen sozialistischen
                      Republik

Adresa telegramů: KEILAH — Telefon: 625 41, 625 43

---

der penetrante Geruch von verbranntem Fleisch ließen uns ahnen, was passierte.« Schon länger Inhaftierte bestätigten die Vermutungen der »Neuankömmlinge«.

Zwei Tage, nachdem Wolfgangs Transport angekommen war, erreichte ein weiterer Zug aus Theresienstadt Auschwitz-Birkenau. Wie William Wermuth erst im Januar 1980 vom »Rat der Jüdischen Religionsgemeinden« in Prag erfuhr, waren seine Eltern dabei. Aus noch vorhandenen Lagerdokumenten aus Theresienstadt geht das hervor. Forschungsergebnisse der Gedenkstätte Auschwitz bestätigen dies. Sehr wahrscheinlich wurden Käthe und Siegmund Wermuth gleich nach ihrer Ankunft im Lager ermordet.

»Wie komme ich nur aus dieser Hölle heraus!« Das war die Frage, die Wolfgang bewegte. »Bei dem Fraß, den wir kriegten, stecken höchstens sechs oder acht Monate für uns drin, danach wären wir krepiert!« Der einzige Trost war, »daß ich Freunde hatte, die im gleichen Schlamassel saßen«.

In der ersten oder zweiten Novemberwoche 1944 wurde ein »Transport mit rund 500 Mann« zusammengestellt, unter ihnen Wolfgang Wermuth. »Schlimmer kann es nicht werden«, dachten sie sich. »Wir wollten nur raus hier.«

In Viehwaggons ging es aufgrund von Truppenbewegungen und zerstörten Gleisanlagen hin und her, »wie auf einem Schachbrett«, bis sie Landsberg am Lech erreichten. Dann mußten sie Richtung Kaufering marschieren, wo sich ein Außenlager des Konzentrationslagers Dachau befand.

SS-Oberscharführer Henschel

Das Lager lag in einer Waldlichtung in der Nähe von Kaufering. »In die Erde waren Gräben eingegraben und darüber Spitzdächer gestellt worden. Die Dächer waren mit Erde belegt, so daß die Behausungen auf den ersten Blick nicht zu sehen waren. Drinnen gab es nur Pritschen. Es herrschten fürchterliche Zustände. Die menschen starben wie die Fliegen.«

Die Häftlinge wurden für Aufräumungs- und Planierungsarbeiten nach Luftangriffen eingesetzt.

Eines Tages entfernte sich Walter Bär unbemerkt. »Walter kam aus Köln. Er war sehr groß, wodurch sein Überleben schwierig wurde. Einerseits fielen große Leute beim Appell eher auf, wenn sie abgemagert waren, andererseits benötigten sie mehr Nahrung.«

Irgendwie hatte sich Walter Bär an den SS-Posten vorbeigeschlichen. Er war zu den Häusern gegangen, die sich unweit vom Lager befanden. Jemand hatte ihm geöffnet. Er konnte ein Bad nehmen und erhielt etwas zu essen. »Das ist ein Einzelfall. Hätte ihn die SS erwischt, wäre er vor versammelter Mannschaft zu Tode geprügelt oder erschossen worden.«

Im Januar 1945 wurden die Häftlinge in offenen Waggons in ein anderes Außenlager von Dachau, nach Landshut, gebracht. »Die Baracken standen neben den zum Teil nach Bombenangriffen zerstörten Messerschmitt-Werken. In diesem Lager waren die Bedingungen genauso grausam.«

Sie mußten mit Kipploren Geröll- und Schuttmassen von einer Ecke in die andere befördern. »Es war eine reine Beschäftigungs- und Schikanemaßnahme.«

In Landshut gab es den SS-Oberscharführer Henschel. »Seinem Dialekt nach zu urteilen war er Ostpreuße.« Er zeichnete sich durch besondere Brutalität aus. Mit einem dikken Stromkabel malträtierte er die Häftlinge. »Ich selbst wurde mehrfach von ihm mit dem Kabel geschlagen. Meine Freunde Hugo Kozen aus Berlin und Walter Bär aus Köln mißhandelte er mit großer Brutalität. Beide starben kurze Zeit später.«

Jahre später, im Mai 1968, teilte William Wermuth dem Oberstaatsanwalt beim Kammergericht in Berlin-Charlottenburg in Form einer Eidesstattlichen Erklärung mit: »Dieser Mann ist verantwortlich für den Tod meiner zwei engsten Häftlingsfreunde … Es ist anzunehmen, daß dieser Mörder Henschel als guter Bürger und Familienvater irgendwo in Westdeutschland in aller Ruhe seinen Lebensabend verbringt. Eine Nachforschung wäre empfehlenswert.«

Daraufhin leitete Staatsanwalt Kouril am 10. Mai 1968 ein Ermittlungsverfahren »wegen des Verdachts des Mordes« ein. Er gab es »zuständigkeitshalber« an die Staatsanwaltschaft beim Landgericht Landshut ab.

Eine Anklage gegen den SS-Mann ist nie erhoben worden.

Dachau

Wer das Lager Landshut überlebt hatte, wurde im März 1945 in offenen Waggons in das Hauptlager Dachau bei München verfrachtet. »Wir befanden uns alle in einem fürchterlichen Zustand.«

Wolfgang Wermuth hielt die nächsten Wochen bis zur Befreiung Dachaus am 29. April 1945 »irgendwie« durch. »Ich kann mich noch gut erinnern: Ich war schon total apathisch. Auf einmal flog die Barackentür auf, Amerikaner kamen rein, haben sich kopfschüttelnd die da rumkriechenden und -liegenden Menschen angesehen. Es waren auch Kriegsberichterstatter dabei. Die haben mich fotografiert.«

Die heutige Gedenkstätte in Dachau ist für William Wermuth »eine herrlich manikürte Grünanlage«. »Ein paar verrottete Baracken mit dreckigen Essenskübeln hätten sie stehenlassen müssen. So war es. Und nicht, wie es jetzt aussieht.«

Aus Wolfgang wird William

Ende April 1945 wog Wolfgang 39 Kilogramm. Er kam sofort ins Dachauer Lazarett, das er drei Monate später verlassen konnte.

Zusammen mit anderen ehemaligen Häftlingen organisierte er einen alten Wehrmachts-Lkw. Mit ihm wollten sie nach Berlin zurück. Die 40 Leute kamen nicht weit. In Regensburg ging der Lastwagen »zu Bruch«. Ein anderes Gefährt war nicht aufzutreiben. Sie wurden erst einmal im Flüchtlingslager untergebracht. Und viele von ihnen blieben in der Stadt, in der bald wieder eine Jüdische Gemeinde entstand. Einige von Wolfgangs Kameraden sind dort »hängengeblieben«.

1946 hatte Wolfgang in Regensburg eine nicht für möglich gehaltene Begegnung. »Bubi, Bubi«, hatte ein »abgerissener Landser« ihm auf der Straße nachgerufen. Bubi war Wolfgangs Spitzname aus Berliner Zeiten. Vor ihm stand der gerade aus US-Kriegsgefangenschaft entlassene Dieter Neugebauer, der noch mit ihm gespielt hatte, als seine Eltern ihm das verboten hatten. »Wir haben uns natürlich über das Wiedersehen gefreut.« Für eine Nacht nahm ihn Wolfgang mit ins Flüchtlingsheim, gab ihm am nächsten Morgen zehn Mark, etwas zu essen, und dann machte sich Dieter Neugebauer auf den Weg. »Ich habe leider nie wieder etwas von ihm gehört. Mit Dieter muß irgend etwas passiert sein, denn sonst hätte er sich gemeldet.«

Wolfgangs Vater hatte in Theresienstadt immer wieder gesagt: »Wenn du lebend rauskommst, schreib an Rose Koppe in Providence, Rhode Island. Die wird dir helfen. Sie war eine angeheiratete Cousine meines Vaters.« Ihre Anschrift hatte er sich genau eingeprägt.

Jetzt schrieb er ihr über das »Post Office« der US-Armee. »Zwei Wochen später bekam ich Antwort und ein Riesenpaket.« Die Verwandten wollten, daß Wolfgang zu ihnen in die USA kommt.

Er war zwanzig, als er am 2. März 1947 in Providence ankam. »Ich fühlte mich eigentlich zu alt, um wieder in die Schule zu gehen.« Also fing er an, in einer Druckerei zu arbeiten. Dann entschloß er sich, eine Uhrmacherlehre zu machen.

Wolfgang ließ sich schon bald William nennen; das war für die Amerikaner leichter auszusprechen.

Sieben Jahre blieb er in Providence. Dann nahm er eine Arbeit in der Uhren- und Schmuckabteilung eines renommierten Kaufhauses in Hardford (Conneticut) an. Die Familie des Inhabers stammte ursprünglich aus Baden-Württemberg. »Das waren Juden, die 1847 nach Amerika kamen, wo sie zunächst ganz klein angefangen hatten.« Die Besitzerin des Kaufhauses, Beate Auerbach, beschäftigte »aus Sympathie« viele Emigranten.

1957 war William Wermuth das erste Mal wieder in Berlin. »Ich habe versucht, die Erbgeschichten meiner Großeltern in den Griff zu bekommen.« Er traf einige Leute wieder, die er schon als Kind gekannt hatte. Er ging seinen Wegen von damals nach. Und er stieß auf ein Archiv in der Passauer Straße: »Ich fand Papiere über unsere beschlagnahmte Wohnung in der Fritschestraße 55. Die war nach unserer Verhaftung und Deportation verschleudert worden. Der Erlös von nur 533 Reichsmark wurde irgendeiner NS-Frauengruppe zugesprochen.«

Ganz zurückkommen nach Berlin, das hätte er damals nicht gekonnt. »Das war indiskutabel für mich.«

»Ein psychologischer Kraftakt«

Zurück in Hardford lernte er ein Jahr später Gisela Herford kennen. Ihre Familie war 1927 in die Vereinigten Staaten ausgewandert.

William Wermuth und Gisela Herford heirateten am 28. August 1960. Getraut wurden sie von einem Rabbiner, der aus Bad Nauheim kam. 1938 war er aus dem Konzentrationslager Buchenwald entlassen worden und hatte »gerade noch so« die Flucht in die USA geschafft.

Giselas Mutter fühlte sich in den Vereinigten Staaten nie richtig wohl. Ihr Wunsch, nach Europa zurückzugehen, wurde immer größer. Aber Tochter und Mutter wollten zusammenbleiben.

Verwandte der Herfords lebten in der Schweiz. William Wermuth wollte mit seiner Frau und Schwiegermutter den Schritt dorthin wagen. Sie wollten sich in Zürich niederlassen, doch wider Erwarten verweigerten die Behörden ihnen die Aufenthaltserlaubnis.

Langsam freundeten sie sich mit dem Gedanken an, vielleicht doch in die Bundesrepublik zu gehen. Sie nahmen eine Landkarte zur Hand und schauten, welche Städte in unmittelbarer Nähe zur Schweiz liegen. Der Weg zu den Verwandten sollte möglichst kurz sein.

Ihre Wahl fiel auf Konstanz. Doch William Wermuth wollte genauer wissen, auf was er sich da einließ. »Ich mußte etwas über die dortigen Zustände erfahren.« Er ließ sich Tageszeitungen schicken, korrespondierte mit

William und Gisela Wermuth

der örtlichen Industrie- und Handels-kammer. Die schickte ihm Informationen über Arbeitsmöglichkeiten, Mietpreise und die Geschichte der Stadt. Auch eine Jüdische Gemeinde gab es am Ort. »Das alles sah sehr sympathisch aus.«

Alleine wäre er wohl nie in die Bundesrepublik gegangen. Es war für ihn ein »psychologischer Kraftakt«. Er sagte zu sich selbst: »Ich werde es versuchen.« Die Freunde in Hardford quittierten es mit Kopfschütteln. Sie sagten: »Daß ihr so etwas machen könnt, ist nicht zu verstehen, ausgerechnet du, ein Überlebender!«

1970 zogen sie zu dritt an den Bodensee. Die Schwiegermutter fühlte sich dort sichtlich wohl. Sie starb 1978.

William Wermuth bekam schnell eine Anstellung in der Uhren- und Schmuckabteilung eines Kaufhauses. »Um hier mit meiner Vergangenheit und meinen Gedanken wirklich leben zu können, mußte ich arbeiten. Nur so bekommt man den Pulsschlag einer Nation mit.«

Er hat nie verschwiegen, daß er Jude ist. An jüdischen Feiertagen blieb er zu Hause. »Probleme gab es deshalb nie.«

Nach vierzehn Jahren ist er in den Vorruhestand getreten. Er und seine Frau nehmen am Leben der Jüdischen Gemeinde teil. »Zwar ist es kein blühendes Gemeindeleben, aber immerhin haben wir eins. Leider ist die Gemeinde überaltert. Es fehlt der Nachwuchs.«

Die Wermuths haben sich in Konstanz »einigermaßen« eingelebt. In den letzten 20 Jahren haben sie oft überlegt, ob sie Deutschland wieder verlassen, insbesondere, »wenn wir von antijüdischen Vorfällen, Nazi-Umtrieben und ausländerfeindlichen Aktionen gehört haben«. William Wermuth sagt sich und seiner Frau in solchen Momenten immer wieder: »Wenn Menschen wie ich gehen, dann wäre der ›Endsieg‹ fast gelungen.«

Die Wermuths kennen nur ganz wenige Nicht-Juden, mit denen sie über solche Probleme sprechen können. »Wir vermeiden teilweise sogar tiefgehende Gespräche über Politik und Religion. Es hat keinen Zweck. Das war in den USA anders.«

Sie sind darüber enttäuscht, daß hierzulande »nur Oberflächlichkeiten« diskutiert werden. »Viele sind nur betroffen, wenn es um ihre eigene Substanz, wenn es um das Gehalt, das Ladenschlußgesetz oder um die Länge der Arbeitszeit geht.«

Sie haben Angst vor »wirklich schlechten Zeiten«, vor großer Arbeitslosigkeit. Die Wermuths fragen sich: »Wie wird es dann hier aussehen? Wird sich die Demokratie bewähren?«

230

Zeichnung: Yehuda Bacon

Anmerkungen zur Einleitung

1 Vgl. Christoph Heubner/Alwin Meyer/Jürgen Pieplow, Lebenszeichen – Gesehen in Auschwitz, Bornheim-Merten 1979, S. 51
2 Vgl. Oświęcim – plan miasta, Warszawa/Wrocław, Polen 1987
3 Vgl. Danuta Czech, Konzentrationslager Auschwitz – Abriß der Geschichte, in: Auschwitz – Faschistisches Vernichtungslager, Warszawa, Polen 1978, S. 13–20 und Jochen August, Geschichte und Topographie von Auschwitz-Birkenau, in: Die Auschwitz-Hefte – Texte der polnischen Zeitschrift »Przeglad Lekarski« über historische, psychische und medizinische Aspekte des Lebens und Sterbens in Auschwitz, hg. vom Hamburger Institut für Sozialforschung, Weinheim/Basel 1987, S. 268
4 Vgl. Danuta Czech, Kalendarium der Ereignisse im Konzentrationslager Auschwitz-Birkenau 1939-1945, Reinbek 1989, S. 35
5 Vgl. Jochen August, a.a.O., S. 269 und Franciszek Piper, Ausrottung, in: Auschwitz – Faschistisches Vernichtungslager, a.a.O., S. 95/96
6 Vgl. Franciszek Piper, a.a.O., S. 117–134 und Kazimierz Smoleń, Auschwitz 1940 bis 1945 – Ein Gang durch das Museum, Katowice, Polen 1981, S. 19–42
7 Vgl. Christoph Heubner u.a., a.a.O., S. 19
8 Vgl. Franciszek Piper, a.a.O., S. 121 und Kazimierz Smoleń, a.a.O., S. 34/35
9 Vgl. Kazimierz Smoleń, a.a.O., S. 53–60
10 Vgl. ebenda
11 Vgl. Roman Hrabar/Zofia Tokarz/Jacek E. Wilczur, Kriegsschicksale polnischer Kinder, Warszawa, Polen 1981, S. 64
12 Vgl. Danuta Czech, Kalendarium..., a.a.O., S. 227
13 Vgl. Roman Hrabar u.a., a.a.O., S. 50–53
14 Vgl. Danuta Czech, Kalendarium..., a.a.O., S. 358/359 und 361
15 Vgl. ebenda , S. 389
16 Zit. nach: Roman Hrabar u.a., a.a.O., S. 64/65
17 Kommandant in Auschwitz – Autobiographische Aufzeichnungen des Rudolf Höß, hg. von Martin Broszat, 5. Auflage, München 1978, S. 128/129
18 Zit. nach: Roman Hrabar u.a., a.a.O., S. 66
19 Vgl. Janina Kościuszkowa, Kinder im Konzentrationslager Auschwitz, in: In der Hölle retteten sie die Würde des Menschen – Anthologie, Band II, Teil 2, hg. vom Internationalen Auschwitz-Komitee, Warszawa, Polen 1970, S. 208
20 Vgl. Stanisława Leszczyńska, Bericht einer Geburtshelferin aus Auschwitz, in: ebenda, S. 172–178 und Kazimierz Smoleń, a.a.O., S. 62
21 Vgl. Janina Kościuszkowa, a.a.O., S. 208
22 Vgl. Stanisława Leszczyńska, a.a.O., S. 180
23 Vgl. ebenda; Janina Kościuszkowa, a.a.O., S. 209 und Czesław Pilichowski, Es gibt keine Verjährung, Warszawa, Polen 1980, S. 47
24 Vgl. Stanisława Leszczyńska, a.a.O., S. 180/181; Janina Kościuszkowa, a.a.O., S. 210 und Roman Hrabar u.a., a.a.O., S. 109–155
25 Stanisława Leszczyńska, a.a.O., S. 181
26 ebenda, S. 174
27 ebenda, S. 179
28 Vgl. Janina Kościuszkowa, a.a.O., S. 209/210
29 Stanisława Leszczyńska, a.a.O., S. 179
30 Zofia Pohorecka, Im KZ Auschwitz-Birkenau in den Jahren 1943–1945 geborene Kinder (für dieses Buch erarbeitete Aufstellung), Oświęcim, Polen, Januar 1989
31 Vgl. Danuta Czech, Kalendarium..., a.a.O.
32 Vgl. ebenda, S. 438, 802 und 803
33 Vgl. Vlastimila Kladivová, Tschechische Zigeuner-Kinder im KL Auschwitz 1943–1944 – Fragment des Berichtes, 1985 ins Deutsche übersetzt von Marta Palczewska, Manuskript in der Staatlichen Gedenkstätte Auschwitz, Oświęcim, Polen o.J., S. 9/10
34 Hermann Langbein, Im Zigeunerlager von Auschwitz, in: In Auschwitz vergast, bis heute vergessen – Zur Situation der Roma (Zigeuner) in Deutschland und Europa, hg. von Tilman Zülch, Reinbek 1979, S. 134/135
35 Vgl. Vlastimila Kladivová, a.a.O., S. 5
36 Vgl. ebenda, S. 4
37 Vgl. Danuta Czech, Kalendarium..., a.a.O., S. 503/504
38 Zit. nach: Vlastimila Kladivová, a.a.O., S. 5/6
39 ebenda, S. 7–9
40 Lucie Adelsberger, Auschwitz – Ein Tatsachenbericht, Berlin 1956, S. 75/76
41 Vgl. Kazimierz Smoleń, a.a.O., S. 24
42 Vgl. Danuta Czech, Kalendarium..., a.a.O., S. 837/838
43 Lucie Adelsberger, a.a.O., S. 112/113
44 Vgl. Danuta Czech, Kalendarium..., a.a.O., S. 838
45 Vgl. ebenda, S. 887 und Vlastimila Kladivová, a.a.O., S. 11
46 Diese Aussage ist auch in dem Film »Ausflug nach Auschwitz« enthalten, Bundesrepublik 1977

47 Vgl. Danuta Czech, Kalendarium..., a.a.O., S. 328

48 Vgl. Danuta Czech, Kalendarium..., a.a.O., S. 29 und H. G. Adler, Theresienstadt 1941 bis 1945 – Das Antlitz einer Zwangsgemeinschaft, Tübingen 1955, S. 691–693

49 Vgl. H. G. Adler, Die verheimlichte Wahrheit – Theresienstädter Dokumente, Tübingen 1958, S. 308

50 Vgl. Danuta Czech, Kalendarium..., a.a.O., S. 736, 737, 820 und 821

51 Vgl. ebenda, S. 920 und H. G. Adler, Theresienstadt 1941–1945, a.a.O., S. 694

52 Vgl. Jerzy Brandhuber, Die Vernichtung der sowjetischen Kriegsgefangenen im Konzentrationslager Auschwitz, in: Hefte von Auschwitz 4, hg. von der Staatlichen Gedenkstätte Auschwitz, Oświęcim, Polen 1961, S. 10/11; Raul Hilberg, Die Vernichtung der europäischen Juden – Die Gesamtgeschichte des Holocaust, Berlin 1982, S. 207–238 und Martin Gilbert, Endlösung – Die Vertreibung und Vernichtung der Juden – Ein Atlas, Reinbek 1982, S. 64–69 und 76/77

53 Vgl. Roman Hrabar u. a., a.a.O., S. 65

54 Vgl. Danuta Czech, Kalendarium..., a.a.O., S. 602 und Roman Hrabar u. a., a.a.O., S. 68

55 Vgl. Danuta Czech, Deportation und Vernichtung der griechischen Juden, in: Hefte von Auschwitz 11, hg. von der Staatlichen Gedenkstätte Auschwitz, Oświęcim, Polen 1970, S. 25 und Auschwitz in den Augen der SS – Höß, Broad, Kremer, hg. von der Staatlichen Gedenkstätte Auschwitz, Oświęcim, Polen 1973, S. 127 (incl. Anmerkungen)

56 Vgl. Tadeusz Iwaszko, Die Häftlinge, in: Auschwitz – Faschistisches Vernichtungslager a.a.O., S. 65

57 Vgl. Danuta Czech, Kalendarium..., a.a.O., S. 190, 904 und 910

58 Vgl. Polen – Land und Leute, Red.: Małgorzata Górska, Warszawa, Polen o. J., S. 30/31

59 Vgl. Danuta Czech, Kalendarium..., a.a.O., S. 847, 848, 868, 876 und 880

60 Jadwiga Matysiak, Brief, Warszawa, Polen, 8. Oktober 1986

61 Vgl. Jochen August, a.a.O., S. 270 und Eichmann in Ungarn, hg. von Jenö Lévai, Budapest, Ungarn 1961, S. 86–186

62 Vgl. Andrzej Pankowicz, Das KL Auschwitz in den Nürnberger Prozessen (1945–1949), in: Hefte von Auschwitz 18, hg. von der Staatlichen Gedenkstätte Auschwitz, Oświęcim, Polen 1990, S. 259 und Auschwitz in den Augen der SS, a.a.O., S. 122–127 (incl. Anmerkungen)

63 Vgl. Danuta Czech, Kalendarium..., a.a.O., S. 777–779

64 Vgl. Robert Jay Lifton, The Nazi Doctors – Medical Killing and the Psychology of Genocide, New York, USA 1986, S. 337–383 und Franciszek Piper, a.a.O., S. 138/139

65 Vgl. ebenda

66 Elżbieta Piekut-Warszawska, Kinder in Auschwitz – Erinnerungen einer Krankenschwester, in: Die Auschwitz-Hefte – Texte der polnischen Zeitschrift »Przeglad Lekarski«, a.a.O., Band 1, S. 227

67 Vgl. Robert Jay Lifton, a.a.O., S. 347–379 und Franciszek Piper, a.a.O., S. 138

68 Vgl. Danuta Czech, Kalendarium..., a.a.O., S. 788

69 Zit. nach: ebenda, S. 855

70 Vgl. Danuta Czech, Kalendarium..., a.a.O., S. 968; Robert Jay Lifton, a.a.O., S. 379–383 und Dietrich Strothmann, Der Mörder mit dem Lächeln, in: Die Zeit, 15. Februar 1985

71 Vgl. Danuta Czech, Kalendarium..., a.a.O., S. 1013 und Dietrich Strothmann, a.a.O.

72 Zit. nach: Bernd Naumann, Lebende Kinder in die Flammen geworfen – Eine frühere Häftlingsärztin im Auschwitz-Prozeß, in: Frankfurter Allgemeine Zeitung, 3. März 1964

73 Zit. nach: Dietrich Strothmann, a.a.O.,

74 Vgl. Danuta Czech, Kalendarium..., a.a.O., S. 356/357 und Christoph Heubner u. a., a.a.O., S. 176

75 Vgl. Danuta Czech, Kalendarium..., a.a.O., S. 912

76 Zit. nach: Christoph Heubner u. a., a.a.O., S. 176/177

77 Vgl. Danuta Czech, Konzentrationslager Auschwitz – Abriß der Geschichte, a.a.O., S. 36/37

78 Vgl. Halina Wróbel, Die Liquidation des Konzentrationslagers Auschwitz-Birkenau, in: Hefte von Auschwitz 6, hg. von der Staatlichen Gedenkstätte Auschwitz, Oświęcim, Polen 1962, S. 9–14

79 Vgl. Danuta Czech, Konzentrationslager Auschwitz, a.a.O., S. 37

80 Vgl. Halina Wróbel, a.a.O., S. 16–19 und Jochen August, a.a.O., S. 272

81 Vgl. Halina Wróbel, a.a.O., S. 8–11

82 Vgl. ebenda, S. 29–31

83 Vgl. Halina Wróbel, a.a.O., S. 30/31 und Danuta Czech, Die Rolle des Häftlingskrankenbaulagers im KL Auschwitz II, in: Hefte von Auschwitz 15, hg. von der Staatlichen Gedenkstätte Auschwitz, Oświęcim, Polen 1975, S. 104/105

84 Vgl. Roman Hrabar u. a., a.a.O., S. 69; Tadeusz Iwaszko, a.a.O., S. 66/67 und H. Wróbel, S. 32

85 Vgl. Roman Hrabar u. a., a.a.O., S. 69

86 Zit. nach: Czesław Pilichowski, a.a.O., S. 46

87 Vgl. Roman Hrabar u.a., a.a.O., S. 69/70
88 Vgl. Barbara Groneweg, Die Waisenkinder Israels – Ben Shemen, ein Dorf von internationalem Ruf, in: Frankfurter Rundschau, 13. August 1960
89 Interview mit Richard Levinsohn, Ben Shemen, Israel, 14. März 1988
90 ebenda
91 Aryeh Simon, … die Gegenwart junger Menschen, in: zeichen – Mitteilungen der Aktion Sühnezeichen/Friedensdienste, Nr. 1/März 1987
92 Interview mit Richard Levinsohn, a.a.O.
93 Vgl. Nelly Wolffheim, Kinder im Konzentrationslager – Mitteilungen über die Nachwirkungen des KZ-Aufenthaltes auf Kinder und Jugendliche, in: Praxis der Kinderpsychologie und Kinderpsychiatrie, Nr. 7 (1958), Nr. 8 (1959) und Nr. 9 (1959)
94 Vgl. ebenda
95 Vgl. Wanda Półtawska/Andrzej Jakubik/Józef Sarnecki/Julian Gatarski, Ergebnisse der Untersuchungen der in den nazistischen Konzentrationslagern geborenen oder in den Kinderjahren inhaftierten Personen, in: In der Hölle retteten sie die Würde des Menschen – Anthologie, Band II, Teil 3, hg. vom Internationalen Auschwitz-Komitee, Warszawa, Polen 1970, S. 41–47
96 ebenda, S. 60–64
97 ebenda, S. 82–84
98 ebenda, S. 85–88
99 Interview mit Tadeusz Szymański, Oświeçim, Polen, 17. November 1984
100 Interview mit Tadeusz Szymański, Berlin, 30. Januar 1983
101 Zit. nach: Wanda Półtawska u.a., a.a.O., S. 72
102 ebenda, S. 73
103 Lebenslauf von Hanka Paszko vom 17. November 1986 und Interview mit Tadeusz Szymański, Cloppenburg, 1. Dezember 1989
104 Brief an Annegrete P. vom 8. Oktober 1989
105 Vgl. Frankfurter Rundschau, 24. Juni 1987
106 Dr. med. Erich M., Facharzt für Nerven- und Gemütsleiden, Nervenfachärztliches Aktengutachten – vertraulich, 8. November 1984
107 Vgl. Wojciech Żukowski/Grażyna Turska-Karbowska/Maria Gizler/Irena Orleska, Der Gesundheitszustand der »Konzentrationslager-Kinder« aufgrund der Untersuchungen des Niederschlesischen Zentrums für medizinische Diagnostik, in: Die Auschwitz-Hefte…, a.a.O., Band 2, S. 81–87

Die Lebensgeschichten der »Kinder von Auschwitz« beruhen vor allem auf langen Gesprächen
mit ihnen und ihnen nahestehenden Menschen.
Alle Befragten haben darüber hinaus unveröffentlichte persönliche Aufzeichnungen, Briefe, Postkarten, Dokumente und Fotos zugänglich gemacht.

Schließlich konnten die nachfolgend aufgeführ-
ten Publikationen sowie unveröffentlichte Aussagen, Berichte und Interviews aus den Archiven der
Gedenkstätte Auschwitz (Oświęcim, Polen), der
Aktion Sühnezeichen/Friedensdienste (Berlin),
dem Stadtarchiv Enakiewo (Sowjetunion) und den
Moreshet Archives des Instituts Givat Haviva (Israel) verwendet werden. Sie liegen in der Regel
nicht in deutscher Übersetzung vor.

»Wer bin ich?«
Die Geschichte des Kola Klimczyk

Erklärung von Emilia Klimczyk, aufgezeichnet
von Tadeusz Szymański, Kustos der Gedenkstätte
Auschwitz, Jawiszowice, Polen, 2. August 1960, Archiv der Gedenkstätte Auschwitz
Erklärung von Adam Klimczyk, aufgezeichnet
von Tadeusz Szymański, Jawiszowice, Polen,
27. August 1960, Archiv der Gedenkstätte Auschwitz
Erklärung von Mikołaj Klimczyk, aufgezeichnet von Tadeusz Szymański, ohne Datum (wahrscheinlich Herbst 1960), Archiv der Gedenkstätte
Auschwitz

»Ich habe jetzt zwei Mütter und zwei Väter«
Die Geschichte der
Lidia Rydzikowska-Maksymowicz

Erklärung von Lidia Rydzikowska, aufgezeichnet
von Tadeusz Szymański, Oświęcim, Polen, 27.
Dezember 1960, Archiv der Gedenkstätte Auschwitz
Aussagen von Ryszard Rydzikowski und Bronisława Rydzikowska, aufgezeichnet von Anna Zieba,
Mitarbeiterin der Gedenkstätte Auschwitz, Oświęçim, Polen, 4. November 1961, Archiv der Gedenkstätte Auschwitz
Ljudi bolschoj duschi (Menschen mit großem
Herzen), in: Kosmolskaja Prawda, 22. Februar
1962
Leszek Mach, Tak długa nieobecność … (Eine
lange Abwesenheit), in: Trybuna Robotnicza (Polen), 17./18. März 1962
Erklärung von Anna Wassiljewna Botscharowa,
Enakiewo, Sowjetunion, 13. Februar 1969, Stadtarchiv Enakiewo

Quellenverzeichnis

»Wer ist A 5116?«
Die Geschichte der Ewa Krcz-Sieczka

Erklärung von Ewa Krcz, aufgezeichnet von Ta-
deusz Szymański, Oświęcim, Polen, 29. August
1960, Archiv der Gedenkstätte Auschwitz
Erklärung von Karolina Krcz, aufgezeichnet
von Tadeusz Szymański, Oświęcim, Polen, 20.
September 1960, Archiv der Gedenkstätte Auschwitz
Aussage von Stanisław Krcz, aufgezeichnet von
Tadeusz Szymański, Oświęcim, Polen, 16. Mai
1963, Archiv der Gedenkstätte Auschwitz
Ewa Krcz-Sieczka, Mein Lebenslauf, Lubin, Polen, 30. Oktober 1963, Archiv der Gedenkstätte
Auschwitz
Kecskeméti Györgi, A kis Eva az Uj Élet útján
keresi szüleit, akiktöl Auschwitzben szakitották
el (Die kleine Eva sucht durch »Das neue Leben«
ihre Eltern, von denen sie in Auschwitz getrennt
wurde), in: Uj Élet (Ungarn), 1. November 1962
Kecskemeti György, Nem illúzió (Keine Illusion), in: Uj Élet (Ungarn), 1. Januar 1963
Pál Geszti, Az A 5116 rejtélye (Das Rätsel der
A 5116), in: Népszabadság (Ungarn), 18. Juli 1963
Jerzy Iwanowski, Najmłodsza b. więźniarka
Oświęçimia (Die jüngste Gefangene von Auschwitz), in: Express Wieczorny (Polen), 24. August
1963
S. Ökrös, Daktyloskopische Untersuchungen
zur Feststellung der Abstammung, in: Beiträge zur
gerichtlichen Medizin, Band XXII, hg. von L. Brei-
tenecker, Verlag Franz Deuticke, Wien, Österreich
o.J.

»Mein Kind, du lebst?«
Die Geschichte des Géza Kozma

Erklärung von Emilia Klimczyk, aufgezeichnet
von Tadeusz Szymański, Jawiszowice, Polen, 2. August 1960, Archiv der Gedenkstätte Auschwitz
István Gyenes, Üzenet Az Elöknek (Botschaft
an die Lebenden), in: Nök Lapja (Ungarn),
14. April 1973

István Gyenes, »Ez A Kèp, Engem Åbråzol«
(»Dieses Bild stellt mich dar«), in: Nök Lapja (Ungarn), 9. Juni 1973

»Mengele war sehr besorgt um uns«
Die Geschichte des Jiři Steiner

Aussage von Jiři Steiner, aufgezeichnet von Tadeusz Szymański, Oświęcim, Polen, 9. März 1966,
Archiv der Gedenkstätte Auschwitz
    Jiři Steiner, a přece žiji… (und sie leben
doch…), in: Vlasta (Tschechoslowakei), 20. April
1966
    Jiři Steiner, Zwillinge in Auschwitz, in: Ausch-
witz – Zeugnisse und Berichte, hg. von H. G. Ad-
ler/Hermann Langbein/Ella Lingens-Richter, 2.
überarbeitete Auflage, Köln/Frankfurt am Main
1979

»Das einzige, was ich von meinem Vater habe«
Die Geschichte des Robert Büchler

Robert Büchler, Meine Verschleppung, Manuskript, Moreshet Archives
    Robert Büchler, Kinderblock 66 im KL Buchen-
wald, Manuskript, Moreshet Archives
    Robert Büchler, Die letzte Station, Manuskript,
Moreshet Archives
    Robert Büchler, Jewish Schools in Slovakia
During the Holocaust, Moreshet Archives
    Yehoshua Robert Büchler, Quellen zur Ge-
schichte der jüdischen Gemeinde zu Topolčany
und ihre Schicksale, Jerusalem, Israel 1976
    Jörn Böhme, Interview mit Robert Büchler, Je-
rusalem, Israel, 8. Oktober 1984, Archiv der Aktion Sühnezeichen/Friedensdienste

»Meine Bilder haben mich gerettet«
Die Geschichte des Yehuda Bacon

Yehuda Bacon, Mu-j život v Terezině (Mein Leben
in Theresienstadt), Manuskript, Jerusalem, Israel
1947, in Auszügen veröffentlicht in: H. G. Adler,
Theresienstadt 1941–1945 – Das Antlitz einer
Zwangsgemeinschaft, Tübingen 1955, S. 272–274
    H. G. Adler, Yehuda Bacons Weg in die Freiheit,
in: Yehuda Bacon, Ausstellungskatalog, Bundesrepublik o. J. und Ort
    H. G. Adler, Yehuda Bacon, in: Yehuda Bacon,
Zeichnungen, Druckgraphiken, Aquarelle, Ausstellungskatalog, Schwerte 1981
    Yehuda Bacon, Kunst und ihre Bedeutung, in:
ebenda

Haim Mass, Er verdankt seine Karriere der Jugend-Alijah – Der Werdegang des Yehuda Bacon –
Vom Todesgrauen der Kindheit zur Schaffens-
freude des Künstlers, in: Die Jewish Agency – Jugend-Alijah, Bulletin, Jerusalem, Israel, September
1984
    Jörn Böhme, Interview mit Yehuda Bacon, Jeru-
salem, Israel, 16. Oktober 1984, Archiv der Aktion
Sühnezeichen/Friedensdienste

»Mein ganzer Hintergrund ist deutsch«
Die Geschichte des Jürgen Loewenstein

Jörn Böhme, Interview mit Jürgen Loewenstein,
Kibbuz Yad Hanna, Israel, 4. Oktober 1984, Archiv
der Aktion Sühnezeichen/Friedensdienste
    Jürgen Loewenstein über seinen Lebensweg,
Manuskript, Yad Hanna, Israel, 1987, in Auszügen
veröffentlicht in: Juden in Berlin 1671–1945 – Ein
Lesebuch, Berlin 1988, S. 311–316

Abbildungsnachweis

Archiv Alwin Meyer: S. 70, 85, 86, 98, 109 unten,
122, 126, 128, 138, 156, 158, 170, 176, 177, 199, 200
unten, 204, 215, 216, 217 und 221

Archiv Tadeusz Szymański: S. 38, 58, 68, 69, 74, 79,
80 und 83

Yehuda Bacon: S. 41, 180, 183, 185, 187, 189, 191 und
231

Jerzy Adam Brandhuber: S. 21

Gedenkstätte Auschwitz: S. 10, 14, 23, 29, 36, 37, 42
bis 49 und 107

Jean Markiel: S. 89

Alwin Meyer: S. 8, 27, 31, 36, 50, 59, 60, 72, 94, 95,
109 oben, 111, 112, 124, 142, 154, 161, 174, 192, 200
oben, 202, 214, 225 und 230

Zinowij Tolkaczew: S. 55

236

Verwendete Literatur

Zur Okkupations- und Vernichtungspolitik
Nazi-Deutschlands

H. G. Adler, Theresienstadt 1941–1945 – Das
Antlitz einer Zwangsgemeinschaft, Tübingen
1955

Barbara Bromberger/Hans Mausbach/Klaus-
Dieter Thomann, Medizin, Faschismus und Widerstand, Köln 1985

Eichmann in Ungarn – Dokumente, hg. von
Jenö Lévai, Budapest, Ungarn, 1961

Martin Gilbert, Endlösung – Die Vertreibung
und Vernichtung der Juden – Ein Atlas, Reinbek
1982

Raul Hilberg, Die Vernichtung der europäischen Juden – Die Gesamtgeschichte des Holocaust, Berlin 1982

Kennzeichen J – Bilder, Dokumente, Berichte
zur Geschichte des Hitlerfaschismus an den deutschen Juden 1933–1945, hg. von Helmut
Eschwege, Frankfurt am Main 1979

Robert Jay Lifton, The Nazi Doctors – Medical
Killing and the Psychology of Genocide, New
York, USA, 1986

Nationalsozialistische Massentötungen durch
Giftgas, hg. von Eugen Kogon/Hermann Lang-
bein/Adalbert Rückerl u.a., Frankfurt am Main
1983

Office of Military Government for Germany,
United States, U.S. Group Control Council –
Finance Devision, Ermittlungen gegen die I.G.
Farbenindustrie AG – September 1945, übersetzt
und bearbeitet von der Dokumentationsstelle zur
NS-Sozialpolitik Hamburg, Nördlingen 1986

Czesław Pilichowski, Es gibt keine Verjährung,
Warszawa, Polen, 1980

Mira und Gerhard Schoenberner, Zeugen sagen
aus – Berichte und Dokumente über die Judenverfolgung im »Dritten Reich«, revidierte und erweiterte Fassung der Originalausgabe: Wir haben es
gesehen, Berlin 1988

Das Sonderrecht für die Juden im NS-Staat –
Eine Sammlung der gesetzlichen Maßnahmen und
Richtlinien – Inhalt und Bedeutung, hg. von Jo-
seph Walk, Heidelberg/Karlsruhe 1981

Zur Geschichte des Konzentrations- und
Vernichtungslagers Auschwitz

Auschwitz – »Direkt von der Rampe weg...« –
Kaduk, Erber, Klehr: Drei Täter geben zu Protokoll, hg. von Ebbo Demant, Reinbek 1979

Auschwitz – Zeugnisse und Berichte, hg. von
H. G. Adler/Hermann Langbein/Ella Lingens-
Richter, 2. überarbeitete Auflage, Köln/Frankfurt
am Main 1979

The Auschwitz Album – Lili Jacob's Album,
Edited by Serge Klarsfeld, New York, USA,
1980

Auschwitz in den Augen der SS – Höß, Broad,
Kremer, hg. von der Staatlichen Gedenkstätte
Auschwitz, Textauswahl und Bearbeitung der An-
merkungen: Jadwiga Bezwińska/Danuta Czech,
Oświęçim, Polen, 1973

Die Auschwitz-Hefte – Texte der polnischen
Zeitschrift »Przeglad Lekarski« über historische,
psychische, medizinische Aspekte des Lebens und
Sterbens in Auschwitz, hg. vom Hamburger Institut für Sozialforschung, Textredaktion: Jochen August, Weinheim/Basel 1987

Ausgewählte Probleme aus der Geschichte des
KL Auschwitz, Redaktion: Kazimierz Smoleń, Oświęçim 1978

Danuta Czech, Kalendarium der Ereignisse im
Konzentrationslager Auschwitz-Birkenau 1939 bis
1945, Reinbek 1989

Danuta Czech/Tadeusz Iwaszko/Barbara Ja-
rosz u.a., Auschwitz – Faschistisches Konzentrationslager, Warszawa 1978

Martin Gilbert, Auschwitz und die Alliierten,
München 1982

Hefte von Auschwitz, hg. von der Staatlichen
Gedenkstätte Auschwitz, Redaktion: Kazimierz
Smoleń u.a., Hefte 1–18 und Sonderheft I, Oświę-
çim 1959–1990

Christoph Heubner/Alwin Meyer/Jürgen Pieplow, Lebenszeichen – Gesehen in Auschwitz, Bornheim-Merten 1979

Benedikt Kautsky, Teufel und Verdammte – Erfahrungen und Erkenntnisse aus sieben Jahren in
deutschen Konzentrationslagern, Zürich, Schweiz
1946

Wiesław Kielar, Anus Mundi – Fünf Jahre
Auschwitz, Frankfurt am Main 1979

Kommandant in Auschwitz – Autobiographische Aufzeichnungen des Rudolf Höß, hg. von
Martin Broszat, 5. Auflage, München 1978

Ota Kraus/Erich Kulka, Die Todesfabrik, Berlin
1957

Hermann Langbein, Menschen in Auschwitz,
Wien, Österreich, 1972

Primo Levi, Ist das ein Mensch?, Frankfurt am Main/Hamburg 1961

Andrzej Strzelecki, Wyzwolenie KL Auschwitz (Die Befreiung des KL Auschwitz), in: Zeszyty Oświęcimskie, Numer Specjalny (III), Oświęcim 1974

Zu den Kindern in Auschwitz

Lucie Adelsberger, Auschwitz – Ein Tatsachenbericht – Das Vermächtnis der Opfer für uns Juden und für alle Menschen, Berlin 1956

Bogdan Bartnikowski, Dzieciństwo w pasiakach (Kindheit im gestreiften Anzug), Warszawa 1989

Halina Birenbaum, Die Hoffnung stirbt zuletzt, Hagen 1989

Barbara Bromberger/Hans Mausbach, Feinde des Lebens – NS-Verbrechen an Kindern, Köln 1987, S.223–231, 240 und 252–256

Danuta Czech, Kalendarium der Ereignisse im Konzentrationslager Auschwitz-Birkenau 1939 bis 1945, Reinbek 1989

Stanisław Czerska, Dziecko Oświęcimia (Ein Auschwitz-Kind), in: Dziennik Baltycki (Polen), 25. März 1963

Fania Fénelon, Das Mädchenorchester in Auschwitz, Frankfurt am Main 1980

Karl Fruchtmann, Zeugen – Aussagen zum Mord an einem Volk, Köln 1982

Elisabeth Gutenberger, Das Zigeunerlager, in: Anita Geigges/Bernhard W. Wette, Zigeuner heute – Verfolgung und Diskriminierung in der BRD, Bornheim-Merten 1979, S.248–252

Hefte von Auschwitz, a.a.O.

Roman Hrabar/Zofia Tokarz/Jacek E. Wilczur, Kriegsschicksale polnischer Kinder, Warszawa 1981, S.63–70

Miroslaw Kárný, Das Theresienstädter Familienlager in Birkenau, in: Judaica Bohemiae, 15.Jg., Heft 1, Prag, Tschechoslowakei, 1979, S.3–26

Kibbutz Buchenwald – From the Kibbutz Diary, Edited by Meyer Levin, Tel Aviv, Palästina 1946

Vlastimila Kladivová, Tschechische Zigeuner-Kinder im KL Auschwitz 1943–1944, Auszüge, Manuskript in der Staatlichen Gedenkstätte Auschwitz, Oświęcim o.J.

Janina Kościuszkowa, Kinder im Konzentrationslager Auschwitz, in: In der Hölle retteten sie die Würde des Menschen, a.a.O., Band II, Teil 2, S.207–214

Erich Kulka, Die Flucht aus dem Todestransport, Manuskript, Jerusalem 1987/88, in Auszügen veröffentlicht in: The Jerusalem Post, International Edition, 27.Januar 1990

Eulalia Kurdej, Bericht über ihre Inhaftierung in Auschwitz und Ravensbrück, aufgezeichnet von Tadeusz Szymański, Warszawa-Bielany, 14.Juni 1969, Archiv der Gedenkstätte Auschwitz

Hermann Langbein, Im Zigeunerlager von Auschwitz, in: In Auschwitz vergast, bis heute vergessen – Zur Situation der Roma (Zigeuner) in Deutschland und Europa, hg. von Tilman Zülch, Reinbek 1979, S.134/135

Stanisława Leszczyńska, Bericht einer Geburtshelferin aus Auschwitz, in: In der Hölle retteten sie die Würde des Menschen, a.a.O., Band II, Teil 2, Warszawa 1970, S.172–183

Robert Jay Lifton, The Nazi Doctors, a.a.O.

»Mein Vater, was machst du hier…?« – Zwischen Buchenwald und Auschwitz – Der Bericht des Zacharias Zweig, Frankfurt am Main 1987

Alwin Meyer, »Wer bin ich?« – Belorussische Kinder im KZ Auschwitz, Beilage in: Der Krieg trifft jeden ins Herz, hg. von der Aktion Sühnezeichen/Friedensdienste u.a., Berlin 1985

Ana Novac, Die schönen Tage meiner Jugend…, Reinbek 1967

Elżbieta Piekut-Warszawska, Kinder in Auschwitz – Erinnerungen einer Krankenschwester, in: Die Auschwitz-Hefte, a.a.O., S.227–229

Czesław Pilichowski, Zbrodnie Hitlerowskie na dzieciach i młodzieży polskiej (Nazi-Verbrechen an polnischen Kindern und Jugendlichen), Warszawa 1972

Marek Sieczkowski, Dzieci pana Szymańskiego (Herrn Szymańskis Kinder), in: Przyjaźń Młodych (Polen), Nr.9, Mai 1962

Jenny Spritzer, Auschwitz – Ich war Nr.10291 – Tatsachenbericht einer Schreiberin der politischen Abteilung aus dem Konzentrationslager Auschwitz, ergänzter, sonst unveränderter Nachdruck der 1.Auflage von 1946, Darmstadt 1980

Dietrich Strothmann, Der Mörder mit dem Lächeln, in: Die Zeit, 15.Februar 1985

Ewa Wanacka, Smuga cienia (Dunkle Schatten), in: Trybuna Robotnicza (Polen), 27./28. Oktober 1962 und 10./11. November 1962

Kazimierz Wojtecki, O dzieciach Oświęcimia – List do redakcji (Über die Kinder von Auschwitz – Brief an die Redaktion), in: Zwierciadło (Polen), 29. Dezember 1968

Otto Wolken, Wenn ich an die Kinder denke…, in: In der Hölle…, a.a.O., Band II, Teil 3, S.12–19

Zu den Spätfolgen der KZ-Haft

Małgorzata Dominik/Aleksander Teutsch, Neurosen bei der Nachkommenschaft ehemaliger Konzentrationslagerhäftlinge, in: Mitteilungen der Internationalen Föderation der Widerstandskämpfer, Heft 15, Wien 1978, S. 9–18

Małgorzata Dominik, Die Kinder 50 ehemaliger KZ-Häftlinge, in: Die Auschwitz-Hefte, a.a.O., Band 2, S. 97–111

Leo Eitinger/Robert Krell/Miriam Rieck, The Psychological and Medical Effects of Concentration Camps and Related Persecutions on Survivors of the Holocaust – A Research Bibliography, Vancouver, Kanada, 1985

Anna Freud/Sophie Dann, Gemeinschaftsleben im frühen Kindesalter, in: Anna Freud/Dorothy Burlingham und Mitarbeiter, Heimatlose Kinder – Zur Anwendung psychoanalytischen Wissens auf die Kindererziehung, Frankfurt am Main 1971, S. 63–217

Julian Gatarski, Elektroenzephalographische Untersuchungen der im Lager geborenen oder als Kinder in Nazi-Konzentrationslagern verweilenden Personen, in: In der Hölle ..., a.a.O., Band II, Teil 3, S. 129–138

Erwin Leiser, Leben nach dem Überleben – Dem Holocaust entronnen – Begegnungen und Schicksale, Königstein/Taunus 1982

Reinhart Lempp, Extrembelastung im Kindes- und Jugendalter – Über psychologische Spätfolgen nach nationalsozialistischer Verfolgung im Kindes- und Jugendalter anhand von Aktengutachten, Bern/Stuttgart/Wien 1979

Medizinische Untersuchungen der Spätfolgen des Krieges und des NS-Regimes bei Jugendlichen und Kindern von ehemaligen KZ-Häftlingen und Verfolgten, hg. von der Internationalen Föderation der Widerstandskämpfer, Wien 1978

Amnon Neustadt, Israels zweite Generation – Auschwitz als Vermächtnis, Berlin/Bonn 1987

William G. Niederland, Folgen der Verfolgung: Das Überlebenden-Syndrom – Seelenmord, Frankfurt am Main 1978

William G. Niederland, Das Überlebensendsyndrom der Opfer und ihrer Kinder, in: zeichen – Mitteilungen der Aktion Sühnezeichen/Friedensdienste, 7. Jg., Nr. 3/1979, S. 14

Henrik Nielsen/Paul Thygesen, Epidemiologische Untersuchung von Spätfolgen, Sterblichkeit und Invalidität durch 34 Jahre unter sämtlichen dänischen Widerstandskämpfern, die in nazistische KZ-Lager deportiert waren, in: Mitteilungen der Internationalen Föderation der Widerstandskämpfer, Heft 20, Wien 1985, S. 28–35

Czesław Pilichowski, Es gibt keine Verjährung, Warszawa 1980, S. 155–171

Wanda Półtawska, Aus den Untersuchungen an den »Auschwitz-Kindern«, in: In der Hölle ..., a.a.O., Band II, Teil 3, S. 20–35

Wanda Półtawska, Syndrom der anfallsweisen Hypermnesie, in: In der Hölle ..., a.a.O., Band II, Teil 3, S. 186–214

Wanda Półtawska/Andrzej Jakubik/Józef Sarnecki/Julian Gatarski, Ergebnisse der Untersuchungen der in den nazistischen Konzentrationslagern geborenen oder in den Kinderjahren inhaftierten Personen, in: In der Hölle ..., a.a.O., Band II, Teil 3, S. 36–128

Psychische Spätschäden nach politischer Verfolgung, hg. von H. Paul/H. J. Herberg, 2. erweiterte und neu bearbeitete Auflage, Basel/New York 1967

Zdzisław Ryn, Drei Geschwister im Lager – Eine klinische Analyse, in: Die Auschwitz-Hefte, a.a.O., Band 2, S. 89–96

Józef Sarnecki, Emotionelle Konflikte der in Nazi-Konzentrationslagern geborenen und dort als Kinder in Haft gehaltenen Personen, in: In der Hölle ..., a.a.O., Band II, Teil 3, S. 139–185

Dany Schuber, Die »Endlösung«, Überlebende, sie und ihre Kinder, erste und zweite Generation, in: zeichen, a.a.O., 14. Jg., Nr. 2/1986, S. 66–69

Alisa Segall, Spätreaktion auf Konzentrationslager-Erlebnisse, in: Psyche – Zeitschrift für Psychoanalyse und ihre Anwendungen, Band XXVIII, Stuttgart 1974, S. 221–230

Verfolgung und Angst in ihren leib-seelischen Auswirkungen – Dokumente, hg. von Hans Marsch, Stuttgart 1960

Nelly Wolffheim, Kinder im Konzentrationslager – Mitteilungen über die Nachwirkungen des KZ-Aufenthaltes auf Kinder und Jugendliche, in: Praxis der Kinderpsychologie und Kinderpsychiatrie, Nr. 7 (1958), Nr. 8 (1959) und Nr. 9 (1959)

Wojciech Żukowski/Grażyna Turska-Karbowska/Maria Gizler/Irene Orleska, Der Gesundheitszustand der »Konzentrationslager-Kinder« aufgrund der Untersuchungen des Niederschlesischen Zentrums für Medizinische Diagnostik, in: Die Auschwitz-Hefte, a.a.O., Band 2, S. 81–87

Über den Autor

Alwin Meyer, geboren 1950, ist Mitarbeiter der Aktion Sühnezeichen/Friedensdienste und Publizist. Er ist Herausgeber der Taschenkalender »Frieden« und »Literatur« und Autor zahlreicher Bücher, unter anderem »Lebenszeichen – Gesehen in Auschwitz« und »Unsere Stunde, die wird kommen – Rechtsextremismus unter Jugendlichen«, 1982 ausgezeichnet mit dem Preis »Das politische Buch des Jahres«.

Danksagung

Ohne ihre Bereitschaft, Auskunft zu geben, ohne ihre Offenheit wäre dieses Buch nie entstanden:
> Yehuda Bacon (Jerusalem, Israel),
> Robert Büchler
> (Kibbuz Lahavot Haviva, Israel),
> Lydia Holznerová
> (Prag, Tschechoslowakei),
> Kola Klimczyk (Kraków, Polen),
> Géza Kozma (Budapest, Ungarn),
> Vera Kriegel (Dimona, Israel),
> Ewa Krcz-Sieczka (Lubin, Polen),
> Dagmar Lieblová (Prag),
> Hanna Loewenstein
> (Kibbuz Yad Hanna, Israel),
> Jürgen Loewenstein
> (Kibbuz Yad Hanna, Israel),
> Lidia Rydzikowska-Maksymowicz
> (Czaniec, Polen),
> Jiři Steiner (Prag) und
> William Wermuth (Konstanz).

Dank für die Gastfreundschaft, für alles. Worte vermögen das nicht auszudrücken.

Angeregt, den Lebenswegen der Kinder von Auschwitz nachzugehen, hat mich Tadeusz Szymański (Oświęcim, Polen). Durch ihn erhielt ich zahllose Hinweise und Materialien. Er stellte Kontakte her. Ihm gilt ein besonderer Dank.

Zum Entstehen des Buches haben mit ihrer wertvollen Hilfe und ihren Informationen beigetragen: Aktion Sühnezeichen/Friedensdienste, Berlin; Jochen August, Oświęcim, Polen; Günter Berndt, Berlin; Halina Birenbaum, Herzliya, Israel; Jörn Böhme, Berlin; Oskar Borč, Prag; Wolfgang Brinkel, Marl; Sabine Dille, Berlin; Denes Śzabó, Brzeszcze, Polen; Anneliese Friedrichsdorf, Berlin; Dietrich Goldschmidt, Berlin; Helmut Gollwitzer, Berlin; Ulla Gorges, Berlin; Franz von Hammerstein, Berlin; Christoph Heubner, Berlin; Katharina Hostalek, Berlin; Anne Huhn, Cloppenburg; Stanisława Iwaszko, Kęty, Polen; Tadeusz Iwaszko, Kęty; Miroslav Kárný, Prag; Adam Klimczyk, Jawiszowice, Polen; Emilia Klimczyk, Jawiszowice; Margot Kolaković, Berlin; Ilona Kozma, Budapest; Bernhard Krane, Berlin; Heribert Krane, Jerusalem; Margot Kroker, Berlin; Helena Kubica, Oświęcim; Erich Kulka, Jerusalem; Hermann Langbein, Wien, Österreich; Richard Levinsohn, Ben Shemen, Israel; Jadwiga Matysiak, Warszawa, Polen; Helmut Morlok, Isny; Margret Müller, Berlin; Józef Ody, Oświęcim; Rainer Papp, Beienrode; Hanka Paszko, Katowice, Polen; Rudi Piwko, Berlin; Jens Pohl, Berlin; Zofia Pohorecka, Oświęcim; Karl-Klaus Rabe, Göttingen; Ilona Rády, Budapest; Wolfgang Raupach, Berlin; Jo Rodejohann, Berlin; Bronisława Rydzikowska, Czaniec; Arjeh Simon, Tel Aviv, Israel; Kazimierz Smoleń, Oświęcim; Staatliche Gedenkstätte Auschwitz, Oświęcim; Gerhard Steidl, Göttingen; Ewa Steinerová, Prag; Irena Szymańska, Oświęcim; Frank Uhe, Berlin; Małgorzata Ungrádová, Prag; Gisela Wermuth, Konstanz und Doris Zurhake, Halen.